David P. Calleo

Legende und Wirklichkeit der deutschen Gefahr

David P. Calleo

Legende und Wirklichkeit der deutschen Gefahr

Neue Aspekte zur Rolle Deutschlands in der Weltgeschichte von Bismarck bis heute

Übersetzung aus dem Amerikanischen von Elisabeth Guderian

Keil Verlag · Bonn

Originaltitel: The German Problem Reconsidered.
Germany and the World Order, 1870 to the Present.
Cambridge University Press,
Cambridge/London/New York/Melbourne

1. Auflage

Schutzumschlag: Heiser/Tsortanidis, Grafik/Design, Köln
Gesamtherstellung: Mohndruck Graphische Betriebe GmbH, Gütersloh
Printed in Federal Republic of Germany
ISBN 3 921 591 16 3

Inhalt

Vorwort

Der Verfasser des vorliegenden Buches ist vielen verpflichtet. Wenn guter Rat auch nicht immer angenommen wurde, ist er doch von Herzen gegeben worden. Dank des Lehrman-Instituts in New York sind erste Fassungen der einzelnen Kapitel einem Seminar von Historikern und anderen deutschen Fachleuten vorgestellt worden. Viele der Teilnehmer waren so freundlich, ausführliche Kommentare zu schreiben. Besonders danken möchte ich Hans Gatzke, Peter Katzenstein, Fritz Stern und Henry Turner sowie meinen alten Freunden und Kollegen am Institut, Harold van Buren Cleveland, Robert Heilbroner, Lewis Lehrman und Nicholas Rizopoulos.

Kendall Myers, Edward Keeton und Robert Skidelsky, meine Kollegen oder ehemaligen Kollegen an der Johns Hopkins School of Advanced International Studies, waren sehr hilfsbereit. Besonders dankbar bin ich Stephen Schukker von der Brandeis-Universität und der School of Advanced International Studies für Hinweise nach Lektüre der endgültigen Fassung des Manuskripts. Eine große Zahl von Studenten und Forschungsassistenten hat bedeutende Beiträge geleistet, besonders Jacqueline Tammenoms-Bakker, Jordan Barab, John Berger, Andreas Credé, David Haettenschwiller, John Harper, Marnix Krop, Eric Melby und Prescott Wurlitzer. Die Dissertationen von vier meiner Studenten – Robert Dahlberg, Simon Newman, Francis Rome und Benjamin Rowland – haben sehr zur Vertiefung der Gelehrsamkeit ihres Professors im allgemeinen und zu diesem Buch im besonderen beigetragen.

Eine weitere wichtige Quelle von Information und Kritik waren zwei angesehene deutsche Gelehrte der Universität Köln, Hans-Peter Schwarz und Andreas Hillgruber. Beide haben das Manuskript in einer vorläufigen Fassung gelesen und haben keine Mühe gescheut, zahlreiche hilfreiche Kommentare abzugeben. Mein Dank gilt auch dem guten Rat meiner Freunde Wolfram Hanrieder, Eckehard Loerke und Joan Cleveland.

Meine Recherchen in Deutschland wurden durch die Gastfreundschaft von Professor Kurt Sontheimer vom Geschwister-Scholl-Institut der Universität München und von Karl Kaiser und Wolfgang Hager vom Forschungsinstitut für Auswärtige Politik in Bonn sehr unterstützt. Gespräche mit deutschen Geschäftsleuten, Beamten, Journalisten, Politikern und Historikern, die ich nicht alle einzeln nennen kann, waren für mein Verständnis der gegenwärtigen deutschen wirtschaftlichen und politischen Situation unerläßlich. Ich danke all jenen sehr beschäftigten Menschen für ihre nette und geduldige Hilfe. Für die Zeit und die finanziellen Mittel, die meine Nachforschungen ermöglichten, danke ich der Johns Hopkins-Universität, der Fulbright-Kommission und meinem Freund Lewis Lehrman.

Für die gewöhnlich sehr umfangreiche Arbeit des Maschineschreibens und des Korrekturlesens danke ich meinen Assistenten und dabei besonders Jordan Barab, der den Index aufstellte, und meiner Sekretärin Winifred Williams, ebenso den Sekretärinnen des Lehrman-Instituts, Betty Gurchick, Dida Porecki und Carol Rath. Ein weiterer Dank gilt May Wu vom Lehrman-Institut für die ihr eigene Sorgfalt bei der Redaktion und für ihren Rat.

Aber trotz dieses recht geselligen Arbeitsganges ist das Schreiben eines Buches letztlich eben doch eine einsame und mühsame Angelegenheit. Für die freundliche Aufnahme in Deutschland und für zahllose Einblicke in das Land und seine Menschen, die sie mir eröffnet haben, danke ich meinem Bruder Patrick und seiner Frau Lynn. Zu diesen kurzen persönlichen Danksagungen muß ich die Unterstützung und Geduld meiner Frau Avis hinzufügen.

Einleitung zur deutschen Ausgabe

Dies ist ein Buch über Deutschland, aber auch ein Buch über Europa und Amerika. Es versucht, die deutsche Geschichte aus sich selbst heraus zu verstehen, aber auch im Zusammenhang mit einer sich entwickelnden europäischen und weltweiten Ordnung darzustellen. Es versucht darüber hinaus, die Ausweichungen und Einflüsse aufzuhellen, die die deutsche Vergangenheit nicht nur für Deutschlands eigene Zukunft, sondern auch auf die Europas und des Westens zur Folge hat. Eine solche Betrachtung der deutschen Geschichte entspringt dem festen Glauben an die Zusammengehörigkeit von Vergangenheit und Zukunft, von Deutschland, Europa und der Welt. Würde man Deutschland losgelöst von seiner internationalen Lage untersuchen oder seine Geschichte als ein in erster Linie selbständiges Produkt der Risiken, die in der inneren Dynamik der Nation begründet sind, behandeln, wäre dies meiner Meinung nach eine grobe Verzerrung. Neben anderen nachteiligen Folgen würde ein derartiges Vorgehen die gültigen Lehren verwischen, die die Vergangenheit der Zukunft geben könnte.

In gewissem Maße ist meine Arbeit die eines Ausländers – eines Amerikaners, der sich nicht nur für Deutschland, sondern auch für die Entwicklung des Westens ganz allgemein und speziell für die seines eigenen Landes interessiert. Dieses Buch gehört zu einer Reihe von Büchern, die ich über die verschiedenen Aspekte Europas nach dem Kriege und seine Beziehungen zu Amerika geschrieben habe. Je mehr ich mich mit der Geschichte der Nachkriegszeit befaßt habe, desto klarer ist mir geworden, wie sehr die logische Grundlage des Status quo nach 1945 von einer bestimmten, seit dem 19. Jahrhundert existierenden Interpretation abhängt – einer Blickrichtung, nach der Deutschland nicht nur grundsätzlich und einmalig aggressiv ist, solange es nicht von wachsamen und überlegenen Kräften im Zaum gehalten wird, sondern die auch die internationalen Probleme der ersten Hälfte dieses Jahrhunderts jener deutschen Aggressivität zuschreibt. Diese Art der Interpretation als Wegweiser nicht nur zur deutschen Vergangenheit, sondern auch zu unserer gemeinsamen Zukunft ist für mich immer unbefriedigender geworden. Die folgenden Kapitel stellen den Versuch dar, meine Unzufriedenheit zu erklären und eine ausgewogenere Haltung vorzuschlagen. Meine Interpretation birgt zahlreiche tastende Perspektiven. Sie soll das Thema nicht abschließen, sondern es wieder öffnen und eine größere Breite der Ausgangspunkte für eine Betrachtung liefern.

Es liegt in der Natur der Sache, daß ein solches Buch gewisse einschränkende Merkmale aufweist. Es bietet keine neue Grundlehre; vielmehr betrachtet es bekannte Tatsachen aus einer neuen Perspektive. Da ich mich besonders mit der Haltung der Amerikaner zu Deutschlands Vergangenheit befasse, wird der deutsche Leser sehen, daß die Bibliographie in der Mehrzahl englische und amerikanische Autoren aufweist, aber auch solche deutsche Autoren, die diese besonders beeinflußt haben. Es gibt auch einige technische Probleme. Oftmals werden einzelne Werke zitiert, um ganz bestimmte Meinungen zu veranschaulichen. Obwohl ich mir große Mühe gegeben habe, die Argumente in diesen Büchern exakt wiederzugeben, wird ein solches Konzentrieren auf bestimmte Schriften nicht immer den späteren Ansichten derselben Autoren gerecht – dies trifft besonders auf produktive und tatkräftige zeitgenössische Schriftsteller wie Bracher und Dahrendorf zu, die zu Anfang ihrer Karriere Werke geschrieben haben, die großen Einfluß hatten. In mancherlei Hinsicht bin ich jedoch mittlerweile beruhigt zu sehen, daß diese Autoren sich in eine Richtung bewegen, die sich von meiner eigenen nicht mehr sehr unterscheidet. In der Tat, die ganze Zeit über haben mich viele Fachleute in Deutschland und anderswo, die gefühlt haben, daß ein umfassendes Buch dieser Art seit langem überfällig ist, in meinem Vorhaben bekräftigt.

Es ist recht interessant zu sehen, wie das Buch in Amerika aufgenommen wurde. Im großen und ganzen fielen die Kritiken der Fachleute positiv aus; einige Kritiken in der Presse allerdings weniger. Die in diesem Buch vertretene Einstellung zur deutschen Geschichte unterscheidet sich vielleicht zu sehr von dem, was die amerikanische Öffentlichkeit gewöhnt ist zu hören. Die gängigen Veröffentlichungen zur deutschen Geschichte werden in Amerika immer noch von dem keimenden Übel der Weimarer Zeit und seinen Früchten in der Hitlerzeit hypnotisiert.

Solche vorgefaßten Meinungen sind natürlich kaum auf die Vereinigten Staaten begrenzt. Letztlich sind es die deutschen Historiker gewesen, die diese Einstellung am weitesten fortentwickelt haben, nach der die Aggressivität Deutschlands der unmoralischen atavistischen Natur der politischen Kultur der Nation anzulasten ist. So gesehen werden die deutschen »Verbrechen« zur Folge einer den Deutschen innewohnenden »Verderbtheit«. Wie ich ausführlich darlege, ist diese Suche nach rein nationalen Ursachen der Aggression so weit gediehen, daß daraus ein recht verzerrtes Bild der modernen Geschichte ganz allgemein entstanden ist. Und, da dieses Erfülltsein von nationaler Schuld ein ehrenwerter Fehler ist, dient sie dem deutschen Namen vielleicht mehr als eine objektive Geschichtsforschung.

Trotz der Verzerrungen wird die pauschale Verurteilung der deutschen Vergangenheit durch die Deutschen selbst wohl noch lange andauern. Die Verbrechen der Nazizeit sind trotz alledem Realität genug, selbst wenn sie leider zu der Art Verbrechen gehören, die mittlerweile immer weniger einzigartig deutsch erscheint. Die Übernahme der Schuld für die Vergangenheit hat auf jeden Fall ihren ideologischen Zweck. So wie die Amerikaner dazu neigen, die Vergangenheit aus dem Blickwinkel zu sehen, wie sie zu ihrer heutigen Rolle in der Welt paßt, so neigen die Deutschen dazu, eine provinzielle Historie zu übernehmen, die ihrer eigenen Nachkriegssituation angemessen ist. Das Übernehmen der Schuld aus der Vergangenheit wird zu einem wirkungsvollen Mittel, sie in der Gegenwart abzustreifen. Wenn man vergangene Aggression der Verderbtheit vergangener Generationen anlasten kann, kann die »gute« oder »wiedergeborene« neue Generation die Verbindung zur bösen Vergangenheit abstreiten. Die Deutschen werden der Welt keinen Kummer mehr bereiten, denn sie sind nun Wirtschaftsliberale wie Ludwig Erhard – oder Sozialdemokraten wie Willy Brandt.

Im Gegensatz dazu schließt die Vorstellung, die deutschen Ambitionen vor dem Ersten Weltkrieg seien nicht schlimmer gewesen als die der anderen Großmächte, oder daß es gute Deutsche gewesen seien, die ihr Land in den Krieg geführt hätten, die einfache und bequeme Einstellung aus, daß die seltsame Verderbtheit eines einzelnen Landes irgendwie besonders verantwortlich zu machen ist für die Systemkrisen zu Anfang dieses Jahrhunderts. Läßt man die Wirkung der deutschen Verderbtheit außer acht, ergibt sich die unbehagliche Möglichkeit, daß das alte »Deutsche Problem« selbst mit guten Deutschen wieder aufleben könnte; eine Vorstellung, die gar nicht mehr so weit hergeholt erscheint in einer Zeit, da die Spannungen zwischen Europa und Amerika und zwischen den Industrieländern ganz allgemein wieder zunehmen. Zugegeben, seit 1945 hat die zweipolige Welt, verbunden mit dem außergewöhnlich langen Nachkriegsboom, eine Art Erholungspause von dem traditionellen deutschen Problem gebracht. Aber da die Welt allmählich immer pluralistischer wird und stärker auf die Wirtschaft ausgerichtet wird, könnte dieser Urlaub von der Vergangenheit zu Ende gehen. Und da die Zukunft der Vergangenheit immer ähnlicher wird, würde es sich für uns alle schicken, eine weniger engstirnige Auffassung von Deutschlands Platz in der modernen Geschichte anzunehmen.

Zum Schluß möchte ich denjenigen danken, die bei der Bewältigung der Übersetzungsprobleme geholfen haben, und besonders Herrn Professor Hans-Peter Schwarz.

Washington, im Oktober 1980 David P. Calleo

1. Kapitel

Das Deutsche Problem und seine Bedeutung

Die Weltgeschichte ist von den sechziger Jahren des vergangenen Jahrhunderts bis in die Zeit nach dem Ersten Weltkrieg in bemerkenswertem Umfang vom Deutschen Problem beherrscht worden. Worin besteht oder bestand dieses Problem? Sein internationaler Aspekt läßt sich am einfachsten in einer Frage zusammenfassen: Warum hat Deutschland in den Jahren nach 1860 so oft mit seinen Nachbarn Krieg geführt? Es gibt auch eine innenpolitische Seite des Problems: Was hat in einem solch fortschrittlichen und kulturell hochstehenden Land ein Nazi-Regime möglich gemacht?

Wie das Deutsche Problem selbst haben die Theorien, die es erklären sollen, internationale und innenpolitische Komponenten. Bezüglich der internationalen Ebene stößt man oft auf die Behauptung, ein geeintes Deutschland sei zu groß und zu dynamisch für jedwede dauerhafte europäische Staatenordnung gewesen. Ein derartiges Deutschland habe in unvermeidlicher Weise eine Bedrohung für die politische Unabhängigkeit und den wirtschaftlichen Wohlstand seiner Nachbarn dargestellt. Deutschlands dynamisches Expansionsstreben seinerseits wird häufig als Resultat der besonderen inneren Verfassung der deutschen Nation mit ihren im 19. und 20. Jahrhundert entwickelten politischen Institutionen und kulturellen, wirtschaftlichen und sozialen Systemen verstanden. Sie habe, so wird angenommen, Deutschland nicht nur dem Ausland gegenüber ungewöhnlich aggressiv gemacht, sondern auch besonders empfänglich für Totalitarismus im eigenen Land.

Für viele führen diese Theorien zu einer einzigen praktischen Schlußfolgerung: Wann immer die Deutschen in einem Staat vereint sind, werden sie im eigenen Land und für das Ausland zu einer Bedrohung. Und diese Schlußfolgerung wiederum, in der sich die Nachkriegsregierungen aller Nachbarn Deutschlands einig waren, führt zu einem naheliegenden Rezept: Um Europas Sicherheit zu gewährleisten und das deutsche Volk vor sich selbst zu bewahren, muß Deutschland durch wachsame und überlegene Macht strikt in Schach gehalten werden. Häufig wird die Meinung vertreten, daß, wenn diese Lektion nur früher gelernt und in die Praxis umgesetzt worden wäre, der Welt zumindest der zweite der großen Kriege dieses Jahrhunderts erspart geblieben wäre. Aufgrund ähnlicher Überlegungen nimmt man heute an, daß die russisch-amerikanische Doppelherrschaft über Europa seit Kriegsende das Deutsche Problem gelöst hat.

Hinter solchen Auffassungen steht eine Unmenge analytischer Studien, die das Deutsche Problem in erster Linie der Außenpolitik der Deutschen selbst zuschreiben und diese Politik mit den gesellschaftlichen Zwängen in Deutschland in Zusammenhang bringen. Viele dieser Untersuchungen sind hervorragend und voller Scharfblick. Verständlicherweise sind die meisten von einer scharfen Reaktion auf Kriege im allgemeinen und auf die Rassenpolitik der Nazis im besonderen geprägt.

Jetzt, nach einiger Zeit, scheint sich jedoch die Erkenntnis durchzusetzen, daß ein Gutteil dieser Analysen einseitig ist und sich in zwei wesentlichen Punkten Kritik gefallen lassen muß.

Zunächst einmal wird Deutschland zu häufig als isoliertes Beispiel behandelt, als Land mit markanten Eigenschaften, wie man sie sonst nirgendwo zu finden glaubt. Viele deutsche Autoren scheinen eine Art perversen Vergnügens daran zu finden, ihrem eigenen Volk eine einzigartige

Schlechtigkeit zuzuschreiben, die es von der übrigen Menschheit abhebt.

Es liegt auf der Hand, daß jedes Volk in vieler Hinsicht einzigartig ist. Und obwohl niemand es wünschen sollte, die Deutschen ihres schwerverdienten Rufes zu berauben, ist ihr Volk nicht das einzige in Europa mit – beispielsweise – engen Familienbindungen, der Betonung der privaten gegenüber öffentlichen Tugenden und autoritären Traditionen. Deutschland ist auch nicht die einzige Nation, die gehofft hat, eine große Rolle als Weltordnungsmacht zu spielen oder die sich mit ihrer militärischen Tapferkeit gebrüstet hat.

Derartige Charakterzüge und Ambitionen sind seit der Niederlage Deutschlands im Jahre 1945 der internationalen Arena wirklich nicht fremd gewesen. Besonders anfechtbar ist die weitverbreitete Ansicht, daß vorwiegend die Deutschen durch die Romantik und den philosophischen Idealismus des 19. Jahrhunderts behaftet gewesen sind. Es dürfte Kulturhistorikern nicht leichtfallen, den Einfluß Bergsons in Frankreich oder den der Romantiker und den der idealistischen Philosophen in Großbritannien zu übersehen.

Diese Neigung, die deutsche Kultur als einmalig anzusehen, findet zweitens eine Parallele in der Tendenz, den Zusammenschluß Deutschlands als böses Mißgeschick zu betrachten, das einem ansonsten harmonischen europäischen Staatensystem widerfuhr.

Aus einer größeren Perspektive gesehen, waren jedoch die Konsolidierung Deutschlands und die daraus resultierenden Konflikte nur die natürlichen Folgen der nationalstaatlichen Evolution Europas. Seit dem Mittelalter hatten die europäischen Völker eine Reihe von imperialen und förderativen Modellen ausprobiert. Im 19. Jahrhundert schien der Nationalstaat mehr und mehr die einzig effektive politische Formel für die Errichtung einer stabilen Regierung über moderne Gesellschaften zu sein. Die Beschränkung der Staaten auf nationale Einheiten brachte offenbar das Problem eines »internationalen« Systems mit sich. Weil die Nationalstaaten in Europa so eng nebeneinander existierten, war es unvermeidlich, daß sie ständig damit beschäftigt waren, das »Gleichgewicht« untereinander herzustellen. Gegen Ende des 19. Jahrhunderts indessen hatten sie darüber hinaus damit begonnen, die meisten Gebiete des Erdballs in ihren politischen und wirtschaftlichen Einflußbereich zu ziehen. Diese äußere Expansion hatte unkalkulierbare Folgen. Sie änderte die Beziehungen der Staaten innerhalb Europas von Grund auf und schuf oder weckte machtvolle neue Kräfte außerhalb Europas, zuerst die aufstrebenden halbeuropäischen Giganten Rußland und die Vereinigten Staaten, später Japan und in unserer Zeit die »Dritte Welt«.

Das Deutsche Problem muß also im Zusammenhang mit dieser breit angelegten Evolution der Nationalstaaten der westlichen Welt und den internationalen Verwicklungen gesehen werden, die diese Entwicklung naturgemäß auslösten. Deutschland war der letzte der großen europäischen Nationalstaaten, die sich herausbildeten. Die Deutschen hatten einen hohen Preis für ihr historisches Zaudern gezahlt. Es war unbehaglich, nur ein loser Staatenbund zu sein, der von zentralisierten Nationalstaaten umgeben war. Tatsächlich sind in der Geschichte der Neuzeit die Deutschen häufiger Opfer als Angreifer gewesen. Die deutschen Territorien, im Dreißigjährigen Krieg durch Invasoren entsetzlich verwüstet, wurden sozusagen zum Sportfeld, auf dem sich die unterschiedlichen dynastischen Ambitionen des Ancien régime austoben konnten. Später brachte die Französische Revolution mehr als zwei Jahrzehnte lang Deutschland fremde Eindringlinge und Besatzung. Ein Großteil des Mißgeschicks der Deutschen schien somit daher zu rühren, daß sie es verpaßt hatten, sich zu einem Nationalstaat zusammenzuschließen, bevor dies ihre Nachbarn taten.

Der erste große Einigungsversuch, den der deutsche und Heilige Römische Kaiser Ferdinand II. während des Dreißigjährigen Krieges unternommen hatte, hatte schließlich 1648 aufgegeben werden müssen. Viele Faktoren waren die Ursache für sein Scheitern gewesen: religiöse Gegensätze, ebenso Eifersucht und Mißgunst zwischen den deutschen Fürstenhäusern. Aber die Aussichten auf eine deutsche Einheit wurden in erster Linie von außen her zunichte gemacht, denn die nationalen Bestrebungen der Deutschen gerieten in den Machtkampf des bourbonischen Frankreich mit dem Spanien der Habsburger hinein. So kam es, daß die französischen Kardinäle Richelieu und Mazarin im Bündnis mit dem protestantischen Schweden, mit den ungläubigen Türken und mit Papst Urban VIII. die Macht des katholischen Hauses Habsburg in Deutschland zerschlugen. Nachdem Deutschland verheert und auseinandergebrochen war, wurde dann die europäische Szene zweihundert Jahre lang durch die Rivalität Frankreichs und Großbritanniens beherrscht.

Erst nach den Eroberungsfeldzügen Napoleons brachen die Deutschen mit ihrer kosmopolitischen und partikularistischen Tradition und begannen, den auf Einheit hinzielenden Nationalismus ihrer Nachbarn zu übernehmen. Nachdem schließlich unter Bismarck ein Nationalstaat zustande gekommen war, gab es also durchaus Grund anzunehmen, daß ein prächtiges neues Deutschland sich als ähnlich expansionslüstern erweisen würde wie Frankreich, das ständig bestrebt gewesen war, die Vorherrschaft in Europa an sich zu reißen, oder Großbritannien, das ein riesiges weltweites Imperium erobert hatte. Zudem stieg Deutschlands wirtschaftliches Wachstum außerordentlich rasch an. Um 1900 hatte das neue Reich auf dem Kontinent nicht nur Frankreich in den Schatten gestellt, sondern seine

Wirtschaft war auch tief nach Rußland eingedrungen und stand überall in der Welt in erfolgreichem Wettbewerb mit den Briten. Angesichts dieser Vorgänge befand man, das dynamische Deutschland gleiche einem Aggressor, der an den in seiner Abwesenheit getroffenen Vereinbarungen rüttelte und dabei deren Schwäche ausnutzte. Deutschland war nicht nur von dem Wunsch beseelt, ein im Niedergang begriffenes England zu überholen, sondern auch von der Besorgnis erfüllt, durch die aufstrebenden Staaten Rußland und Amerika in den Schatten gestellt zu werden. Im Wettlauf um die Zukunft sahen sich die Deutschen bereits fatal gehandikapt. Die Vereinigten Staaten, Rußland und sogar Großbritannien lagen nämlich an der Peripherie Europas, Deutschland jedoch in dessen Mitte. Während also das Wachsen der Supermächte an der östlichen und westlichen Flanke den europäischen Status quo nur indirekt unterminierte, bedeuteten die deutschen Ambitionen einen Frontalangriff darauf. So gesehen, erwartete man von Deutschland, daß es untätig im engen Rahmen des traditionellen europäischen Kräftegleichgewichts verharrte, während Großbritannien mittlerweile den halben Erdball beherrschte und während sich sowohl Rußland als auch die Vereinigten Staaten unnachgiebig über ihr kontinentales Hinterland ausdehnten. Aus deutscher Sicht bedeutete eine solche Beibehaltung der europäischen Balance angesichts der Bildung außereuropäischer Großmächte ringsherum die Verurteilung Deutschlands zur Mittelmäßigkeit und schließlich ganz Europas zur Herrschaft außereuropäischer Mächte. So sah das Deutsche Problem aus deutscher Sicht aus.

Wenn man die Erwartungen und Befürchtungen Deutschlands in erster Linie als Ergebnis seiner eigenen ungewöhnlichen politischen Kultur analysiert, verdreht man damit geschickt die Geschichte zugunsten seiner Bezwinger. Großbritannien, Frankreich, Rußland und die

Vereinigten Staaten waren nämlich Großmächte, deren Heißhunger dem Deutschlands nicht nachstand. Der Wunsch, die Kontrolle über ausländische Territorien und Bodenschätze auszuüben mit der dahinterstehenden Absicht, Raum für Wachstum zu gewinnen, ging in nahezu allen großen Ländern Hand in Hand mit der Modernisierung.

Es zählt tatsächlich zu den bemerkenswerten Leistungen der modernen offiziellen Geschichtsschreibung, daß sie ausgerechnet die Deutschen, die niemals ein ernstzunehmendes echtes Kaiserreich gehabt hatten, als die giftigsten Träger der imperialistischen Krankheit darstellt. Kurz gesagt: Deutschlands »Aggressivität« gegen die internationale Ordnung läßt sich aus der Beschaffenheit dieser Ordnung heraus ebenso plausibel erklären wie aus einer der besonderen Eigenschaften der Deutschen. Sogar die Nazi-Episode kann man weniger als Folge eines angeborenen Fehlers der deutschen Kultur interpretieren oder als ein gewissermaßen eigengesetzlich zum Ausbruch kommendes nationales Geschwür, das sich nach einem eigenen inneren Rhythmus entwickelt, sondern als Folge des intensiven Drucks, der von außen her auf Deutschland lastete. Geographie und Geschichte hatten sich verschworen, Deutschland zu einem späten, raschen, anfechtbaren und umkämpften Aufstieg zu verhelfen. Die übrige Welt reagierte darauf, indem sie den Emporkömmling zermalmte. Wenn im Verlauf dieses Prozesses dem deutschen Staat die guten Manieren abhanden kamen und er von einem bösen Dämon besessen wurde, lautet vielleicht die richtige Schlußfolgerung nicht so sehr, daß die Kultur in Deutschland auf extrem schwachen Füßen stand, sondern daß sie überall zerbrechlich ist. Und die richtige Lehre, die daraus zu ziehen ist, könnte lauten, daß man nicht nur gegenüber Aggressoren wachsam sein muß, sondern noch viel mehr die ruinösen Konsequenzen bedenken sollte, die eintreten, wenn man einem Neuling gerechte Chancen verweigert.

Zweifellos ist es das Vorrecht der Sieger, Geschichte zu ihren Gunsten zu schreiben. Aber je ferner der Zweite Weltkrieg zeitlich rückt und je mehr wir den Glauben an unsere eigenen Tugenden, unsere Weisheit, Macht und an das System verlieren, das unser Sieg der Welt aufoktroyiert hat, könnten wir doch auch geneigt sein, das deutsche Problem in einem neuen Licht zu sehen. Insbesondere sollten wir die wichtigsten Alternativen für das westliche Staatensystem überdenken, die mit Deutschlands Ambitionen zusammenhingen.

Hat ein Abwägen dieser Möglichkeiten überhaupt eine praktische Bedeutung? Heute hat sich das deutsche Drama offensichtlich selbst zu Ende gespielt. Das besiegte Deutschland ist aufs neue auseinandergebrochen. Die beiden globalen Supermächte, die in je einer Hälfte Europas das Sagen haben, verhindern gemeinsam eine Wiedervereinigung Deutschlands. Es hat den Anschein, daß die Nachkriegsregelung das traditionelle Deutsche Problem aus der Welt geschafft hat. Viele Anzeichen deuten darüber hinaus auf eine lange Dauer dieser Regelung hin. Die Angst vor einem Atomkrieg stabilisiert die Beziehungen zwischen den Supermächten. Es zeigt sich, daß russische Macht die sowjetische Herrschaft über Osteuropa garantiert, und »Interdependenz« scheint das amerikanische Übergewicht im Westen des Kontinents zu festigen. Die aufstrebende Dritte Welt könnte Europas Abhängigkeit sogar noch stärken. Vor allem aber hat es den Anschein, als hätten sich die beiden deutschen Staaten angesichts ihres eindrucksvollen wirtschaftlichen Wiederaufstiegs mit Deutschlands nationalem Schicksal abgefunden, ja zufriedengegeben. Aufgrund dieser Überlegungen glaubt man, daß das deutsche Problem Geschichte geworden ist. Die Macht, die zwei Weltkriege verursachte, ist endlich in Fesseln gelegt worden. Heutzutage sind die drängenden Fragen internationaler Ordnung, so heißt es, eher zwischen den Supermächten oder zwischen »Nord« und »Süd« als zwischen den entwickelten kapitalistischen Ländern zu finden.

Alte Probleme tauchen jedoch bisweilen in neuer Gestalt auf. Und so, wie wir die Gegenwart nicht verstehen können, ohne die Vergangenheit zu kennen, können wir diese nicht ergründen, ohne einen Blick in die Zukunft zu werfen. Aber, wenn wir das tun, dann sollten wir nicht als selbstverständlich voraussetzen, daß der gegenwärtige Zustand Deutschlands oder Europas ewig andauert. Es könnte sein, daß sich Deutschland nicht damit zufriedengeben wird, auf immer geteilt zu sein; es könnte sein, daß Europa sein Glück nicht auf Dauer in einer amerikanisch-sowjetischen Doppelherrschaft sehen wird.

Tatsächlich könnten wir angesichts unserer steigenden Schwierigkeiten mit dem Gemeinsamen Markt das »Deutsche« Problem sich in ein »europäisches« verwandeln sehen – das wäre eine angemessene hegelianische Rache an den angelsächsischen Siegern.

Die folgenden Kapitel untersuchen verschiedene Aspekte des Deutschen Problems in Vergangenheit und Gegenwart im Licht dieser breiteren Perspektive. Eine solche Arbeit muß unvermeidlich vieles weglassen und gleichzeitig in großzügiger Weise von den Erkenntnissen anderer Gebrauch machen. Ich erhebe nicht den Anspruch, neue wissenschaftliche Befunde zu den vielen angesprochenen Themen vorzulegen, sondern eher, alte Einsichten in einen neuen Bezugsrahmen einzuordnen. In vielen Punkten versuche ich nicht, neue Interpretationen zu geben, sondern lediglich, die Unzulänglichkeiten der alten aufzuzeigen. Ich hege die Hoffnung, daß ich damit zu einem ausgeglicheneren Verständnis für die Rolle Deutschlands in der modernen Geschichte anregen kann. Es sollte zumindest ein Verständnis sein, das nicht so offensichtlich wie das heute vorherrschende auf den Status quo der Nachkriegszeit zugeschnitten ist, und es sollte auch auf die unverminderte Relevanz traditioneller Probleme der neuzeitlichen Geschichte des Westens aufmerksam machen. Die Weltgeschichte hat 1945 weder angefangen, noch ist sie damals zu Ende gegangen. Sie hörte nicht mit Hegels preußischem Staat auf, und es ist auch nicht anzunehmen, daß sie vor unserer »Pax Americana« haltmacht.

2. Kapitel

Die Entstehung des Deutschen Problems: Bismarcks Außenpolitik

Nachdem Bismarck das Deutsche Reich zusammengefügt hatte, lag die Hauptleistung seiner Diplomatie darin, eine Konfrontation mit dem übrigen Europa hinauszuschieben. Durch die Niederlagen, die er Österreich und Frankreich zugefügt hatte, und durch die Einigung Deutschlands unter preußischer Führung hatte Bismarck das europäische Gleichgewicht in seinen Grundfesten erschüttert. Eine Koalition der feindlichen Mächte war nahezu unausweichlich und zeichnete sich tatsächlich schon 1875 ab, als Großbritannien und Rußland deutlich zu verstehen gaben, daß sie keinen weiteren Sieg Deutschlands über Frankreich hinnehmen würden. Daher rührte der »Alpdruck der Koalitionen«, der Bismarck verfolgte und der schließlich auch das von ihm geschaffene Reich zerstörte. Aber dieser Alpdruck nahm Gestalt an, solange Bismarck die deutsche Politik bestimmte. Könnte man deshalb sagen, daß Bismarck eine Außenpolitik betrieb, die, wenn sie weitergeführt worden wäre, sein Reich bewahrt hätte, während die Nachfolger zur Weiterführung dieser Politik entweder zu ehrgeizig oder zu unfähig waren?

Bismarcks Verteidigungsbündnisse

Bismarcks vielgerühmte Außenpolitik bestand in der Hauptsache aus einem komplizierten Netz von Abkommen, die dazu gedacht waren, alle anderen Mächte fortwährend aus dem Zentrum des Gleichgewichtssystems herauszumanövrieren. Österreich, Italien und Rußland waren durch Bündnisse mit Deutschland gebunden. Sie verweigerten deshalb Frankreich ihre Unterstützung bei dessen Racheplänen und zügelten ihre eigene Rivalität untereinander. Die Rivalität zwischen Rußland und Österreich-Ungarn sollte durch ihr gegenseitiges Bündnis mit Deutschland, den Dreikaiserbund, gezügelt werden, während die Spannungen zwischen Italien und Österreich-Ungarn im Rahmen des Dreibundes kontrolliert wurden. Gleichzeitig hat der Reichskanzler die Franzosen in ihrem Streben nach Kolonien unterstützt, das dann wiederum zu Reibereien mit Großbritannien und Italien führen mußte. Schließlich bemühte sich Bismarck, die Briten in eine gewisse Abhängigkeit hineinzumanövrieren, indem er sie dazu ermunterte, die Türkei gegenüber Frankreich und Rußland zu schützen. Rußland, das so in Ost-Europa durch Bismarcks diplomatische Umklammerung und auf dem Balkan mittels Sicherung der Türkei durch Großbritannien zurückgehalten wurde, mußte sich nun weiter nach Asien hin ausdehnen. Dort aber würde es voraussichtlich mit Großbritannien und dessen späterem Verbündeten Japan aneinandergeraten. Und Großbritannien, das sich durch das Streben Frankreichs und Rußlands außerhalb Europas bedroht fühlte, würde dann wohl Deutschland um Unterstützung bitten. Das Ergebnis all dieser komplizierten Konstruktionen wäre dann Deutschland in der Rolle des europäischen Schiedsrichters. Konflikte würden in Gebiete außerhalb Europas verlegt, ohne dessen inneres Gleichgewicht zu stören, aber auch um Deutschland nicht dazu zu zwingen, sich in gefährlicher Weise festzulegen.

Oft wird behauptet, daß Bismarcks Bündnispolitik solange funktionierte, wie der alte Meister im Amt war, und daß sie in den Händen ungeschickter Nachfolger sehr bald scheiterte. Rußland konnte sich aus der deutschen Umarmung befreien, als Bismarcks Nachfolger als Kanzler, Caprivi, es unklugerweise zuließ, daß der russische Rückversicherungsvertrag 1890 auslief. Rußland sagte sich los und verbündete sich innerhalb weniger Jahre mit Paris. Damit hatte die Isolierung Frankreichs ein Ende, und die von Bismarck gefürchtete antideutsche Koalition begann sich zu formieren. Es wird behauptet, Großbritannien sei durch die Unfähigkeit der deutschen Diplomatie in das antideutsche Lager getrieben worden, da Wilhelm II. undurchsichtigen Kolonial- und Flottenbauzielen erlegen war und mehr noch seinem unbeherrschten Ton. Großbritannien sah nun in Deutschland eine größere Bedrohung als in seinen traditionellen Rivalen Frankreich und Rußland. Durch die Loslösung Großbritanniens lief das Bestreben, Italien im Dreibund zu halten, um so die Rivalität zwischen Österreich und Italien einzudämmen, immer mehr an der Wirklichkeit vorbei. Die Folge davon war, daß weniger als fünfundzwanzig Jahre nach Bismarcks Sturz sein als Emporkömmling angesehenes Reich der geballten Feindseligkeit der anderen Großmächte Europas ausgesetzt war – unterstützt nur noch von einem wankenden Österreich-Ungarn.

Obwohl diese bekannte Betrachtungsweise sicher vieles deutlich macht, betont sie Bismarcks persönliche Bedeutung zu stark und ignoriert dabei andere bedeutende mitwirkende Faktoren. Da es Bülow, Bethmann-Hollweg oder dem Kaiser an Bismarcks meisterhaftem diplomatischem Geschickt fehlte, war eine Politik, die sich nur durch die unermüdliche Anstrengung eines Genies aufrechterhalten ließ, unklug und aller Wahrscheinlichkeit nach zum Scheitern verurteilt. Bei Bismarcks Abschied schon war sein Bündnissystem in beängstigender Weise ausgehöhlt. Der Erfolg hing nicht nur davon ab, ob es Deutschland gelang, auch weiterhin der ausgleichende Partner in den zahlreichen schwierigen Dreiecksverhältnissen zu bleiben, sondern ebenso von der Notwendigkeit, den Rest der Welt davon zu überzeugen, daß Deutschland eine saturierte Macht war. Nach 1870 war dies wohl Bismarcks persönliche Ansicht von Deutschlands Interessenlage. Mit Entschiedenheit unterdrückte er den Traum, die nationale Einheit durch die Aufnahme der deutschsprachigen Teile des Habsburger Reiches zu vervollständigen. Auch war er im großen und ganzen nach Kräften bemüht, den deutschen kolonialen Ehrgeiz zu dämpfen. Für Bismarck, der entschlossen war, Preußens autoritäre Monarchie und dessen Vormachtstellung in Deutschland zu bewahren, war der Verzicht auf weitere Ausdehnung in vielerlei Hinsicht attraktiv. Sowohl Preußens Form der Monarchie als auch seine Vormachtstellung wären bedroht gewesen in einem Reich, das alle deutschen Staaten eingeschlossen hätte, ganz zu schweigen von den angrenzenden fremdstämmigen Bevölkerungsteilen. Ein Deutschland unter Einschluß Österreichs würde, so meinte Bismarck, Preußen mit seinen Traditionen verschlucken, und es wäre höchstwahrscheinlich unregierbar. Darüber hinaus würde solch ein Großdeutschland das übrige Europa mit Sicherheit zu einer Reaktion treiben. So erklären sich Bismarcks Zurückhaltung nach dem Sieg über Österreich im Jahre 1866 und seine Bemühungen, die Doppelmonarchie lebensfähig zu halten.

Aber was auch immer Bismarcks vorrangige Ziele gewesen sein mögen, sein Reich konnte in der sich nach 1870 entwickelnden Welt kaum eine saturierte Macht bleiben. Da war vor allem die treibende Kraft des Nationalismus selbst. Bismarck fing an wie Cavour und endete wie Metternich. Er hatte den deutschen Nationalismus wecken müssen, um sein Reich zu einigen, und damit war er dann fertig mit dem Neuzeichnen der europäischen Landkarte. Aber der Nationalismus war eine mächtige und unberechenbare Kraft, und es war nicht leicht, sie »wohl temperiert« zu halten, damit sie den Forderungen machtpolitischer Vorstellungen entspreche. Es war wenig wahrscheinlich, daß die nationalistische Welle, die zuerst Italien und dann

Deutschland hatte entstehen lassen, ausgerechnet vor dem Balkan oder vor Polen haltmachen würde. Man konnte weder von den Slawen noch von den Deutschen erwarten, daß sie sich auf unbegrenzte Zeit mit dem Status quo in Mittel- und Osteuropa zufriedengeben würden. Es ließ sich auch voraussehen, daß die Habsburger Monarchie, die bereits durch Piemont und durch Preußen besiegt worden war, sich künftig noch weiteren Herausforderungen gegenübersehen würde, die allzuleicht ihre Kräfte überfordern mochten. Bismarcks Reich konnte dem Schicksal so vieler traditionell deutscher Gebiete und Interessen nicht gleichgültig gegenüberstehen. Auch konnte es nicht, ohne seine Großmachtstellung aufzugeben, den Russen die Vorherrschaft über den Balkan einräumen. So sprach vieles dafür, daß sich künftige deutsche Regierungen geradezu unweigerlich in Konflikte um osteuropäische Gebiete hineingezogen sehen würden. Und wie es nun einmal so kommt: die nationalistische Expansionspolitik wurde aus wirtschaftlichen Überlegungen heraus kräftig verstärkt. Die große Krise, die sich von den frühen 70er bis in die späten 90er Jahre hinzog, berührte nicht nur in bemerkenswerter Weise die Innenpolitik, sondern auch die Beziehungen der Staaten untereinander. Zahlreiche Firmen gingen in Konkurs, und die anhaltende Arbeitslosigkeit zwang die Regierungen, den Freihandel aufzugeben und statt dessen zu Protektionismus, zur Bildung von Wirtschaftsblöcken und zum Imperialismus überzugehen. Bismarcks berühmter Richtungswechsel in der Innenpolitik im Jahre 1878 war Teil dieses neuen Grundmusters. Die darauffolgenden Veränderungen in der Außenpolitik – besonders in der Frage des »organischen« Zweibundes mit Österreich-Ungarn – scheinen in diese Entwicklung zu passen. Auf jeden Fall ließ der Protektionismus Bismarcks ursprünglich »saturierte« Außenpolitik in immer größerem Maße als unrealistisch erscheinen.

In den Gründerjahren des Reiches war die Bismarcksche Innenpolitik von liberalen und den Freihandel fördernden Leitlinien geprägt, und diese harmonisierten sehr gut mit seiner »saturierten« Außenpolitik. Bismarck favorisierte die Nationalliberalen, seine ehemaligen parlamentarischen Gegner. Sie waren Nationalisten der gehobenen Bürgerschicht, die eng mit der Industrie und den Universitäten verbunden waren. Den Liberalen blieb nichts anderes übrig, als Bismarck dankbar zu sein, daß er Deutschland in einem Nationalstaat geeint hatte. Geschickt spielte er mit ihrem Nationalgefühl, indem er fortwährend vor den innenpolitischen Feinden des Reiches, z. B. den Katholiken, sowie vor den außenpolitischen Feinden, z. B. den Franzosen, warnte. Darüber hinaus kam er den Liberalen auch dadurch entgegen, daß er das schnelle Wachstum von Handel und Industrie förderte und ganz allgemein eine Politik des Freihandels verfolgte. Freihandel und Laissez-faire gingen Hand in Hand, nicht nur bei Bismarcks innenpolitischem Bündnis mit den Liberalen, sondern auch bei seiner friedlichen, »saturierten« Außenpolitik. Weltweiter Freihandel bedeutete für die aufstrebende Industrie und den Handel die Schaffung von Absatzmärkten, so wie dies zu Hause vom Laissez-faire-Gedanken begünstigt wurde. Solange das Prinzip des Freihandels vorherrschte, schienen weitere Gebiete innerhalb Europas oder Kolonien außerhalb für Deutschlands politische und wirtschaftliche Existenz nicht vonnöten.

Seit den Anfängen der großen Krise im Jahre 1873 begann das politische und wirtschaftliche Fundament der Bismarckschen Innen- und Außenpolitik ins Wanken zu geraten. Die deutsche Schwerindustrie, und hier besonders ihr Herz, die Eisen- und Stahlindustrie, hatte in den Zeiten der Hochkonjunktur der späten 60er und frühen 70er Jahre zu sehr expandiert. Als die weltweite Wirtschaftskrise andauerte, ging die Großindustrie in Deutschland – ebenso wie anderswo auch – zu Konzentration, Kartellbildung und Protektionismus über.

Protektionismus war eine Möglichkeit, der Krise zu begegnen. Er bedeutete nicht nur Schutzzölle, sondern auch eine generelle Umstrukturierung der Industrie. Die Zahl der Firmen ging zurück. Sie wurden vertikal integriert und bildeten auf dem Binnenmarkt Kartelle. Zu Hause durch Zölle geschützt, konnten die deutschen Firmen ihre Überschußproduktion im Ausland zu Dumpingpreisen absetzen. Von allen größeren Staaten lehnte nur Großbritannien dieses Prinzip ab, zumindest teilweise. Obwohl die Deutschen nicht mehr als andere Völker dem Protektionismus huldigten, schienen sie beim Ausnutzen der Vorteile dieses Prinzips besonders tüchtig zu sein. So wuchs die deutsche Eisen- und Stahlindustrie trotz der anhaltenden wirtschaftlichen Krise so stark, daß sie bald den internationalen Markt beherrschte und die Industrien der anderen Staaten überrundete, die der ebenfalls protektionistischen Vereinigten Staaten ausgenommen.

Die deutsche Privatwirtschaft hatte bei dieser revolutionären Umgestaltung die Führung, aber Bismarcks Staat hat sie wesentlich erleichtert. Die unerläßlichen Schutzzölle, Handelsverträge und die Handelsgesetzgebung wurden in die Wege geleitet. Bismarck interessierte sich sehr für Wirtschaftsfragen und war sich ihrer Bedeutung sehr wohl bewußt. Deutschlands Regierung und Beamtenschaft stand den Interessen der Wirtschaft offen und aufnahmebereit gegenüber. Die Wirtschaft war im Reichstag sehr gut vertreten, und einige Industrie- und Handelsvereinigungen wuchsen zu mächtigen Interessenverbänden heran, die sich mehr und mehr an der Formung und der Aktivierung der öffentlichen Meinung in der Presse und in verschiedenen Massenorganisationen beteiligten. Kurz gesagt, der Bismarcksche Staat konnte sich nicht heraushalten und tat es auch nicht – weder aus der Umgestaltung der deutschen Wirtschaft noch aus der Wahrnehmung ihrer Interessen im Ausland.

Das Eingreifen des Staates wurde noch weiter verstärkt, als auch der Großgrundbesitz forderte, vor Importen geschützt zu werden. Denn als in den 80er Jahren Russen und Amerikaner neue Transportmittel entwickelt hatten, bedrohten deren Exporte mehr und mehr die Getreide anbauende Landwirtschaft, die von jeher eine Domäne der preußischen Junker war. Nun gingen auch diese Großagrarier nach und nach in das protektionistische Lager über. Ihr politisches Gewicht war ungemein beachtlich. Außerdem war Bismarck selbst Großgrundbesitzer und Angehöriger dieser Schicht. Die Junker kontrollierten den mächtigen Bund der Landwirte, der die Interessen der Landwirtschaft vertrat. Darüber hinaus bildeten sie die Hauptstütze der Konservativen Partei. Durch sie kontrollierten sie den preußischen Landtag, dessen Wahlmodus ihnen Vorteile einräumte.

Neben den Forderungen der Schwerindustrie und denen des Großgrundbesitzes sah sich die Regierung einem weiteren Problem gegenüber, das durch die Depression noch verschlimmert worden war. Das neue Reich wandelte sich allmählich von einem Land der in sich ruhenden Bauernhöfe in eine unbeständige Industriegesellschaft. Großindustrie bedeutete gleichzeitig Heere von Arbeitern, die mit der traditionellen patriarchalischen Disziplin nur sehr schwer zu kontrollieren waren. Die Krise steigerte die Unzufriedenheit der Arbeiter und trug dazu bei, daß die Sozialdemokratische Partei so starken Zulauf hatte. Die besitzenden Klassen wurden von ihrer zunehmenden Militanz und Stärke beunruhigt.

Mitte der 70er Jahre, als die Wirtschaftskrise und die damit einhergehende Unzufriedenheit immer noch kein Ende finden wollten, erkannte Bismarck die Notwendigkeit einer neuen Kombination der Kräfte von Politik und Gesellschaft. 1878 gab er den Liberalismus in der Innenpolitik auf zugunsten einer Politik, die den Protektionismus für Wirtschaft und Landwirtschaft in gleicher Weise beinhaltete wie die soziale Fürsorge für die Arbeiterschaft. Im Zuge dieses Prozesses spaltete er die alte, vom Freihandel überzeugte Nationalliberale Partei, stieß ihren progressiven Flügel aus, freundete sich mit den agrarischen Konservativen an, beendete seinen Kampf mit den Katholiken und ächtete die Sozialdemokraten. Zur Stützung dieses neuen Kurses schuf Bismarck mit dem Protektionismus als einigendes Band eine neue Koalition: die Allianz zwischen der Schwerindustrie und der ostelbischen Landwirtschaft. Dieser Verbund von adeligem Roggen und bürgerlichem Eisen bildete nun ein neues Fundament für seine Macht im Inneren, eine Basis, die er zur Unterstützung seiner autoritären Regierung ein weiteres Jahrzehnt hindurch nutzte.

Mit vollem Bedacht hat Bismarck Spaltung und unverantwortliche Militanz innerhalb der politischen und wirtschaftlichen Gruppierungen gefördert; wahrscheinlich weil dies ihm – eher als den im Parlament vertretenen Parteien – die Möglichkeit bot, die einzelnen Interessen in einer nationalen Politik zusammenzubündeln. Tatsächlich blieb die autoritäre Regierung, deren vom Volk getragene Basis und deren historischer Auftrag in gleicher Weise unsicher waren, der geschickt ausgleichende Faktor zwischen und über den wirtschaftlichen, gesellschaftlichen und politischen Kräften einer sich rasch entwickelnden Gesellschaft. Bismarck soll in dieser Hinsicht viel von Louis Napoleon gelernt haben. Ebenso wie Frankreichs Zweites Kaiserreich war Bismarcks neugeschaffenes Reich ständig darum bemüht, seine Legitimität unter Beweis zu stellen, und dies nicht nur durch nationale Erfolge, sondern auch durch Förderung der »Modernisierung« und ihres Nutzens. Die Depression drohte den neu errungenen Wohlstand des jungen Kaiserreichs Deutschland zunichte zu machen; von daher erklärt sich die Bedeutung des Bismarckschen Protektionismus.

Der einzig gangbare Weg, die Nachfrage zu steuern, war in der Tat die Kontrolle des Handels; denn es standen weder steuer- noch währungspolitische Mittel zur Verfügung, da die verfassungsmäßigen Befugnisse der Regierung, Steuern zu erheben, sehr begrenzt waren, ebenso wie es ihre währungspolitischen Möglichkeiten bei dem herrschenden Goldstandard waren. Unter diesen Umständen versprach der Schutz des Binnenmarktes bei gleichzeitiger Förderung des Außenhandels durch wirtschaftliche Blockbildung und Dumping noch am ehesten jene antizyklischen Märkte zu sichern, die dringend gebraucht wurden. Das Wesen der damaligen deutschen Industrie machte den Außenhandel zu einem noch bedeutenderen Faktor, als er es dann später werden sollte. Später, im Zeitalter der Autos und anderer Konsumgüter, konnte die Einkommenumverteilung auch die Inlandsnachfrage ankurbeln. Aber das Bismarcksche Deutschland wuchs im Zeitalter des Eisens, des Stahls und der Werkzeugmaschinen, von Produkten also, die keinen großen Binnenmarkt hatten. Neue Nachfrage – zumindest die für die Erzielung von Gewinnen unerläßliche Mindestnachfrage – kam eher aus solchen Ländern, die ihre Eisenbahnen und Fabriken noch bauten – kurz, sie kam vom Außenhandel.

Protektionismus und Außenpolitik

Der neue Protektionismus in Deutschland und anderswo war mit Bismarcks bisheriger Außenpolitik nur schwer vereinbar. Angesichts der stark wettbewerbsorientierten Handelsbeziehungen belasteten die Zölle die Diplomatie zwischen den Staaten. Wachsende Reibungen waren unweigerlich die Folge.

Rußlands Enttäuschung über Deutschlands Agrarprotektionismus ist hierfür wohl das beste Beispiel. Allgemeiner gesagt, ließen die große Krise und die weitverbreitete merkantilistische Antwort hierauf eine deutsche Außenpolitik in zunehmendem Maße unpassend erscheinen, die auf der Annahme fußte, sie sei territorial saturiert. Während die aufstrebende liberale und prosperierende Welt der siebziger Jahre auf offene und wachsende Märkte im Ausland blicken konnte, begannen sich Mitte der 70er Jahre, als alle Staaten mit der Krise kämpften und nach Lösungen suchten, die Märkte zu schließen. So wurde der Handel mehr und mehr zu einem politischen Faktor, und es verstärkte sich der Drang, die nötigen Märkte und Rohstoffe in den Umkreis politischer Kontrolle zu bringen. Damit verlagerte sich der Schwerpunkt der Politik auf wirtschaftliche Unabhängigkeit und Imperialismus. Darwin, und nicht Cobden, wurde jetzt der Prophet der neuen Weltwirtschaftsordnung. Für Deutschland bedeutete wirtschaftliche Unabhängigkeit den Schutz von Landwirtschaft und Industrie zu Hause bei gleichzeitiger Sicherung von Märkten und Rohstoffen innerhalb und außerhalb Europas. Diese neue wirtschaftliche Logik führte zur kontinentalorientierten »Mitteleuropapolitik« und zur imperialistischen »Weltpolitik« Wilhelms II. Weder das eine noch das andere war leicht vereinbar mit der Logik des Bismarckschen Bündnissystems, das ja auf der Annahme eines konservativen, territorial saturierten Reiches basierte.

Als er auf innenpolitischer Ebene seinen Weg in die protektionistische Koalition antrat, tat Bismarck auch einen bedeutenden und wahrscheinlich entscheidenden Schritt in Richtung einer neuen Außenpolitik. 1879 schloß Deutschland, trotz des energischen Widerspruchs Wilhelms I., eine bilaterale Allianz mit Österreich-Ungarn, die beide Staaten so eng miteinander verband, daß Bismarck sogar zeitweilig erwog, dieses Bündnis auf eine verfassungsrechtliche Basis zu stellen. Bis heute fragen sich die Historiker, warum eigentlich Bismarck diesen Schritt unternommen hat. A. J. P. Taylor meint, daß Bismarck, nachdem er einmal dieses Bündnis geschlossen hatte, die restliche Zeit seiner Laufbahn damit beschäftigt war, den Konsequenzen der neuen Allianz aus dem Wege zu gehen. Eine derartig enge Verbindung stand ganz im Gegensatz zu Bismarcks vorangegangener Taktik. Sie zielte auf eine Hegemoniestellung der Deutschen in Mitteleuropa ab und verkörperte jene großdeutsche Kontinentalpolitik, die Bismarck zuvor so entschieden abgelehnt hatte. Ein deutsch-russischer Konflikt, hervorgerufen durch Rußlands Ambitionen auf dem Balkan, war dabei vorauszusehen, und ebenso die Hinwendung Rußlands zu Frankreich. Gewiß, Bismarck versuchte, durch einen geheimen Rückversicherungsvertrag die möglichen Konsequenzen hinter Österreichs Rücken abzuschwächen. Aber dies konnte nur eine kurzfristige Lösung darstellen, nur ein vorübergehendes Bewahren der Möglichkeit, sich so oder so zu entscheiden. Das heranwachsende »größere Deutschland«, das die Allianz mit Österreich beinhaltete, würde aller Voraussicht nach die britischen Ängste vor einer kontinentalen Vormachtstellung schüren, zumal die dynamischere deutsche Industrie die Briten ganz allmählich auf ihren Binnen- und Weltmärkten bedrängte. Kurzum, das Bündnis mit Österreich führte auf diplomatischem Feld zu jener antideutschen Koalition, die Bismarck in so weiser Voraussicht gefürchtet hatte.

Bismarck schien von vielerlei Überlegungen geleitet worden zu sein, nicht zuletzt von der Sorge über die Folgen, die ein Abwandern Österreichs in das französische Lager bedeutet hätte oder die durch einen Zusammenbruch Österreichs entstehen konnten, der Deutschland zwingen mußte, sich allein auf dem Balkan mit Rußland auseinanderzusetzen. Doch auch wirtschaftliche Überlegungen spielten eine Rolle. Beim Durchdenken der außenpolitischen Folgen seines revolutionären innenpolitischen Wandels waren nunmehr seine Gedanken mehr und mehr von den Plänen zu einer Zollunion erfüllt. Doch die wirtschaftlichen Argumente sind zweischneidige Argumente. In Rußland bot sich ein noch größerer Markt, aber eben keiner, der auf lange Sicht so leicht von Deutschland kontrolliert werden konnte. Und in der merkantilistischen Welt – im Gegensatz zu den frühen 70er Jahren des 19. Jahrhunderts – bedeutete sicherer Raum das vorrangige Ziel, vorrangig vor den mutmaßlichen Vorteilen des offenen Handels. Aus dieser Sicht scheint das Bündnis mit Österreich im Rahmen der Bismarckschen Diplomatie als ein Schritt von mehreren, eingebettet in seinen Protektionismus, doch kein so großer »Fehler« gewesen zu sein. Das Bündnis mit Österreich schuf in der Tat ein politisches Kartell, analog zu den Industriekartellen, mit denen die Deutschen und andere auf die Wirtschaftskrise reagierten.

Die deutsche Diplomatie nach Bismarck

Wenn man die Bismarcksche Politik analysiert, lassen sich zwei große Möglichkeiten für die wirtschaftspolitische Strategie des Kaiserreiches erkennen. Die erste war ein wirtschaftlich liberales, territorial saturiertes Deutschland, das der Landwirtschaft und der Industrie beträchtliche Vorteile bot, wobei der Freihandel sowohl dazu diente, Deutschlands Fabriken mit Rohstoffen zu versorgen, als die deutschen Produkte zu verkaufen. Die zweite Option war ein merkantilistisches und imperialistisches Deutschland, das nach wirtschaftlicher Unabhängigkeit strebte und deshalb die Vorherrschaft über ein Gebiet brauchte, das seiner wachsenden Produktion und Bevölkerung entsprach. Bismarck fing mit der ersten an und war genötigt, sich der zweiten zuzuwenden. Bismarcks Nachfolger als Kanzler, General von Caprivi (1890–1895), tat alles ihm mögliche, um zum Freihandel zurückzukehren. Caprivi war intelligent, vernünftig, ehrlich und bescheiden, und deshalb bedrückten ihn Zerrissenheit und Konflikte der wirtschaftlichen Modernisierung sehr. Anders als Bismarck, neigte er eher zu liberaler Anpassung als zu konservativer Repression. Mit Skepsis betrachtete er Bismarcks phantastische diplomatische Konstruktionen wie den geheimen Rückversicherungsvertrag mit Rußland. Aber ebenso wie Bismarck war er über Deutschlands prekäre Position besorgt: Deutschland – ein Emporkömmling unter den Großmächten, in der Mitte Europas gelegen. Da er Soldat war, beunruhigte ihn in besonderem Maße die anhaltende Auswanderungswelle aus dem Reich. Gleichzeitig hielt er nur wenig von den Vorzügen des Protektionismus zur Lösung der wirtschaftlichen Probleme. Bis 1890 hatte sich die deutsche Wirtschaft nicht von der konjunkturellen Flaute erholt. Caprivi war besonders besorgt über die internationalen Folgen des Protektionismus. Schraubte man ihn nicht zurück, dann, so fürchtete er, würde ein Wirtschaftskrieg Europas politische Beziehungen vergiften, und der Neuling Deutschland würde die Rache seiner Nachbarn geradezu herausfordern. Deshalb förderte Caprivi einen liberalen europäischen Handelsblock. Er wollte damit die wirtschaftlichen Konflikte eindämmen, die deutsche industrielle Expansion beleben und Arbeitsplätze schaffen, um so der Auswanderungswelle Einhalt zu gebieten. Einer seiner Gründe hierfür, das sollte nicht übersehen werden, war seine Sorge, daß ein Europa der kleinen Volkswirtschaften eines Tages von den Vereinigten Staaten beherrscht würde.

Caprivis »Neuer Kurs« zielte auf eine neue Kombination der innenpolitischen Kräfte und Richtungen ab. Eine Zeitlang gelang es ihm, die Freihandelsinteressen so weit zu mobilisieren, daß sie stärker waren als die agrarische Opposition. So konnte er eine Reihe von relativ liberalen Handelsverträgen schließen – in der Hauptsache mit Österreich-Ungarn, Rußland und Großbritannien. Zur gleichen Zeit versuchte Caprivi die deutsche Gesellschaft ganz generell zu öffnen und zu liberalisieren. Unter seiner Regierung wurden die Sozialistengesetze aufgehoben, und es wurden Anstrengungen unternommen, den Status der Polen und anderer Minderheiten zu verbessern. Der Neue Kurs trieb die agrarischen Konservativen von Anfang an auf die Barrikaden und verängstigte auch bald ebenso die großbürgerlichen Nationalliberalen. Innerhalb von fünf Jahren hatte sich Bismarcks Koalition der Agrarier und der Schwerindustrie zusammengefunden, um seinen Nachfolger zu stürzen. Zu ihnen gesellten sich die »Alldeutschen« und die Interessenverbände, die den Imperialismus und den Flottenbau forderten, jene Gruppen also, die die Schwerindustrie so eifrig ermutigt hatte. Ironischerweise war die lange Krise 1896 zu Ende, und es folgte eine Zeit der starken Handelsexpansion, in der Caprivis Verträge, die bis 1902 liefen, der deutschen Industrie sehr von Nutzen waren. Trotz allem hatten die protektionistischen Kräfte die Oberhand gewonnen, besonders unter Kanzler Bülow (1900–1909). So verfügte Bülow, als Caprivis Abkommen in den ersten zehn Jahren des 20. Jahrhunderts ausliefen, neue protektionistische Abkommen gegenüber Rußland und der Habsburger Monarchie. Deren Märkte standen der deutschen Industrie weiterhin offen, während die deutsche Landwirtschaft geschützt wurde. Innerhalb weniger Jahre wurden diese Verträge eine der Hauptursachen für die diplomatischen Reibereien. In Rußland und sogar in Österreich-Ungarn waren die alte Landwirtschaft und die sich entwickelnde Industrie in immer größerem Maße unzufrieden über den Status quo, der so offensichtlich Deutschland begünstigte.

Bülows Politik zeigt, wie der Protektionismus Antrieb aus sich selbst gewonnen hatte. Die merkantilistische Umstrukturierung der Industrie und der Politik überlebte die Bedingungen, die sie hervorgerufen hatte. So trug die weltweite wirtschaftliche Erholung und die Hochkonjunktur, die von 1896 bis 1913 andauerte, ebenso zur Verstärkung des deutschen Imperialismus bei wie die vorangegangene Krise. Die allgemeine Hochstimmung der Expansionswelle förderte eine Verstärkung der weltweiten deutschen Handelsinteressen, ohne jedoch jene merkantilistischen Strukturen und Einstellungen zu verändern, die von der Krise hervorgerufen worden waren. Der liberale Optimismus und der Glaube an den Markt kehrten nie wieder ein. Man fürchtete, die Krise könne wieder auftreten und dann könnten nur die überleben, die sich auf eine sichere territoriale Basis stützen könnten. So sah man einen engen Zusammenhang zwischen weltwirtschaftlicher Expansion, Anwachsen der deutschen kolonialen Besitzungen und Stärkung der Flotte. Das war die Weltpolitik, die so eng mit der Person Bülows verbunden war.

Anfangs stellte sich Bülows Imperialismus im Ausland als theatralisch-streitlustige Pose dar, dazu bestimmt, zu Hause die Aufmerksamkeit der Mittelschicht und der Arbeiterklasse von Verfassungsreformen abzulenken. Aber was als Ablenkungsmanöver begonnen hatte, entwickelte sich zu einer nationalen Besessenheit. Der Imperialismus wurde von einigen Gruppen sorgfältig gepflegt, so z. B. ganz besonders vom Flottenverein.

Dank dieses Vereins, der von Krupp finanziert und von Admiral von Tirpitz beseelt wurde, wurde die Flotte und ihr Auftrag in der ganzen Welt die große Sache der Mittelklasse, im Unterschied zu der noch immer aristokratischen und in Europa verhafteten Armee. Eine starke Flotte sollte sicherstellen, daß Deutschlands Handel nicht aus dem Namen nach unabhängigen Gebieten in Lateinamerika, auf dem Balkan oder im Fernen Osten verdrängt würde. Ganz allgemein verstärkte sich der Imperialismus mit der Demokratisierung in der Politik. Das erstaunliche Anwachsen der Sozialdemokraten mit ihrer organisierten Massenbasis trieb die anderen Parteien dazu, sich ihre eigene Basis im Volk zu schaffen. Der Imperialismus erwies sich als mächtige Kraft, um die Wähler der Mittel- und der unteren Mittelschicht zu mobilisieren. Als die Konservativen bei den Agrariern und den Antisemiten Unterstützung fanden und als sich das Zentrum auf verschiedene Katholikenverbände stützen konnte, wandten sich die Nationalliberalen dem Imperialismus zu. Zu Beginn des zweiten Jahrzehnts des 20. Jahrhunderts war die bürgerliche Meinung völlig von der Auffassung beherrscht, daß Deutschland für sein zukünftiges Wachstum eine eigene größere territoriale Sphäre in der Welt brauche, vergleichbar mit denen der Engländer, Russen und Amerikaner.

Zusammenfassend kann man sagen, daß bei einer derartig aggressiven Außenpolitik, hervorgerufen, wie es scheint, von den inneren Zwängen des deutschen politischen und wirtschaftlichen Systems, eine Rückkehr zu einer liberalen, »saturierten« Außenpolitik sehr unwahrscheinlich war. Der konservative Protektionismus, den Bismarck als Antwort auf zwingende wirtschaftliche Veränderungen hin gefördert hatte, machte seine liberale Außenpolitik schon vor 1890 zu einer überholten Politik. Er selbst war es, der sie dahingehend geändert hatte. Caprivi konnte dann nicht mehr zu ihr zurückfinden, und so war Deutschland auf dem Weg in den Krieg.

Bismarcks Diplomatie: Langfristige Konsequenzen

Bismarck hatte, wie es scheint, keine magische Formel. Nach 1871 schadete seine diplomatische Genialität seinem Land vielleicht tatsächlich mehr, als daß sie ihm Gutes tat. Seine eigene Lösung war ein unbeständiges Zwischenspiel, unvereinbar jedoch mit Deutschlands Dynamik in einer immer enger werdenden Welt. Bismarcks emporgekommene Großmacht würde sich entweder ihren Raum schaffen oder zerschlagen werden. Gewiß hat Bismarck in seinem ja auch nur begrenzten Leben genug geschafft. Es war schon eine Leistung, das zweite Reich zu gründen, und so wäre es zuviel verlangt gewesen, gleichzeitig alle darin beschlossenen Probleme zu lösen. Aber man wird doch sagen müssen, daß Bismarck zum Ende seiner Regierung Deutschland für den Kampf, den die Schaffung seines Reiches unvermeidbar gemacht hatte, bereits ernsthaft geschwächt hatte. Eine Zahl hoffnungsvoller Möglichkeiten war bereits verspielt.

So hatte die Annexion Elsaß-Lothringens Frankreich zu einem dauerhaften Feind gemacht, der jedoch zu stark war, um von dem Bismarckschen Deutschland fortwährend niedergeschmettert zu werden. Von einem ungebrochenen Frankreich konnte man erwarten, daß es aus Trauer um die verlorenen Gebiete Rachegedanken hegte. So war damit eine der größten Möglichkeiten für Deutschlands Zukunft – ein europäischer Block, basierend auf einer deutsch-französischen Verständigung – von vornherein ausgeschlossen.

Darüber hinaus war es Bismarck, der die schicksalshafte Allianz mit Österreich-Ungarn so zementiert hatte, daß Rußland geradezu reagieren mußte, und Frankreich war ebenso gezwungen, einen Verbündeten zu finden. Damit sah sich die deutsche Armee einem Zweifrontenkrieg gegenüber.

Wenn es so war, daß Frankreich und Rußland aus wirtschaftlichen und politischen Gründen Feinde waren, hätte jedoch jede Anstrengung unternommen werden müssen, Großbritannien als Verbündeten zu gewinnen. Obwohl Bismarck auf diplomatischer Ebene oftmals mit Disraeli und Salisbury zusammengearbeitet hatte, schuf er niemals ein ausgesprochen freundliches Verhältnis zu den Briten – ebensowenig wie sein glückloser Nachfolger Bülow, der die Briten schließlich in die Arme ihrer alten Feinde, Rußland und Frankreich, trieb, oder Bethmann-Hollweg, auf den der Wirbelsturm dann niederprasselte. Aber Bismarcks Nachfolger, die von den imperialistischen Bestrebungen außerhalb Europas getrieben waren, hatten zumindest ihre Gründe, sich mit den Briten anzulegen. Bismarck hielt die Briten nicht nur auf Distanz, sondern schürte auch in recht zynischer Weise im Volk den Haß auf sie. Dieser Haß sollte dann zu einem großen Hindernis für die deutsche Diplomatie werden.

Der Konflikt mit Großbritannien hing natürlich eng mit den Industriezöllen zusammen, die das bürgerliche Gegenstück zu den Schutzzöllen der Landwirtschaft darstellten. So kann also gesagt werden, daß Deutschlands doppelter Konflikt mit Rußland und Großbritannien eng mit der protektionistischen Koalition verbunden war, durch die Bismarck seine autoritäre Herrschaft aufrechterhielt.

Einer der Gründe für das anhaltende recht kühle Verhältnis zwischen Briten und Deutschen kann auch in dem Stil gesehen werden, den Bismarck in Deutschlands Diplomatie pflegte und den er auch bei innenpolitischen Auseinandersetzungen zeigte. Die deutsche Politik scheint eine Art perverses Vergnügen daran gehabt zu haben, einen diplomatischen Stil zu pflegen, der List mit Schock verband. Diese Nietzscheanische Begeisterung für brutale Verschlagenheit ging einher mit einem Mangel an Zurückhaltung in der Wahl der Sprache und mit einem Hang zur Übertreibung, den Wilhelm II. bis zu einem hysterischen Grad entwickelte. Bismarck selbst zeigte ähnliche Züge. Von Anfang an barg der Bismarcksche Stil einen Unterton von Hysterie, herrührend vielleicht von den großen Belastungen, die Preußens schneller Aufstieg der deutschen Gesellschaft, der Kultur und den politischen Institutionen zumutete.

Gewiß, untergründige Hysterie war zu Ende des letzten Jahrhunderts überall verbreitet. Seit dem Ende der 70er Jahre begann die britische Politik eine außerordentlich heftige Parteilichkeit an den Tag zu legen, die unter Salisbury nur zeitweise abgeschwächt wurde. Durch dieselbe heftige Streitlust zeichneten sich dann auch Frankreich und Rußland aus. Aber allein Bismarck scheint die hemmungslose Streitlust zu dem gestaltenden, gleichsam verfassungsmäßigen Prinzip nationaler Politik emporgehoben zu haben. Bei einer derartig schwach ausgeprägten Kompromißfähigkeit und bei soviel Mangel an Versöhnungsbereitschaft konnte nur ein autoritäres Bindeglied Ordnung und Gesetz in die staatliche Politik bringen. Es wäre falsch, diese Charakteristika der deutschen Politik nur Bismarck zuzuschreiben, da sie offensichtlich vielerlei Gründe hatten. Vielleicht brauchte diese dynamische und noch nicht endgültig geformte Entwicklungsphase der deutschen Politik und Gesellschaft gerade diese Art autoritärer Führung, um zu bestehen. Dennoch: Indem Bismarck diesen Regierungsstil gleichsam zu einer großen Kunst machte und indem er ihn auch noch mit seinem Erfolg und seinem persönlichen Prestige ausstattete, hat er mit dazu beigetragen, daß sich seine Landsleute in ihren schlechtesten Angewohnheiten bestärkt fühlten. Er schränkte somit ihre Fähigkeit ein, sich innen- und außenpolitischen Veränderungen anzupassen. Ganz sicher hatte Bismarck einen aggressiven Stil, aber er betrieb eine konservative Außenpolitik. Seine Nachfolger jedoch waren oftmals in beiderlei Hinsicht aggressiv, in Politik und Ton – sicher keine glückliche Kombination. Aber diese aggressive Politik scheint, wie ich darzulegen versucht habe, Teil der allgemeinen Richtung der deutschen und internationalen wirtschaftlichen Entwicklung gewesen zu sein, einer Entwicklung, die zu Bismarcks Zeiten schon sehr offen zutage trat. Es war zu erwarten, daß ein wirtschaftlich expandierendes Deutschland sich nicht damit begnügen würde, in seinem mitteleuropäischen Käfig eingeschlossen zu bleiben.

Unter diesen Umständen kann die Bedeutung des Stils leicht überbewertet werden. Gelegentlich ist behauptet worden, daß unbedeutende kulturelle Mißverständnisse den Beziehungen zwischen der deutschen und der englischen Oberschicht fortwährend entgegenwirkten. Es ist jedoch eher so, daß sie sich nur zu gut verstanden. Alle Großmächte des ausgehenden 19. Jahrhunderts waren in zunehmendem Maße merkantilistisch und imperialistisch. Und ihre Innen- und Außenpolitik sind nicht nur als Reaktionen auf deutsche Initiativen zu sehen. Auch wenn alle Deutschen gut erzogene, liberale Anhänger der konstitutionellen Regierungsform gewesen wären, die anderen Großmächte hätten wohl kaum einem politisch geeinten und wirtschaftlich dynamischen Deutschland großzügig Platz gemacht. In einer Weltordnung des rivalisierenden Imperialismus – einer Welt, die ja nicht von Deutschland geschaffen worden war – mußte das Bismarcksche Deutschland geradezu unweigerlich »aggressiv« werden, aggressiv einem Status quo gegenüber, der immer noch die Vorherrschaft der anderen widerspiegelte. Aufmerksame Deutsche wußten dies. Die deutsche Einigung war für Max Weber im Jahre 1895 nur ». . . ein Jugendstreich, den die Nation auf ihre alten Tage beging und seiner Kostspieligkeit halber besser gelassen hätte, wenn sie der Abschluß und nicht der Ausgangspunkt einer deutschen Weltmachtpolitik sein sollte«.[1]) Und 1916 hat er an den Konsequenzen nicht vorbeigesehen: »Wollten wir diesen Krieg nicht riskieren, dann hätten wir die Reichsgründung ja unterlassen und als ein Volk von Kleinstaaten weiter existieren können.«[2])

Aus dieser Sicht war Bismarcks konservative Außenpolitik keine Alternative, die seine weniger geschickten Nachfolger aufgegeben haben. Sie hat die Katastrophe höchstens hinausgezögert, die die Schaffung eines neuen Deutschen Reiches für Europa mit sich bringen mußte. Es war tatsächlich Bismarck selbst, der den schicksalhaften Schritt unternommen hat, durch den Frankreich und Rußland sich zusammenschließen mußten, um Deutschland zu zerstören. Vielleicht war Bismarck nur realistischer als seine Nachfolger, die die Hoffnung nicht aufgaben, Großbritannien würde sie retten. Ob eine etwas kühnere Politik nach 1870 erfolgreicher gewesen wäre, bleibt eine spannende, wahrscheinlich aber unlösbare Frage. Vielleicht hätte das Kaiserreich Deutschland, wie Hitler meinte, Österreich in sich aufnehmen und früher auf eine Entscheidung mit Rußland drängen sollen. Eine große territoriale Sphäre im Osten hätte dem merkantilistischen Deutschland den Raum und die Ruhe gegeben, die es brauchte. 1914 aber war es zu spät. Deutschlands Handelsexpansion mußte den Zusammenschluß Frankreichs und Rußlands mit Großbritannien zur Folge haben. Am Ende war das Kaiserliche Deutschland zu aggressiv, um noch friedlich akzeptiert zu werden, und vielleicht nicht aggressiv genug, um durch das Schwert Sicherheit zu erlangen.

1) Max Weber, *Gesammelte politische Schriften*; München, Drei Masten Verlag, 1921, S. 29

2) Ibid., S. 92

3. Kapitel

Deutschland und der Erste Weltkrieg

Einleitung: Die Frage der Kontinuität

Historiker sind ex definitione Gelehrte, die Kontinuität aufspüren wollen. Die Fragen nach der Kontinuität sind in der jüngeren deutschen Geschichte vielleicht interessanter und mühseliger zu beantworten als für jedes andere Land. Was z. B. wurde aus dem alten Deutschland der »Dichter und Denker« nach dem Bismarckschen Deutschland aus »Blut und Eisen«? Wo ist die Verbindung zwischen Bismarck und dem Ersten Weltkrieg? Worin liegt die Kontinuität der Außenpolitik vom Kaiserlichen Deutschland über die Weimarer Republik bis hin zum Deutschland der Nazis, von Bethmann-Hollweg über Stresemann bis hin zu Hitler? Oder heute, was wurde aus der nationalsozialistischen Vergangenheit in den beiden deutschen Gesellschaften in Ost oder West?

Um zu unserer speziellen Frage zu kommen: Wieviel Kontinuität liegt in der deutschen »Aggressivität«? Im Vergleich mit den Briten, den Franzosen oder Russen hätte vor Bismarck niemand behauptet, die modernen Deutschen seien außergewöhnlich aggressiv. Trotz allen Säbelrasselns beschränkte Bismarck seine Ziele sehr sorgfältig auf die konservative Gestalt eines deutschen Nationalstaates. Selbst sein folgenschwerster Mißgriff, Elsaß-Lothringen, galt von alters her als ein Teil Deutschlands und als von den Franzosen während der zahlreichen Kriege im 17. und 18. Jahrhundert erobert. Außerdem hat nicht Bismarck den Krieg mit Frankreich begonnen. Und sein Nachfolger war jener liberale und friedliebende General von Caprivi. Dennoch, zu Beginn des 20. Jahrhunderts hielt man die Deutschen bereits für ausgesprochen aggressiv. Warum? Ganz sicherlich hat Bülows theatralische Weltpolitik zu einigen an und für sich zwar unbedeutenden, aber die Reibereien fördernden, kolonialen Unternehmungen geführt und so die Fronten verhärtet. Selbst sein so besonnener Nachfolger, Bethmann-Hollweg, hatte 1911 seine eigene Marokkokrise. Dem vorherrschenden deutschen Stil muß wahrscheinlich ein Gutteil des Rufes der deutschen Aggressivität zugeschrieben werden – eine in der Tradition verhaftete, preußische militärische Steifheit, die in Gestalt von Nachahmern aus der Mittelklasse zur Karikatur geworden war. Und da war Kaiser Wilhelm II., der seine Truppen dazu antrieb, sich wie »Hunnen« aufzuführen. Aber trotz allem waren die Kolonialbestrebungen des deutschen Kaiserreichs, verglichen mit denen Großbritanniens, Frankreichs oder selbst der Vereinigten Staaten, unbedeutend. Und abseits der Öffentlichkeit waren Wilhelms Ziele weit vorsichtiger als seine Sprache. Kurzum, vor 1914 scheint die deutsche Aggressivität eher potentiell als tatsächlich vorhanden.

1914 aber war die Wasserscheide. Die ärgsten Befürchtungen über den deutschen Charakter schienen sich jetzt voll und ganz zu bewahrheiten – und wenn es damals noch Zweifel gab, wurden sie von Hitler dann völlig zunichte gemacht. Seit dem Zweiten Weltkrieg hat ein Großteil der deutschen Historiker immer wieder die Ähnlichkeit der »Kriegsziele« des Kaiserreichs mit denen der Nazis betont und dadurch eine Verbindung zwischen den Zielen des Kaiserreichs und den Verbrechen der Nazis hergestellt. So scheint die Kontinuität in der Kriegsschuld Bethmann-Hollweg mit Hitler zu verbinden. Diese Verbindung ist zweifellos bequem, besonders da sie von den Deutschen selbst vertreten worden ist. Aber wieviel Kontinuität war nun wirklich in der deutschen Aggression? In welchem Maße war Deutschland »verantwortlich« für den Ersten Weltkrieg?

Die Frage nach der »Kriegsschuld« beschäftigte die Historiker beinahe seit Beginn der Kämpfe im Jahr 1914. Zahlreiche Untersuchungen und Erörterungen bieten eine Vielzahl von Hypothesen. Verständlicherweise war die Kriegsschuldfrage oftmals ein heftig umstrittenes und recht einseitig diskutiertes Thema, ein geradezu ideologisches Thema – sowohl auf nationaler wie auf internationaler Ebene. Ein derartig durchschlagendes und weitreichendes Ereignis eignet sich zu zahlreichen Formen der Analyse. Dem Konflikt lag ein breites Feld von Ursachen zugrunde. So rührte er nicht nur von langandauernden politischen und wirtschaftlichen Machtkämpfen zwischen den Großmächten, sondern auch von dem ganzen Prozeß wirtschaftlicher, politischer und gesellschaftlicher »Modernisierung« in allen westlichen Gesellschaften. Aber solche allgemeinen Erklärungen sind, auch wenn sie recht aufschlußreich sind, niemals ausreichend. Selten bleiben zwischen so eng miteinander verbundenen Staaten Spannungen aus, und es gibt kaum eine moderne Gesellschaft, die frei ist von ernsthaften Belastungen im Inneren. Die Ursprünge internationaler Konflikte sind latent immer vorhanden. Was aber läßt diese Konflikte dann ausbrechen und treibt die Staaten in blutige Schlachten? Um hierauf eine Antwort zu erhalten, müssen wir uns immer noch an die Historiker wenden, die sich mit der Rolle der Diplomatie und der »Kabinette« beschäftigt haben. Was können sie uns nach mehr als einem halben Jahrhundert der Nachforschungen sagen?

Die besten, kosmopolitisch angelegten Studien, von denen Luigi Albertinis *»Origins of the War of 1914«* ein großartiges Beispiel gibt, verdeutlichen, daß 1914 alle Großmächte große Verantwortung trugen. Waren es Österreich-

Ungarn und Deutschland, die die Konfrontation herbeiführten, dann zeigten Frankreich und Rußland nur wenig Interesse, sie zu vermeiden. Und wenn Großbritannien den Krieg wirklich hätte verhindern wollen, dann war seine Diplomatie geradezu schuldhaft unfähig. Bevor wir uns nun der Rolle Deutschlands im besonderen zuwenden, ist es sicherlich nützlich, zunächst einen Blick auf die Motive der übrigen Großmächte zu werfen.

Europas Großmächte und die Juli-Krise

Für Österreich-Ungarn schien der Krieg gerechtfertigt durch die Notwendigkeit, in Serbien entscheidend durchzugreifen. Wien sah in Serbien das Piemont des Balkans. Die serbische Agitation, die von den Russen noch unterstützt wurde, hatte die Loyalität der slawischen Untertanen des Kaiserreichs untergraben. Die Siege Serbiens in den Balkankriegen von 1912 und 1913 schadeten dem Ansehen der Doppelmonarchie sehr. Gerade dieses Prestige war aber für eine Dynastie ohne nationale Basis ein überaus wichtiger Faktor. Bedeutende Kräfte in der Habsburger Regierung – besonders der kaiserliche Generalstabschef Conrad von Hötzendorff – forderten drastische militärische und politische Maßnahmen, um den Zerfall des Kaiserreiches abzuwenden. Viele derjenigen, die diese Meinung teilten, darunter auch der ermordete Thronfolger Franz-Ferdinand, drängten auf eine »Dreierlösung« der verfassungsmäßigen Probleme der Doppelmonarchie. War Serbien erst einmal geschlagen, sollte ein innenpolitisch autonomes Südslawisches Königreich den gleichen Status genießen können wie das österreichische und das ungarische. Über Jahre hindurch hatten jedoch die Ungarn entscheidende militärische oder verfassungsmäßige Schritte zu verhindern gewußt. Die Ungarn, das sei hier erwähnt, bekamen in der Regel Unterstützung von außen, und zwar von Preußen. Dieses besondere preußisch-ungarische Verhältnis war in der Tat ein sehr wirksames Mittel der Deutschen, Österreich bei der Stange zu halten. Aber es entstanden wirtschaftliche Spannungen zwischen Wien und Berlin auf dem Balkan, besonders da deutsche Handelsinteressenten zur gleichen Zeit mit den Serben liebäugelten, als die deutsche Diplomatie die österreichischen Vergeltungsmaßnahmen mißbilligte. Aber im Sommer 1914 waren die Deutschen nicht mehr geneigt, den österreichischen Zorn gegen die Serben zu hemmen, aus Gründen, die weiter unten aufgezeigt werden. Im Gegenteil, die Deutschen meinten nun, wenn Österreich nicht gegen Serbien vorgehe, könne man die Doppelmonarchie nicht mehr als Großmacht ansehen, und dann müsse sich Deutschland anderswo nach Verbündeten umsehen. Schließlich setzten sich die zur Tat drängenden Österreicher durch, dieses eine Mal von den Deutschen unterstützt. Die Doppelmonarchie, die ihre inneren Schwierigkeiten mit deutscher Hilfe überwunden hatte, wurde nun jedoch unbeweglich, auch gegenüber Bethmann-Hollwegs Meinungsumschwung, zu dem es in letzter Minute gekommen war.

Wenn die Mittelmächte die Krise heraufbeschwört haben, kann man aber nicht behaupten, die Alliierten hätten viel unternommen, sie zu verhindern. Die Russen trifft ein Großteil der unmittelbaren Verantwortung. Der russische Minister in Serbien, Hartwig, hatte jahrelang die Rolle eines Hetzers gespielt. Die russische Regierung hatte dies nicht ausdrücklich gebilligt, aber sie hat es auch nicht unterbunden, obwohl sie erkennen mußte, daß die Verletzbarkeit des Habsburger Reiches den Krieg in greifbare Nähe rückte. Die öffentliche Meinung in Rußland und auch der Hof des Zaren waren von panslawistischer Begeisterung erfüllt. Dem entgegenzutreten, war die russische Regierung jedoch nicht stark genug. Außenminister Sasonow war ein schwacher und reizbarer Mann; außerdem haßte er die Österreicher. Als die Juli-Krise heraufzog, verlor er die Kontrolle über das Militär, dessen festgelegte Pläne eine Mobilmachung gegen Österreich ohne gleichzeitige Mobilisierung gegen Deutschland unmöglich machten. So kam es zu der schicksalshaften Folge von Ereignissen, die in der Marneschlacht ihr Ende hatte. Abgesehen von der Verwirrung auf dem Balkan, hatten sich die russisch-deutschen Beziehungen aus wirtschaftlichen Gründen immer mehr verschlechtert. Die russischen Getreideanbauer waren gegen den deutschen Protektionismus. Und als Rußland sich im großen Stil industrialisierte, schien das schon traditionelle deutsche Eindringen auf den russischen Markt immer unerträglicher. Schließlich bedrohte Deutschlands verstärktes Eindringen in das türkische Kaiserreich Rußlands langfristige Ziele dort und beschwor so eine immer schärfere Ablehnung herauf.

Auch wenn die Franzosen nicht unmittelbar in die Serbienfrage verwickelt waren, spielten sie dennoch eine provozierende Rolle. Der französische Außenminister in Sankt Petersburg, Paléologue, täuschte wohl den Quai d'Orsay und förderte sicherlich die Kriegslust der Russen. Frankreichs Staatspräsident, Poincaré, und Viviani, der Premierminister, besuchten den Zaren kurz vor dem österreichischen Ultimatum. Tatsächlich wurde das Ultimatum zurückgehalten, bis sie Rußland verlassen hatten. Interessanterweise scheinen die Protokolle dieser Gespräche verlorengegangen zu sein. Zum Ausbruch kam die Krise, als Poincaré und Viviani langsam und auf Umwegen nach Frankreich zurückkehrten. Als Viviani wieder in Paris war, traf er eine Bevölkerung vor, die lautstark den Krieg verlangte. Seine Versöhnungsversuche wurden zur Seite gefegt. Die entscheidende Frage war nun: Was würde Großbritannien tun? Paul Cambon, der Botschafter in London, hatte sehr intensiv die moralische Verpflichtung der Briten kultiviert, Frankreich in einem Krieg mit Deutschland nicht allein zu lassen. Greys schwache Reaktion gab Frankreich freie Hand, Rußland zu unterstützen, und so ließ sich Großbritannien in den Krieg hineinziehen. Auf längere Sicht mußte Frankreichs Handeln von dem Willen erfüllt sein, Elsaß-Lothringen zurückzugewinnen. Poincaré zum Beispiel war Lothringer. Und selbst den Franzosen, die für die verlorenen Provinzen keinen Krieg eingehen wollten, schien irgendeine Art der Entscheidung unausweichlich. Ein schnell wachsendes Deutschland bedeutete für ein im Wachstum stagnierendes Frankreich eine tödliche Bedrohung. Entweder würde Deutschland geschlagen oder Frankreich würde zum Vasallen. In aller Ruhe hatte Frankreich eine Allianz zusammengeschmiedet; nun war der Augenblick gekommen, sie einzusetzen.

Je mehr der die Rolle der Diplomatie untersuchende Historiker die Motive, die Vorstellungen und Interessen der Hauptakteure entwirrt und je mehr er die vielen unbändigen Konflikte bloßlegt, die sich in dieser langen Zeit angesammelt hatten, desto unumgänglicher scheint ein allgemeiner Krieg gewesen zu sein. Rußlands Aktivitäten zur Verfolgung seiner Ziele auf dem Balkan bedrohten die nackte Existenz des innerlich erschütterten Kaiserreichs Österreich-Ungarn. Wie hätte die Balkanfrage gelöst werden können? Bismarck schien gelegentlich Österreich und Ungarn zu ermuntern, sich den Balkan zu teilen. Dieser Idee stand jedoch der Panslawismus im Wege. Als die Monarchie des Zaren immer schwächer und schließlich handlungsunfähig wurde, war sie immer weniger, schließlich kaum noch in der Lage, dem panslawistischen Druck in der öffentlichen Meinung entgegenzutreten. Das gleiche kann man von dem Habsburgerreich sagen. Um die Monarchie zu festigen und die Balkanfrage zu lösen, hätte es wohl einer Art Dreier-Föderation bedurft. Aber das Kaiserreich konnte nicht aus seiner inneren Lähmung ausbrechen. Ein

Vergleich Österreich-Ungarns mit dem Ottomanischen Reich drängte sich immer stärker auf.

Zusammenfassend läßt sich sagen, daß ein anhaltender Konflikt auf dem Balkan unvermeidbar war; Rußland schien nicht in der Lage, den schwelenden Konflikt zu beenden, und Österreich war unfähig, einen tragbaren Entschluß für seine innere Entwicklung zu fassen. Da nun Österreich immer verzweifelter und Serbien immer dreister wurde, war Österreichs unmittelbares Eingreifen geradezu unumgänglich. Das gleiche gilt für eine heftige Reaktion Rußlands. Aufgrund der französisch-russischen Entente, die in einem grundlegenden Gegensatz zwischen Franzosen und Deutschen wurzelte, und wegen einer wachsenden Feindschaft zwischen Deutschland und Rußland mußte sich ein österreichisch-russischer Krieg auf dem Balkan mit einer gewissen Zwangsläufigkeit zum allgemeinen Krieg auswachsen. Hätte irgend etwas die Kette der Ereignisse sprengen können?

Großbritanniens entscheidende Rolle

Die Balkankrise im Juli 1914 war natürlich nicht die erste. Balkanfragen hatten das letzte Viertel des 19. Jahrhunderts belastet, und in den Jahren 1909, 1912 und 1913 waren in diesem Gebiet lokale Kriege ausgebrochen. Warum brachte das Jahr 1914 aber nun einen allgemeinen Krieg? Normalerweise hielten zwei Mächte die anderen zurück: Deutschland und Großbritannien. 1914 gab es bis zur letzten Minute bilaterale Verhandlungen, aber am Ende gelang es ihnen nicht zusammenzuarbeiten. Warum? Der deutsche Reichskanzler, Bethmann-Hollweg, beschuldigte die Briten, wie aus den erregten Abschiedsworten für den britischen Botschafter Goschen deutlich wird:

»Es war ein Verbrechen, daß Rußland uns zum Krieg

zwang, während wir noch zwischen Wien und Petersburg vermittelten. Und der Krieg Rußlands und Frankreichs gegen Deutschland war ein großes Unglück. Aber nur durch die Teilnahme Großbritanniens wurde dieser Krieg zu einer weltweiten Katastrophe ohne Ende ... Es lag in Londons Hand, die französische Revanchepolitik und den panslawistischen Chauvinismus zu zügeln. Dies ist nicht geschehen. Im Gegenteil, Großbritannien hat sie sogar mehrmals aufgewiegelt. Und nun hat Großbritannien ihnen aktiv geholfen. Deutschland, der Kaiser und die Regierung waren friedliebend; das wußte der Botschafter ebenso gut wie ich. Wir sind mit einem guten Gewissen in den Krieg eingetreten, aber Englands Verantwortung war gewaltig.«[1])

Bethmann-Hollwegs bittere Enttäuschung war verständlich. Großbritanniens Eintritt in den Krieg bedeutete den Zusammenbruch seiner ganzen außenpolitischen Strategie, nicht nur der, die er während der Juli-Krise verfolgt hatte, sondern auch der, die er seit Antritt seiner Kanzlerherrschaft im Jahr 1909 vertreten hatte. Bethmann-Hollweg hatte darauf gebaut, ein besonderes Verhältnis zu Großbritannien zu pflegen, um einerseits die französisch-russische »Einkreisung« zu neutralisieren und andererseits Deutschlands langfristige Ziele zu erreichen. Großbritanniens Freundschaft, so glaubte er, würde Deutschland diese Ziele auch ohne Krieg verfolgen lassen. Bethmann setzte darauf, daß Großbritannien die Entente im Jahr 1914 auch weiterhin bändigen würde. Das Zögern der Briten stärkte seine Hoffnung auf eine derartige Haltung bis zum letzten Augenblick. Während der Juli-Krise war Grey, der britische Außenminister, wohl ziemlich schwer von Begriff und recht schüchtern. Nur sehr langsam schien er die unerbittli-

1) Konrad Jarausch: The Enigmatic Chancellor Bethmann-Hollweg and the Hubris of Imperial Germany (New Haven: Yale University Press, 1973), pp. 176–7.

che Logik zu begreifen, die von einer österreichischen Intervention gegen Serbien zu einer russischen Intervention gegen Österreich führte, gefolgt vom Kriegseintritt Deutschlands und Frankreichs. Dies war ein Kampf, bei dem die Briten, nachdem er einmal begonnen war, nicht abseits stehen konnten, ohne dabei mitansehen zu müssen, wie das europäische Gleichgewicht der Kräfte unwiderruflich verschoben würde. Ein entschlossenes Großbritannien, das entweder entschieden für oder gegen eine Unterstützung eingetreten wäre, hätte den Konflikt womöglich verhindern können. Zugegeben, bei der Verzweiflung, die in Wien, Petersburg und selbst in Berlin herrschte, wäre es sogar einem entschlossenen Großbritannien schwergefallen, die Krise zu verhindern. Auf jeden Fall zögerte Grey so lange, bis die Chance vertan war.

Worin liegt der Grund für die britische Zurückhaltung? Zu einem Teil lag es sicherlich am mangelnden Selbstvertrauen Großbritanniens. Die britischen Staatsmänner und Diplomaten waren zumindest unsicher, die britischen Botschafter nahezu alle unfähig. Aber mangelndes Selbstvertrauen hat viele Gründe; sie liegen oft irgendwo zwischen Wirrköpfigkeit und Tücke. Bethmanns Erwartungen bauten auf ein gewisses britisches Wohlwollen und eine gewisse Zurückhaltung der britischen Seite gegenüber dem Streben der Franzosen und Russen, Deutschland auf dem Kontinent im Zaum zu halten. Was auch immer an Wohlwollen und Gleichgültigkeit Großbritanniens einmal vorhanden gewesen sein mag, Deutschlands handelspolitische Aggressivität und sein Streben, Weltmacht zu werden, hatten dies ganz allmählich verschwinden lassen. Das deutsche Ansinnen, in der Weltpolitik eine Rolle zu spielen, mußte als logische Schlußfolgerung entweder ein Bündnis oder einen Krieg zwischen dem deutschen und dem britischen Weltreich bringen. Um die Jahrhundertwende und unmittelbar danach hatten einige führende britische Persönlichkeiten, besonders Joseph Chamberlain, erwogen, Deutschland für sich zu gewinnen, aber doch schien keine Seite wirklich ernsthaft darauf hin zu arbeiten. Wie aus dem berühmten Memorandum des Außenministeriums von Sir Exre Crowe aus dem Jahre 1907 deutlich wird, waren die Briten immer weniger zum Entgegenkommen bereit. Nach Crowes Meinung, der Deutschland gut kannte und mit einer deutschen Frau verheiratet war, galten die deutschen Bestrebungen als ein Faß ohne Boden. Das deutsche Kaiserreich, so sagte er, sei der Erbe Preußens, dessen beachtlicher Aufstieg in einer »systematischen territorialen Vergrößerung, erreicht in erster Linie durch das Schwert«, begründet war und der »... von ehrgeizigen Herrschern oder Staatsmännern mit Entschlossenheit vorangetrieben wurde[2]). Nachdem Preußen erst einmal zur Großmacht geworden war, strebte es sofort nach einer Weltmachtstellung. Solch ein Staat konnte nie zufriedengestellt werden:

»Wenn man aus der bisherigen Erfahrung etwas für die Zukunft lernen kann, dann gibt es einen Weg, der aller Wahrscheinlichkeit nach nicht zu einer dauerhaften Verbesserung der Beziehungen zu irgendeinem Staat führen wird, am wenigsten aber mit Deutschland, und deshalb aufgegeben werden muß: das ist der Weg, der mit wohlwollenden Zugeständnissen seitens der Briten gepflastert ist«[3]).

Die gleiche Logik hätten die Briten ebensogut gegenüber den Vereinigten Staaten anwenden können. Das hofften zumindest die Deutschen, und da die USA so sehr viel größer waren, wäre eine britisch-deutsche Allianz der zu erwartende Schritt gewesen, das Gleichgewicht der »Welt« zu bewahren. Derartige Spekulationen überforderten zweifellos die Vorstellungskraft der Briten. Sie waren nämlich

2) Imanuel Geiss, German Foreign Policy 1871–1914 (London: Routledge and Kegan Paul), S. 195

3) Ibid., S. 200.

bereits von der Idee einer besonderen britisch-amerikanischen Beziehung erfüllt. Sie stellten sich ein angelsächsisches Weltreich vor, zu dem die amerikanischen Vettern gehören sollten. So verschmähte Großbritannien Deutschland, um sich Frankreich und Rußland anzuschließen. Deutschland zu zerschlagen, erwies sich als entsetzlich teuer und führte dazu, wie von den Deutschen vorhergesehen, daß die Vereinigten Staaten die eigentlichen Sieger blieben.

Irrte Crowe? Hätte Großbritannien mehr von seiner Stellung in der Welt bewahren können, wenn es sich mit Deutschland zusammengetan hätte? Eine solche Frage öffnet eine berauschende Möglichkeit historischer Spekulation. Die beiden Kriege, die Europa so sehr geschwächt hatten – Großbritannien und Deutschland in gleicher Weise –, hätten vermieden werden können. Ein besseres Gleichgewicht der Welt hätte vielleicht die übergroßen Energien der entstehenden Supermächte, Rußlands und der Vereinigten Staaten, im Zaum gehalten. Eine derartige Argumentation setzt jedoch genau das voraus, was Crowe so entschieden abgelehnt hatte: Deutschlands aggressive Ziele hätten innerhalb einer von allen akzeptierten Weltordnung befriedigt und gefestigt werden können. Das führt uns zurück zu der Frage, inwieweit Deutschland für den Ersten Weltkrieg verantwortlich ist; diese Frage stellt sich nun aber auf einer anderen Ebene: Was hätte es gekostet, das Kaiserreich Deutschland zu befriedigen?

Deutschlands Kriegsziele: Hauptanliegen

Die Frage nach den »Kriegszielen« des deutschen Kaiserreichs hat in der letzten Zeit erneut die Aufmerksamkeit der Wissenschaftler geweckt und die Diskussion entfacht. Eine Analyse dieser »Ziele« unterscheidet natürlich nach drei voneinander getrennten Gesichtspunkten: Erstens, die Ziele der deutschen Regierung in der Juli-Krise während jenes Augenblicks, in dem man sich entschied, Österreich zu unterstützen, und den der Privatsekretär Bethmann-Hollwegs, Kurt Riezler, Bethmanns »Sprung ins Ungewisse« genannt hat, der von der »feierlichsten Pflicht« befohlen wurde. [4]) Zweitens, die Formulierung und Entwicklung der Ziele der Regierung, nachdem der Krieg begonnen hatte. Und schließlich, die weitergesteckten geopolitischen und wirtschaftlichen Anliegen sowohl der Regierung als auch der breiten Öffentlichkeit, die den Rahmen bildeten, innerhalb dessen die deutsche Politik formuliert wurde. Durch das Durcheinanderbringen dieser drei Fragen ist bereits viel Verwirrung gestiftet worden.

Am besten ist es wohl, mit dem allgemeinen Klima zu beginnen. Die öffentliche Meinung war in großem Maße von weitreichenden geopolitischen Fragen über Deutschlands Zukunft beherrscht. Das Wesen der industriellen Entwicklung Deutschlands selbst, in der großangelegte Organisation, langfristige Planung und eine enge Zusammenarbeit zwischen Staat und Handel eine so große Rolle gespielt hatten, erleichtert es, diese Vorliebe für große Pläne zu erklären. Darüber hinaus gab es eine Anzahl von mitgliederstarken Interessenverbänden wie die Alldeutschen, die Armee- und Flottenvereine, die oftmals von Großunternehmen finanziert wurden und bei der bürgerlichen Meinung Anklang fanden. Sie förderten ein öffentliches »Verständnis« von Deutschlands geopolitischen Bedürfnissen. Verschiedene Massenverbände, wie der Bund der Landwirte, der Bund der deutschen Industrie und der Hansebund, befaßten sich auch oftmals mit geopolitischen Fragen. Die bürgerlichen Parteien, auf der Suche nach einer Basis im Volk, um gegen die Sozialdemokraten bestehen zu können,

4) Jarausch, op. cit., S. 159

verbanden sich häufig sehr eng mit den verschiedenen imperialistischen Massenorganisationen. Alles in allem waren diese Gruppen in ihren Zielen für Deutschlands Zukunft aggressiv. Aber sie waren auch ängstlich. Neidisch blickten sie auf die riesigen Möglichkeiten der Weltreiche England, Rußland und ebenso der Vereinigten Staaten. Wenn Deutschland nicht aus seiner kontinentalen Zwangsjacke ausbrechen kann, so argumentierten sie, wird es unweigerlich überflügelt und zu einem Satelliten degradiert.

Wieviel Einfluß hatte die Geopolitik auf die eigentliche Politik? Die Neigung Wilhelms II. zu geopolitischer Rhetorik betont ihre Bedeutung vielleicht zu stark. Tatsächlich zeigte »Wilhelm der Zaghafte«, wie er bald genannt wurde, recht großes Verständnis sowohl für Deutschlands prekäre diplomatische Situation als auch für seine eigene Unzulänglichkeit als »Oberster Kriegsherr«. Aber während die Politik der Regierung zurückhaltender war als die Äußerungen des Kaisers oder die der Intellektuellen, die in den Massenorganisationen den Ton angaben, war der Drang, eine »Weltmacht« zu werden, dennoch ein bedeutendes Element in dem allgemeinen intellektuellen Rahmen, in dem die deutsche Außenpolitik formuliert wurde.

Die verschiedenen Schriften Kurt Riezlers geben ein umfassendes und deutliches Bild von Deutschlands geopolitischen Anliegen und einen Einblick in die weiteren Vorstellungen der Verantwortlichen. Riezlers allgemeine Vorstellungen stehen für diese Zeit: Die Geschichte ist Zeuge von Aufstieg und Niedergang der Völker. Jedes Volk sucht nach Raum und Mitteln, um seine Möglichkeiten zu entfalten. Normalerweise sind die Mittel eher begrenzt als die Ziele, und so resultieren daraus unweigerlich internationale Kollisionen und Konflikte. Bekommt eine aufsteigende Nation nicht genug Raum für sich selbst, wird sie an Kraft verlieren und stagnieren. All diese allgemeingültigen darwinistischen Sätze waren unter anderem Teil des von der Großen Krise hinterlassenen Erbes.

Riezlers zeitgenössische Überlegungen kamen in seiner Theorie zum Ausdruck, nach der das zeitgenössische internationale System seine Konflikte selbst regelt, und er betonte dabei die Bedeutung der Bewaffnung und der diplomatischen Krisen bei diesem Vorgang. Wie Riezler sagte, waren die internationalen Beziehungen dank eines alle Staaten umfassenden Bündnissystems und gut gerüsteter Armeen ausgesprochen statisch geworden. Die Kräfte der Großmächte waren so ausgewogen, daß schnelle und leicht errungene Siege unwahrscheinlich und die Risiken auf allen Seiten hoch seien. Bei einem derartig gegen den Krieg gerichteten System würden Konflikte durch diplomatische Konfrontation ausgetragen. Riezler meinte, bei einem solchen diplomatischen Konflikt würde eine starke, aufstrebende Macht eher die Nerven bewahren und könne daher hoffen, wenigstens Mindestzugeständnisse der anderen zu erreichen. Ein Krieg war am wahrscheinlichsten, wenn eine absteigende Großmacht, die ihre Interessen unmittelbar in Gefahr sähe, sich zur Wiederherstellung ihres Ansehens dazu entschlösse, ihre Stärke zu demonstrieren. Tatsächlich entwickelte Riezler damit eine frühe Theorie der Politik der »brinkmanship«.

Für ihn waren die ersten Balkankriege ein Beispiel dafür, wie diplomatische Konfrontation und begrenzte Ersatzkriege einen allgemeinen Ausgleich herbeiführten. Es ist daher nicht erstaunlich, daß eine Reihe von Historikern diese Gedanken als Schlüssel zu Bethmann-Hollwegs Diplomatie des Jahres 1914 ansah.

Bevor wir jedoch zur Juli-Krise kommen, müssen noch zwei weitere bedeutende Elemente in den allgemeinen Überlegungen der deutschen Regierung betrachtet werden. Da war zunächst Deutschlands wirtschaftliche Situation, die sich nach Meinung der Deutschen verschlechtert hatte.

Das zweite war die militärische Situation, die man für zunehmend hoffnungslos hielt.

Bekanntermaßen wuchs die deutsche Industrie von 1870 bis 1913 in einem atemberaubenden Tempo. Die Briten, obwohl in manchen Dingen noch führend, verloren deutlich an Boden. Frankreich war, wenn auch eine finanzstarke Macht, in seinem industriellen Wachstum auf ein bescheideneres Tempo beschränkt. Rußland fing an, sehr schnell zu wachsen, lag aber im Vergleich zu seinen Konkurrenten noch weit zurück. Auf vielen Gebieten waren jetzt die Amerikaner Deutschlands einzige Rivalen; bereits 1883 standen sie als stärkste Wirtschaftsmacht der Welt an der Spitze. Deutschland, das keinen gewaltigen und geschützten Binnenmarkt wie die Amerikaner besaß, nahm auf dem Weltmarkt eher die Position einer bedeutenden Größe ein, und es war zugleich weit mehr als die übrigen Mächte davon abhängig geworden. Überall stieg der deutsche Außenhandel, ungeschlagen von allen anderen Ländern. Obwohl es eine passive Handelsbilanz zu verzeichnen hatte, deckten Deutschlands steigende Einnahmen als Lieferant von Handelsdiensten, besonders in der Handelsschiffahrt, das Defizit bei weitem.

1914 schien Deutschland in seinen Handelsbeziehungen allerdings in eine Krise zu geraten. Trotz des anhaltenden Trends zu Überseemärkten war Deutschlands Außenhandel 1914 noch zu drei Viertel in Europa verhaftet. Bülows günstige Handelsabkommen mit Rußland und Österreich-Ungarn hatten der deutschen Industrie bedeutende europäische Märkte gesichert, während sie die deutsche Landwirtschaft nach wie vor schützte. 1914 sollten diese Verträge bald auslaufen, und es war ungewiß, ob sie verlängert werden würden. In den Jahren zuvor waren die industriellen und landwirtschaftlichen Interessen in Rußland und Österreich-Ungarn immer mehr in Unruhe geraten. Die russische Industrie, die durch einen beachtlichen Kapitalfluß aus Frankreich unterstützt wurde, förderte ihr eigenes protektionistisches Muster und hoffte dadurch, die Deutschen aus deren traditionellen Märkten im Osten zu vertreiben. Diese waren jedoch für die schlesische Stahlindustrie lebenswichtig. Gleichzeitig fürchtete wohl die Stahlindustrie an der Ruhr, sie könne in eine Abhängigkeit vom französischen Erz geraten. Bemühungen, diese Lieferungen sicherzustellen, trafen auf drohenden politischen Widerstand. Verschiedene deutsche Wirtschaftsvorhaben in der Türkei sahen sich darüber hinaus plötzlich in Konkurrenz mit reichlicher fließendem französischem Kapital. Generell kann gesagt werden, daß das überschwengliche Gefühl von Wachstum und Macht, das die erstaunliche Entwicklung der deutschen Wirtschaft in dem Aufschwung nach der Krise begleitet hatte, 1914 einer düsteren Stimmung schwindender Möglichkeiten und feindlicher Einkreisung Platz machte. Viele Anzeichen schienen für einen bevorstehenden allgemeinen wirtschaftlichen Abwärtstrend in der Welt zu sprechen.

Die Deutschen suchten nach politischen Lösungen. Sie glaubten, eine aktivere »Weltpolitik« könne Überseemärkte öffnen und beitragen zum Erwerb von Kolonien für Märkte und Rohstoffe. Darüber hinaus könnte eine Führungsposition Deutschlands in Europa einen kontinentalen Block fördern, um so eine Diskriminierung deutscher Waren auf den Nachbarmärkten zu verhindern. Es ist daher nicht erstaunlich, daß – nachdem der Krieg einmal begonnen hatte – Pläne für einen europäischen Handelsblock in »Mitteleuropa« und für deutsche Kolonien in Mittelafrika in der Liste der Kriegsziele obenan standen.

Wie besorgt die Regierung auch über die Lage des Handels gewesen sein mag, am ärgsten sorgte sie sich jedoch um Deutschlands militärische Lage. Seit den politischen und militärischen Abkommen der Jahre 1893 und 1894 zwischen Frankreich und Rußland mußte der deutsche Generalstab mit einem Zweifrontenkrieg rechnen. Seine Lösung, der berühmte Schlieffen-Plan aus dem Jahr 1905, verlangte einen Blitzschlag gegen Frankreich durch Belgien hindurch, während Österreich-Ungarn und schwache deutsche Kräfte die Russen im Osten zurückhalten sollten. Frankreich mußte schnell geschlagen werden, bevor Rußland alle seine Kräfte mobilmachen konnte. Nach 1909, und ganz besonders nach 1913, begannen die Voraussetzungen dieser Strategie zu zerbröckeln. Die zunehmende Stärke Serbiens mußte einen immer größeren Teil der Armee Österreich-Ungarns von der russischen Front wegziehen, die zunehmende Brüchigkeit des Dreibundes mit Italien möglicherweise noch viel mehr. Die Franzosen verstärkten darüber hinaus 1913 die Schlagkraft ihrer Streitkräfte ganz außerordentlich, indem sie die Wehrpflicht von zwei Jahren auf drei verlängerten. Vor allem aber waren die deutschen Berechnungen durch Rußlands Aufrüstung durcheinandergeraten. Die Russen wollten damit 1917 fertig sein. Das Zarenreich, von Frankreich finanziert, erhöhte nicht nur seine Verteidigungsausgaben ganz gewaltig und verbesserte damit die Schlagkraft der Streitkräfte, sondern es baute außerdem ein Eisenbahnnetz auf, damit die Truppen schnell an Rußlands Westgrenze zusammengezogen werden konnten. Das führte dazu, daß die Berechnungen des Schlieffen-Plans allmählich nicht mehr aktuell waren. 1912 begann der Generalstab, sich für einen »Präventivkrieg« einzusetzen.

Bethmann-Hollweg schwankte jedoch zwischen den schrecklichen Gefahren eines Krieges und den immer noch verbleibenden Chancen der Diplomatie. Eine Verbesserung der diplomatischen Beziehungen zu den Briten, so dachte er, würde ein Gegengewicht zu der sich verschlechternden militärischen Lage gegenüber Frankreich und Rußland bilden. Eine zunehmende anglo-deutsche Verständigung würde Großbritannien von der Entente entfernen, Deutschlands gerechtfertigte koloniale Interessen befriedigen und einen so schrecklich gefährlichen Krieg unnötig werden lassen. Aber die geheimen Flottengespräche zwischen Russen und Briten, von denen die deutsche Spionage Kenntnis erhielt, erschütterte Bethmanns Position sehr. So war der Kanzler im Augenblick der Sarajewo-Krise im Juli 1914 zum Handeln gezwungen. Wahrscheinlich erklärt dieser militärische Druck mehr als alles andere seine schicksalhafte Entscheidung, Österreich-Ungarn zu dem Krieg mit Serbien zu drängen.

Die Ziele der Regierung während der Juli-Krise: Bethmann-Hollwegs Hasardspiel

Nach Sarajewo war Bethmanns Politik am Rande des Abgrunds (brinkmanship), ein doppeltes Hasardspiel. Gelang der erste Teil, so würden die Russen wie bereits früher zurückzucken, weil sie entweder noch nicht für den Krieg gerüstet waren oder weil die Franzosen oder besonders die Briten sie nicht unterstützten. In diesem Fall würde Serbien zerschlagen werden. Deutschlands einziger größerer Verbündeter, Österreich-Ungarn, würde eine neue Gnadenfrist gewinnen, während gegenseitige Anschuldigungen die einkreisende Entente ernsthaft untergraben würden. Sollte aber dieses erste Kalkül mißglücken, würde die deutsche Armee den Krieg mit Frankreich und Rußland bekommen, nach dem sie so laut gerufen hatte, und Deutschland würde auf einen schnellen Sieg setzen. Diplomatische und innenpolitische Umstände würden dies noch nachhaltig begünstigen. Die Unterstützung durch Österreich-Ungarn wäre gesichert, denn die Doppelmonarchie konnte kaum aus einem Krieg ausscheren, den sie selbst begonnen hatte. Die Einheit im Inneren wäre ebenfalls gesichert. Für die deutsche Öffentlichkeit wäre dann nicht Deutschland, sondern

Rußland der Aggressor. Das ganze Land, einschließlich der sozialistischen Arbeiterklasse, würde vereint sein in einem Krieg gegen den slawischen »Imperialismus«.

Bethmann verlor das erste Hasardspiel in dem Augenblick, als der Krieg begann. Die Entente hielt zusammen und trat in den Krieg ein. Daher rührt zweifellos Bethmanns Ärger mit Goschen. Er hatte seinen Einfluß auf die Briten überschätzt, und zugleich unterschätzte er, wie sehr diese in ihrer Position bereits festgelegt waren.

Bethmann verlor auch sein zweites Hasardspiel. Es gab keinen schnellen entscheidenden militärischen Sieg. Die Franzosen gewannen die Schlacht an der Marne. Sie kämpften ganz hervorragend. Die Deutschen machten Fehler, und Großbritanniens Beitrag war auch größer und entschlossener als erwartet. Die Briten hatten noch mehr unschöne Überraschungen für Bethmann. Entgegen den sonst üblichen Regeln wurde das deutsche Privateigentum in Übersee konfisziert, die Briten eigneten sich deutsche Industriepatente an, zerstörten die deutschen Handelsinteressen und belegten die deutsche Zivilbevölkerung mit einer noch nie dagewesenen Blockade. England richtete sich auf einen langen uneingeschränkten Weltkrieg ein – zumal das schließlich auch eine großartige Gelegenheit war, die bis dahin sehr schnell wachsende internationale wirtschaftliche Herausforderung Deutschlands zu zerschlagen. Die glücklosen Deutschen erkannten zu spät Großbritanniens überlegene Fähigkeit, einen langen Krieg durchzustehen; sie erkannten es erst, nachdem ihr Überseehandel zerstört war.

Die deutschen Ziele nach Kriegsbeginn: Bethmann-Hollwegs Kampf gegen die Annexionisten

Während die unmittelbaren Ziele der Regierung Bethmann während der Juli-Krise relativ klar erscheinen, ist die Entwicklung ihrer Ziele während der Kämpfe sehr viel undurchsichtiger. Zu Hause schwand Bethmanns Macht, und er war zunehmend gezwungen, zwischen den lautstarken Gruppen im Inland zu lavieren. Im Ausland wurden seine Aussagen als Ansatzpunkte zu Verhandlungen angesehen. So ist es schwierig herauszufinden, was der Kanzler wirklich wollte, ob nicht seine Ziele weiterhin einen deutschen Sieg voraussetzten. Auf jeden Fall müssen Bethmanns verschiedene Formulierungen der »Kriegsziele« im Zusammenhang mit der sich entwickelnden militärischen, diplomatischen und innenpolitischen Situation Deutschlands gesehen werden. Anfangs wollte Bethmann den Sieg ohne Krieg. Nachdem dieser aber einmal begonnen hatte, hoffte er auf eine schnelle, für Deutschland günstige militärische Entscheidung, der Verhandlungen mit den Briten folgen sollten. Als den Deutschen kein schneller militärischer Sieg gelang, hoffte Bethmann auf eine Einigung durch Verhandlungen, die genügend langfristige Vorhaben retten würde, um die deutsche Öffentlichkeit zufriedenzustellen; gleichzeitig wollte er damit die schrecklichen Opfer rechtfertigen. Als ihm aber nach und nach klar wurde, daß der Sieg nicht schnell errungen werden konnte, war selbst eine Rückkehr zu dem Status quo ante nicht mehr möglich.

Bethmann-Hollwegs erste Erklärung der Kriegsziele – das berühmte September-Programm aus dem Jahr 1914 – wurde formuliert, nachdem das diplomatische Hasardspiel gescheitert war und Großbritanniens entschlossene Teilnahme offenbar wurde, aber noch bevor die Hoffnung auf einen schnellen militärischen Sieg aufgegeben werden mußte. Tatsächlich war das September-Programm ein innenpolitisches Dokument, um die divergierenden Tendenzen der Regierung in Einklang zu bringen und um die noch ehrgeizigeren Ambitionen des Militärs in Grenzen zu halten. Bethmann mußte eine Formel finden, die einen schnellen militärischen Sieg in eine stabile Regelung umwandelte. Aus dieser Regelung hätte Deutschland stark genug hervorgehen müssen, um die Briten von einem langen Zermürbungskrieg abzuhalten. Aber sie durfte auch nicht so belastend sein, daß der britische Widerstand verzweifelter würde.

Es ist nicht verwunderlich, daß diese Formel versuchte, den vorherrschenden geopolitischen Auffassungen von der militärischen und wirtschaftlichen »Einkreisung« Deutschlands zu entsprechen. Bethmanns erklärtes Ziel war es, das kontinentale Deutschland für alle Zeiten zu sichern. Frankreich mußte entscheidend geschlagen werden, so entscheidend, daß es unfähig wäre, einen Rachekrieg zu beginnen. Man müßte ihm schwere und langfristige Reparationszahlungen auferlegen und militärisch bedeutsames Grenzgebiet abnehmen sowie die reichen Eisenminen von Longwy-Briey. Belgien sollte ein deutscher Vasallenstaat werden. Holland sollte in eine »engere Beziehung« mit dem Reich gebracht werden, jedoch ohne jedes »Gefühl von Zwang«. Ein integriertes kontinentales Wirtschaftssystem, das Deutschland, Österreich-Ungarn, die Niederlande, »Polen« und vielleicht auch Frankreich, Italien und Skandinavien umfaßte, sollte das Mitteleuropakonzept verwirklichen. Rußland sollte so weit wie möglich von der deutschen Grenze weggedrängt werden, seine Macht über die nichtrussischen Vasallenvölker mußte gebrochen werden. Ein zusammenhängendes zentralafrikanisches Kolonialreich sollte das Mittelafrika-Konzept realisieren. Diese wirtschaftspolitischen Ideen spiegelten nicht nur die oben erwähnten allgemeinen geopolitischen Ziele wider, sondern auch den großen Einfluß von Walther Rathenau, dem

Bankier und Industriellen. Bezeichnenderweise war Rathenau einer der ersten, der darauf hinwies, wie ruinös der Krieg für Deutschlands Stellung im Welthandel sein würde. Daher rührte wahrscheinlich auch sein Interesse für die Sicherung eines großen gemeinsamen Marktes für Deutschland in Europa. Trotz allem mußte aber Deutschlands eigentliche territoriale Expansion – selbst in Erwartung eines militärischen Sieges – in Europa relativ bescheiden bleiben.

Obwohl das September-Programm offensichtlich langfristige geopolitische Anliegen ebenso wie momentane taktische Interessen widerspiegelte, machten es die militärischen Erfolge der Franzosen bald irrelevant. Zweifellos reflektiert das September-Programm, was die Deutschen vielleicht wirklich verlangt hätten, wenn sie zu einem frühen und entscheidenden Sieg gelangt wären. Aber dann hätte man selbstverständlich viele andere Überlegungen berücksichtigen müssen, besonders den ausgeprägten Wunsch, einen langandauernden Krieg mit Großbritannien und Rußland zu vermeiden. Auf jeden Fall fing Bethmann an – nachdem er immer mehr an der Möglichkeit eines entscheidenden militärischen Sieges zweifelte –, sich um eine Art Verhandlungsfrieden mit einem Teil, wenn nicht mit der gesamten Entente zu bemühen. Aufgrund wachsender Forderungen des Militärs nach ausgedehnten Annexionen angrenzender Gebiete waren seine Aussichten auf Verhandlungen allerdings nur sehr gering. Dank großzügiger Finanzierung durch bedeutende Teile der Großindustrie war der Annexionismus weitverbreitet und in der Meinung der Mittelklasse fest verwurzelt. Die hieraus resultierende Erregung war im Reichstag deutlich zu spüren. Bethmann fiel es schwer, die Forderungen nach präziser Darlegung der Kriegsziele zu bremsen, aber er wagte nicht, zu wenig entgegenkommend zu sein, aus Angst, er könne zur Seite gefegt werden. Dann nämlich würde die Initiative ganz und gar auf die militärischen Extremisten übergehen.

Bethmanns Differenzen mit den Annexionisten lagen mehr in den Mitteln als im Ziel. Auch er wollte Deutschland zur Großmacht machen. Nicht weniger als sie war er entschlossen, die französisch-russische »Einkreisung« zu zerschlagen und sie durch eine Art deutsche Hegemonie auf dem Kontinent zu ersetzen. Aber ebenso wie Riezler und Rathenau hatte er eine gemäßigtere Vorstellung davon, wie eine deutsche politische und wirtschaftliche Hegemonie aufgebaut und ausgeübt werden sollte. So wie die aufgeklärteren Persönlichkeiten des Geschäftslebens schätzte Bethmann die Möglichkeiten jenes von Briten und Amerikanern in weiten Teilen der Welt so vervollkommneten liberalen und indirekten Imperialismus. Im Gegensatz dazu strebte die von der Schwerindustrie normalerweise unterstützte Armee danach, soviel Territorium wie möglich direkt zu annektieren.

Bethmanns relatives Maßhalten entsprang nicht nur seinen weltoffeneren Vorstellungen davon, wie ein Sieg auszunutzen wäre, sondern wurde auch von einer realistischeren Einschätzung der derzeitigen militärischen, diplomatischen und innenpolitischen Lage Deutschlands getragen. Um mit der innenpolitischen Lage zu beginnen: Verschiedene militärische Elemente und andere Gruppen der Rechten hielten den Krieg für eine vom Himmel gesandte Möglichkeit, die Sozialdemokraten und womöglich das parlamentarische System gänzlich zu vernichten. Bethmann hingegen betrachtete die Integration der Sozialdemokraten und der Arbeiterklasse ganz generell als seine vorrangigste politische Aufgabe. Daher sein Bestreben, das »Defensive« des Krieges zu betonen. Für Deutschlands Recht zu leben würden die Arbeiter kämpfen, nicht aber für Annexionsziele tief in Frankreich und Rußland. Bethmann sah sich mehr und mehr gefangen zwischen seinem Bemühen, die Unterstützung der Arbeiterklasse weiterhin zu behalten, und dem annexionistischen Fieber der Mittelklasse. Sein Konzept eines informellen Wirtschaftsimperiums »Mitteleuropa«, dessen Realisierung innerhalb der Regierung aus allen möglichen technischen Gründen angegriffen wurde, war charakteristisch für Bethmanns Suche nach einer Formel, die Annexionisten im Zaum zu halten, ohne die Arbeiter zu verprellen – eine seiner berühmten »Diagonalen« zwischen mächtigen Kräften, die in entgegengesetzte Richtungen drängen.

Je länger der Krieg andauerte, desto mehr näherte sich Bethmann den Sozialdemokraten, die sich ihrerseits in Richtung Mitte bewegten. Der Geist patriotischer Loyalität und Opferbereitschaft innerhalb der Arbeiterklasse bewegte Bethmann sehr. Auf der anderen Seite widerte ihn das undisziplinierte Auftreten der deutschen militärischen, industriellen und akademischen Oberschicht immer mehr an. Nach langen Auseinandersetzungen erreichte er 1917 die Zustimmung des Kaisers, das undemokratische Wahlrecht des preußischen Landtags zu reformieren. Nach wie vor war der Landtag die durch Privilegien gestützte Bastion der deutschen Reaktion. Wäre es zu einer Reform gekommen, hätte sie das Rückgrat der reaktionären Agrarier gebrochen und ein seit langer Zeit bestehendes Hindernis auf dem Weg zu einer der Zeit angemesseneren parlamentarischen Verfassung beseitigt. Ironischerweise gab Bethmann genau einen Tag vor der Russischen Revolution seine triumphierende Erklärung vor dem Reichstag ab.

Nach Bethmanns Meinung barg die militärische Situation Deutschlands noch einen weiteren zwingenden Grund, eine gemäßigte Politik zu verfolgen. Es dauerte nicht lange, da machte er sich keine Illusionen mehr über die offenkundig unbegrenzte Fähigkeit des Militärs, sich selbst zu täuschen. Diese Selbsttäuschung lag dem albernen Optimismus zugrunde, der die Annexionsbegeisterung nährte. Allerdings wagte es Bethmann nicht, seine eigenen düsteren Prognosen offen darzulegen, da die schrecklichen Opfer an der Front und in der Heimat ständig anstiegen. Er hatte Angst, die Moral der Zivilbevölkerung zu zersetzen und eine Revolution heraufzubeschwören. Statt dessen bediente er sich der Zensur, um die annexionistische Propaganda zu unterdrücken.

Außerdem vertrat Bethmann die Meinung, seine gemäßigte Politik diene der diplomatischen Stellung Deutschlands am ehesten. Die territorialen Ambitionen des Militärs und seiner annexionistischen Verbündeten im Land waren nicht nur völlig unrealistisch, sondern würden auch die deutsche Diplomatie lähmen, das Land vor dem drohenden Unglück zu bewahren. Noch konnte Deutschland seine zu Beginn des Krieges errungenen Gewinne für eine tragbare europäische Neuordnung einsetzen.

Wären die Annexionisten Bethmanns einzige Sorge gewesen, hätte er es sicher leichter gehabt. Sein Hauptproblem waren jedoch die Alliierten, und unter ihnen da ganz besonders die Briten. Da sie die Meere beherrschten und besser als die Deutschen auf einen langen Zermürbungskrieg vorbereitet waren, konnte man absehen, daß sie am Ende siegen würden. Nachdem so viele Opfer gebracht worden waren, wollten sie das Deutsche Reich lieber entscheidend geschlagen wissen, als es in seiner Vorkriegsposition einer möglichen Hegemoniestellung auf dem Kontinent zu belassen. Aber, was auch immer die langfristigen Ziele der Deutschen gewesen sein mögen, bis zum Ende des Krieges waren die Deutschen alles andere als militärisch geschlagen. Immer konnten sie noch auf einen großen, die Moral der Alliierten erschütternden Sieg hoffen. Unter diesen Umständen waren Erfolge bei den Verhandlungen sehr unwahrscheinlich.

So hatte Bethmann, der Deutschlands mißliche Lage realistisch einschätzte, wenig Aussichten, das Land zu retten.

Dadurch, daß er niemals zeigen konnte, welch positive Ergebnisse ein Maßhalten in den Kriegszielen und im Auftreten erzielen könnte, war er immer in der Defensive, immer gezwungen, den verzweifelten Hasardspielen des Militärs nachzugeben. Er schaffte es beispielsweise, den U-Boot-Krieg hinauszuschieben, um die amerikanischen Friedensbemühungen nicht zu untergraben. Aber die siegesgewissen Briten hatten kein Interesse an Verhandlungen. Schließlich setzte Tirpitz seinen Willen durch. Natürlich behielt Bethmann in bezug auf den U-Boot-Krieg recht. Die U-Boote gewannen den Krieg nicht, und Amerikas Eintritt in den Krieg besiegelte Deutschlands Niederlage. Bethmann hatte aber dem Optimismus des Admirals nichts entgegenzusetzen, so unbegründet oder unehrlich dieser auch war. In ähnlicher Weise plädierte Bethmann für ein Maßhalten, als die Herrschaft des Zaren zusammenbrach. Ein maßvoller Friedensschluß, so meinte er, würde dringend benötigte Truppen frei machen und außerdem Deutschlands guten Willen demonstrieren. Er hätte ein Wegbereiter für Abmachungen mit den Westmächten aufgrund von Verhandlungen werden können. Er würde die letzte Chance vor der Ankunft der Amerikaner sein. Diese Argumente mögen noch so vernünftig gewesen sein – anzunehmen, sie könnten zu erfolgreichen Verhandlungen mit den westlichen Alliierten führen, war jedoch wenig einleuchtend.

Blickt man zurück, scheint Bethmanns Position hoffnungslos. Nachdem sein Hasardspiel des Jahres 1914 gescheitert war, hatte er keine diplomatische Strategie mehr, die wirklich Aussicht auf Erfolg gehabt hätte. Nach Beginn der Kämpfe gab es keine Alternative mehr zum totalen Krieg. Am Ende wie am Anfang des Krieges hoffte Bethmann immer noch vergeblich darauf, die Alliierten könnten ihn retten. Aber die waren nicht bereit, über irgendetwas anderes als die Kapitulation zu verhandeln. So war Bethmanns Strategie, auch wenn sie realistischer als die des Militärs war, gleichviel gescheitert. Seine berühmte Politik der »Diagonalen« war in erster Linie ein Kompromiß zwischen hoffnungslosen Alternativen. Am Ende verprellte er alle. Sein Maßhalten verärgerte das Militär, während die für sein Verbleiben im Amt nötigen Kompromisse schließlich und endlich auch seine Glaubwürdigkeit bei den Gemäßigten und Progressiven untergruben. Am Ende ließ ihn der Reichstag im Stich, auch die Sozialdemokraten. Hindenburg und Ludendorff verlangten seine Amtsenthebung, der Kaiser gab dem nach, und in Deutschland herrschte nun völlig die Diktatur des Militärs.

Als das politische System zerbrach, lief die Macht Amok. Die Ziele der Militärs entbehrten jeder Mäßigung. Deutschland sollte sich durch die Ukraine hindurch bis hin zum Kaukasus und nach Georgien ausdehnen. Der »Ostraum« sollte »Mitteleuropa« vervollständigen. Zum Schluß führte Deutschlands Hunger nach Gebieten zum Konflikt mit den Österreichern und sogar mit den Türken. Für diese plumpe Ungeschicklichkeit der deutschen Diplomatie gibt es zahlreiche Beispiele. Das Militär schien unfähig, irgendwelche aufrichtigen Beziehungen mit unabhängigen Alliierten zu unterhalten. Immer weiter entfernten sich die Überlegungen der Deutschen von jeder Vorstellung eines allgemeinen Gleichgewichts oder von der Notwendigkeit, den anderen Ländern eine annehmbare Rolle und einen Platz in der Vertretung der Interessen für einen langandauernden Frieden zukommen zu lassen. Europa sollte von den Deutschen so behandelt werden wie Indien und Afrika seinerzeit von den Briten.

Es ist erstaunlich, wie diese Ziele stetig und sogar noch bis zum August 1918 verstärkt wurden. Gedanken an einen Kompromiß wurden als verräterisch energisch zurückgewiesen. Doch all das waren Hirngespinste. Der Krieg war hoffnungslos verloren. Wahrscheinlich wußten das die

Führer der Armee, aber sie täuschten alle. Selbst der Kaiser war über den Ausgang sehr erstaunt. Plötzlich erklärte das Militär, der Krieg sei verloren. Der Kaiser mußte abdanken, und die Zivilbevölkerung wurde aufgefordert, die Last der Niederlage zu ertragen.

Deutschlands »Schuld« – neu betrachtet

Wenn wir uns die Ziele Deutschlands im Ersten Weltkrieg ansehen, was können wir daraus lernen? Waren die Deutschen »schuldig«, den Krieg begonnen zu haben? Haben sie ihren Nachbarn gegenüber eine unersättliche Aggression entwickelt? Gibt es eine direkte Kontinuität von Bethmann-Hollwegs bis hin zu Hitlers Aggression?

Natürlich waren die Deutschen in hohem Maße dafür verantwortlich, daß sich die unmittelbare Balkankrise in einen allgemeinen Krieg ausweitete. Die Deutschen fühlten sich aus wirtschaftlichen und besonders aus militärischen Gründen in einer verzweifelten Lage. Ein allgemeiner Krieg hätte auf dem Balkan jederzeit ausbrechen können, die Deutschen wollten ihn lieber früher als später. Bethmann setzte auf einen entscheidenden diplomatischen Erfolg ohne Krieg, aber er war auf ihn gefaßt. Kurzum, er war nicht unschuldig an den Konsequenzen. Ebensowenig waren das aber Österreich, Rußland, Frankreich oder Großbritannien.

Der Streit zwischen den europäischen Mächten beschränkte sich nicht auf den Balkan. Die Tendenz der Entwicklung Deutschlands bedrohte geradezu unweigerlich das traditionelle Gleichgewicht der europäischen Kräfte. In der Ära Bethmann war diese Tendenz zu einem deutlichen Streben geworden, Deutschland zur dominierenden Macht auf dem Kontinent und zu einer Großmacht in der Welt zu machen. Nur so, argumentierten die Deutschen, würde ihr außergewöhnliches Wachstum nicht von den Fesseln ihrer geopolitischen Lage abgewürgt. Sie meinten, das bestehende europäische Gleichgewicht sei überholt und von den Briten nur aufrechterhalten worden, um die europäischen Staaten davon abzuhalten, mit ihnen um Weltmachtansprüche in Konkurrenz zu treten. Ein wirkliches Gleichgewicht in der Welt, das die überlebenden Supermächte umfaßte – Deutschland, die Vereinigten Staaten, Großbritannien und eines Tages auch andere, wahrscheinlich China –, könne nur durch eine entscheidende Niederlage Frankreichs und Rußlands und die Befreiung Deutschlands aus der Einkreisung entstehen.

Diejenigen, die Afrika und Asien unter sich aufgeteilt hatten, waren natürlich wütend, daß etwas Derartiges mit Europa geschehen sollte. Aber die Deutschen konnten für sich in Anspruch nehmen, daß die Schaffung großer außereuropäischer Staaten und Kolonialweltreiche eine dementsprechende Neugestaltung Europas verlangte. Diese Notwendigkeit war darüber hinaus nicht Deutschlands Schuld. Nicht die Deutschen konnten dafür verantwortlich gemacht werden, daß die Balance von 1815 nun überholt war. Sie gehörten nicht zu den ersten, die die treibende Kraft der Industrie entwickelten. Tatsächlich waren sie die letzten, die einen Nationalstaat gegründet hatten, und sie waren die letzten, die nach einer Weltmachtstellung strebten.

Auf diesen allgemeinen geopolitischen Ansichten fußten die Überzeugungen der deutschen Mittelklasse; sie waren Hauptbestandteil der Ideologie, durch die die bürgerlichen Parteien die Wählermassen mobilisierten. Zum großen Teil unterstützten die deutschen Industriellen, Politiker, Intellektuellen sowie die Offiziere und zivilen Beamten diese Meinung. Kurzum, sicherlich standen die Deutschen dem Status quo »aggressiv« gegenüber, und diese »Schuld« entsprach gleichermaßen dem Bewußtsein im ganzen Land. So gesehen bestand kein bedeutender Unterschied bezüglich dieser grundlegenden Ziele zwischen den »gemäßigten« Zivilisten, wie Bethmann-Hollweg, den militärischen Führern und den annexionistischen Politikern. Dies herauszuarbeiten, bereitete vielen Gelehrten große Schwierigkeiten.

Aber wenn diese grundlegenden Hegemonialziele auch weithin geteilt wurden, unterschieden sich die Vorstellungen von der zu schaffenden Gestalt Europas doch sehr, ebenso wie die Wahl der Mittel, die Hegemonieziele zu verwirklichen. Während Bethmann hoffte, das natürliche Gewicht eines dynamischen Deutschland durch Diplomatie oder begrenzte Kriege zu erreichen und durch indirekten Druck und Anreiz aufrechtzuerhalten, wünschten die politischen Generäle unter der Führung Ludendorffs, es durch das Schwert zu erzwingen und durch kompromißlose Gewalt aufrechtzuerhalten. Je länger der hoffnungslose Krieg andauerte, desto mehr gewannen Ludendorff und die Annexionisten die Oberhand, eine Entwicklung, die ebenso schädlich wie beklagenswert war. Am Ende wollten sie ein Deutschland vom Kaukasus bis zum Kanal. Was auch immer das theoretische Verdienst ihrer geopolitischen Lage war, der Mangel an Zurückhaltung in der Verfolgung ihrer Ziele arbeitete sehr zu ihrem Nachteil. Aufgrund des annexionistischen Fiebers ging das ursprünglich defensive Leitmotiv verloren. Deutschland trieb immer weiter in eine Isolation. Die Versuche, Alliierte zu finden und zu halten, brachten eine Reihe von Fehlschlägen. Keine großen kosmopolitischen Konzeptionen milderten oder rechtfertigten die deutschen Ansprüche. Es gab kein Wunschbild Europas, das die Interessen der Nachbarn befriedigt hätte. Statt dessen bewirkte ein brutales und ungeschicktes Auftreten Widerstand gegenüber Lösungsvorschlägen, die sich in geschickteren Händen als tragbar und vielleicht als unausweichlich erwiesen hätten. Parallelen zu diesem rückhaltlosen Einsetzen der Macht finden sich schnell – die Belgier im Kongo, die Briten in Irland oder Indien, die Franzosen in Marokko und die Russen in ganz Asien. Das Einsetzen der nackten Gewalt gegenüber anderen europäischen Staaten jedoch erschreckte diese zutiefst. Es erschien als barbarischer Rückschritt nach einem Jahrhundert des Fortschritts zu mehr Zivilisation.

Wie kam es, daß die Deutschen, die die Hauptstützen der Kultur im 19. Jahrhundert gewesen waren und die an seinem Fortschritt so großen Anteil hatten, sich in die »Hunnen« der Neuzeit verwandelten. Vielleicht war es so, wie A. J. P. Taylor einmal sagte, daß ihre rassistische Einstellung gegenüber den benachbarten Slawen eine charakteristische Brutalität in der Behandlung anderer Völker erzeugte. Vielleicht. Aber Taylors Erklärung scheint zu einseitig und nur teilweise richtig. Warum waren die Briten nicht genauso vergiftet worden durch ihr Verhalten den Iren und Indern gegenüber oder die Amerikaner durch ihr Verhalten den Indianern, Mexikanern oder den Schwarzen gegenüber?

Der Dichter unter den deutschen Historikern, Ludwig Dehio, gibt eine aussagekräftige und umfassendere Erklärung. Deutschlands Verhalten während des Ersten Weltkrieges, sagt er, ist beispielhaft für das Verhalten all derjenigen, die auf dem Kontinent die Hegemonie anstrebten – Karl V., Philipp II., Ludwig XIV. und Napoleon I.:

». . . die Hegemonialmacht erlebt zu Beginn des Kampfes die Kulmination ihrer bisherigen Geschichte und kristallisiert in Anfangserfolgen triumphierend ihr Wesen auf das großartigste und schärfste aus. Aber euphoristische Steigerung geht in dämonische Übersteigerung über, je mehr sich der Kampf erschöpfend hinzieht. Die Schrauben werden überdreht. Es werden schließlich materielle und moralische Grundwerte von den Machthabern riskiert in der Art von Hasardeuren, die keine zutreffende Einsicht in das Wesen des Spieles besitzen. Bis zuletzt flammen Hoffnungen auf, um doch nur in den endlichen Mißerfolg zu locken.«[5])

»Nicht in Jahrzehnten«, fährt Dehio fort, »sondern in der Spanne von Jahren werden (von Deutschland) alle Höhen und alle Tiefen durcheilt. Beglückende Steigerung unseres Wesens 1914 in der Auseinandersetzung mit dem Hasse und der Verleumdung einer ›Welt von Feinden‹! Aber in dieser plötzlichen geistigen Isolierung infolge der politischen liegt auch schon der Keim der Übersteigerung. Von der Besonnenheit Weniger geahnt, wird sie von der vermassenden Leidenschaft der Vielen rasch vorangetrieben. Sie erschüttert das seelische Gleichgewicht der Nation, die, von Haß umgeben, Haß erwidert. In der Einsamkeit ruhmvoll glücklosen Kampfes überanstrengen sich der Staatsapparat und die Gesellschaft, verzerren sich alle Traditionen. Und nun erst breiten sich extreme, monomane Ideen aus, die bei ruhigerer Entwicklung vielleicht ihre Randexistenz hätten behalten können.«[6])

Sogar Dehio kann nicht umhin, den Deutschen größere Bosheit zuzusprechen, als sie es verdienen. Zieht man all die Ängste und Enttäuschungen des Jahres 1914 in Betracht, waren die Deutschen dann wirklich kriegerischer und ehrgeiziger als die anderen Großmächte? Taylor schreibt dazu über sein eigenes Land: »Vor 1914 gab es in England viele Kriegshetzer, und der Einfluß von Armee und Flotte waren hier ebenso stark wie in Deutschland, wenn nicht sogar stärker. Fritz Fischers Darstellung der deutschen Kriegsziele während des Ersten Weltkrieges scheint entscheidend, bis man sich den britischen Kriegszielen zuwendet, wie sie beispielsweise von Roger Louis in Afrika aufgezeigt wurden ... Auch die Briten strebten nach

5) Ludwig Dehio, *Deutschland und die Weltpolitik im 20. Jahrhundert* München (Oldenbourg) 1955, S. 18
6) Ibid., Seite 18/19

einer Weltmachtstellung, und ihre Ziele waren auf jeden Fall weitergehend als die der Deutschen. Ich stimme darin überein, daß die deutsche Regierung 1914 den formalen Anstoß zum Krieg gegeben hat, aber dieser Anstoß wurde von Großbritannien und Frankreich weithin willkommen geheißen.«[7])

Kaiserliches Deutschland – Nazi-Deutschland: Kontinuität oder Katastrophe?

Dem Reich Bismarcks folgte bald das Reich Hitlers. Der Wahnsinn des Kaiserreiches selig war ein Vorspiel. Hitler griff nicht nur dessen große Kriegsziele auf, sondern er tat dies auch noch in ihrer brutalsten annexionistischen Form. Die schlimmsten Erscheinungsformen des Kaiserreichs Deutschland wurden jetzt bis zum Wahnsinn gesteigert. So war es ganz natürlich, daß man annahm, die Deutschen hätten die ganze Zeit über diese Ziele verfolgt und sie seien unfähig gewesen, sie auf irgendeine andere Weise zu verwirklichen.

Die große Frage nach der Kontinuität Hitlers in der deutschen Geschichte wird im einzelnen erst in den ihm gewidmeten Kapiteln untersucht. Es scheint jedoch angebracht, schon an dieser Stelle auf eines hinzuweisen. Bethmann-Hollweg war – was immer auch seine Fehler gewesen sein mögen – ein ganz anderer Mensch als Hitler. Er unterschied sich auch von den Annexionisten oder den militärischen Führern wie Ludendorff oder Tirpitz. Waren diese Unterschiede einzig in seiner Person begründet, oder war das, was Bethmann verkörperte, eine rationale und humane Form der Hegemonie Deutschlands?

Trotz der großen wissenschaftlichen Energie, die mit al-

7) A. J. P. Taylor, *Fritz Fischer and his School, Journal of Modern History*, Band 47, Nr. 1 (1975), S. 123

ler Macht das Gegenteil beweisen will, scheint es unsinnig, den grundlegenden Unterschied in der Qualität der Hegemonie zu verleugnen, wie sie einerseits in der Vorstellung Bethmanns aussah und wie andererseits die Annexionisten und die Nazis sie anstrebten. Bethmanns Streit mit den Annexionisten rührte nicht nur von der Tatsache her, daß er »weich« oder menschlich war oder erfahrener im wirksamen Einsatz der Macht, sondern darin, daß er anders als Ludendorff eher ein Konservativer als ein Abenteurer war. Bethmann stammte aus einer geordneten Zeit, deren Stabilität von einem Konsens über Prinzipien abhing und deren Überleben eine kluge Anpassung an die sich modernisierende Welt verlangte. Ludendorff und Tirpitz hingegen waren keine Konservativen, sondern entwurzelte Abenteurer – »Nietzscheanische Technokraten« –, die im Namen des Fortschritts und der Modernität den Ruin herbeiführten, der eine ganze Gesellschaft aus den Angeln hob.

An beiden Sorten von Menschen fehlt es in unserer Zeit nicht. Im Kaiserreich Deutschland war der Kontrast und die Konfrontation vielleicht außergewöhnlich stark. Nur in wenigen Staaten traten derartig mächtige konservative Traditionen und ein so durchdringender Sinn für ungezügelte faustische Kraft miteinander in Erscheinung. Wenige Staaten nur hatten sich darüber hinaus in so kurzer Zeit in einen modernen Staat gewandelt. Bethmanns Abschied bedeutete die Niederlage des Konservativen und den Sieg des Abenteuers.

Diese Niederlage kennzeichnete das Ende einer vernünftigen Regierung im kriegführenden Deutschland. Anders als das französische oder britische parlamentarische System erwies sich die Verfassung des deutschen Kaiserreichs mit ihrer konservativen, technokratischen Exekutive als unfähig, die Belastungen des totalen Krieges zu meistern. Was waren die Gründe? Ein Teil der Erklärung mag in der Person selbst liegen. Bethmann-Hollweg mangelte es, anders als Clemenceau oder Lloyd George, an der dämonischen Kraft, die vom Krieg geweckten, wilden Kräfte zu bändigen und sie mit der rationalen Politik in Einklang zu bringen. Er war gehemmt, hatte zu viel Respekt vor der Tradition, um sie bewahren zu können. Bethmann ist oftmals vorgeworfen worden, er wäre nicht demokratisch genug. Bei größerem Vertrauen in die Parteiführer, so wird gesagt, hätte er im Reichstag eine unabhängige Basis schaffen können, um das Militär zu kontrollieren. Aber das ist kaum als selbstverständlich anzusehen. Bethmann selbst hielt die Parteiführer für einen nicht vielversprechenden Haufen, der sich an die unaufhörlichen Intrigen der Interessenpolitik und des undisziplinierten Parlamentarismus gewöhnt hatte. Die Nationalliberalen z. B. waren kompromißlose Annexionisten, die jede Chance verpaßten, sich selbst vom Interessenverband einer Klasse in eine wirkliche Regierungspartei zu verwandeln. Hinter den Parteien standen die Interessengruppen, besonders die blinde Gier der Großindustrie. Von der gebildeten Öffentlichkeit war keine zuverlässige Unterstützung zu erwarten. Obwohl es Mode ist, die atavistischen Junker oder ein autoritäres politisches System für alle Narreteien Deutschlands verantwortlich zu machen, verdient auch die deutsche Bourgeoisie ein Gutteil der Vorwürfe. Das gilt besonders für die geistige Elite – die Universitätsprofessoren und die protestantischen Geistlichen. Die akademischen Leuchten in Deutschland spornten beispielsweise die bösartigen annexionistischen Gesellschaften an. Kein Wunder, daß nach einem Jahrzehnt durchdringender Propaganda die deutsche Öffentlichkeit ausgesprochen abenteuerlustig geworden war.

Auch wenn er die einzelnen Fehler der deutschen Politik zugab, war Bethmann nach seinem Sturz selbst geneigt, den Druck der kriegerischen öffentlichen Meinung besonders zu betonen. Ein persönlicher Brief an Prinz Max von Baden vom 17. Januar 1918 faßt seine Meinung zusammen:

»Imperialismus, Nationalismus und Wirtschaftsmaterialismus, die die Politik aller Nationen in der letzten Generation in großen Zügen bestimmt haben, haben sich Ziele gesetzt, die von jeder Nation nur auf Kosten einer allgemeinen Kollision verfolgt werden konnten. Es stimmt, daß es neben diesen allgemeinen Gründen noch andere Umstände gab, die auf den Krieg hinarbeiteten, einschließlich derer, unter denen Deutschland 1870–71 in den Kreis der Großmächte eingetreten war. Demzufolge erreichte es weltpolitische Bedeutung und wurde zum Gegenstand rachsüchtigen Neides der anderen Großmächte, zum großen Teil, aber nicht ausschließlich durch eigene Schuld. Diese beiden Linien, die allgemeine und die spezielle, sind so eng miteinander verbunden, daß es unmöglich ist zu sagen, auf welcher Seite die stärker treibende Kraft lag. Ich betrachte die allgemeine Konstellation (der öffentlichen Meinung) als das entscheidende Element. Wie sonst sollte man die sinnlose und leidenschaftliche Begeisterung erklären, die Ländern wie Italien, Rumänien und selbst den Vereinigten Staaten – obwohl diese ursprünglich nicht in den Krieg verwickelt waren – keine Ruhe ließ, bevor nicht auch sie sich in das Blutbad gestürzt hatten? Sicher, dies ist die unmittelbare Erklärung einer allgemeinen Haltung dem Krieg in der Welt gegenüber.«[8])

Bethmann hat zweifellos recht, wenn er den universellen Charakter dieses in den Völkern verhafteten Dranges zum Krieg betont. Keiner, der die gesellschaftliche und kulturelle Geschichte der westlichen Staaten untersucht, kann sich davon frei machen, die steigenden Spannungen des Vorkriegsjahrzehnts und die weitverbreitete Erleichterung bei Ausbruch des Krieges zu spüren. Nachdem die Verantwortlichen sich erst einmal in den allgemeinen Zusammenbruch hineinmanövriert hatten, brachten die freigewordе-

8) H. W. Koch: The Origins of the First World War: Great Power Rivalry and German War Aims, London: Macmillan 1972, pp. 251 f.

nen Kräfte mutwillige Zerstörung in alle Richtungen mit sich; sie erwiesen sich als unkontrollierbar, bis sie vom Krieg und vielerorts auch von der Revolution ausgelaugt waren. Nur unter großen Schwierigkeiten konnte in der Welt weiter rational regiert werden.

Wenn der Zusammenbruch in Deutschland totaler als in Großbritannien oder Frankreich erscheint, darf man nicht vergessen, daß Deutschland der Verlierer und die westlichen Alliierten die Sieger waren. Bethmanns Position wurde hoffnungslos, als Deutschlands Position hoffnungslos wurde. Seine einzige Politik waren Verhandlungen, und es war wohl für alle ein Unglück, daß keiner der anderen Seite ernsthaft an ihnen interessiert war. Nachdem Deutschland einmal so unklug gewesen war, einen Krieg zu provozieren, den es nicht gewinnen konnte, war Bismarcks Alpdruck Wirklichkeit geworden. Die Alliierten waren entschlossen, die Herausforderung Deutschland zu zerschlagen. Unter diesen Umständen scheint der Zusammenbruch der rationalen Politik in Deutschland eher Wirkung als Ursache der Niederlage zu sein.

Die Gründe für die Entschlossenheit der Alliierten führen uns natürlich zurück zu unserem Ausgangspunkt. Deutschlands »Aggression« war nicht so sehr einzigartig in ihrer Intensität als vielmehr in ihrer Unbequemlichkeit. Der Aufstieg der Bismarckschen Schöpfung bedeutete die Erschütterung des traditionellen Gleichgewichts in Europa und ganz allgemein eine Störung der Weltordnung.

Am Ende vermochte Deutschland seine Herausforderung nicht länger durchzuhalten. Bismarcks Nachfolger konnten das von ihm begonnene Spiel nicht gewinnen. Vielleicht fehlte es ihnen an seinem Geschick. Vielleicht aber auch hat er ihnen keinen allzu guten Dienst erwiesen.

4. Kapitel

Die Wirtschaft im Kaiserreich

Einleitung:
Die deutsche Wirtschaft und das Deutsche Problem

Wie in den beiden vorangegangenen Kapiteln gezeigt, hatten wirtschaftliche Überlegungen einen großen Einfluß auf die Politik des kaiserlichen Deutschland. Die Große Krise bewirkte Bismarcks Umschwenken zum Protektionismus und seine neue konservative Koalition im Kaiserreich, während sie auf der anderen Seite das Auseinanderfallen seiner Bündnisdiplomatie in Europa beschleunigte. Angst und Hoffnung hinsichtlich der wirtschaftlichen Entwicklung Deutschlands waren wesentliche Faktoren jener weiteren geopolitischen Perspektive, die die deutsche Politik in den Ersten Weltkrieg führte. Kurzum, auch wenn die herkömmliche Geschichtsschreibung die wirtschaftlichen Faktoren oft vernachlässigt hat, sind diese in ihrer Auswirkung auf die Innen- und Außenpolitik nicht zu übersehen.

Einige Historiker gehen sogar noch einen Schritt weiter. Eine bedeutende deutsche Schule mit ausgeprägter marxistischer Überzeugung, die sich auch auf Schumpeter beruft, sieht in Deutschlands Wirtschaftsstruktur den eigentlichen Schlüssel zum Deutschen Problem. Hans-Ulrich Wehler z. B. meint, Bismarcks Optieren für das Eingreifen des Staates in wirtschaftliche und soziale Angelegenheiten habe in der Tat die Jahre 1879 bis 1885 zu einer neuen »Gründerzeit« für das Reich werden lassen. Wehlers Meinung nach hat Bismarck zur Aussöhnung seines autoritären Regierungsstils mit einer reaktionären Gesellschaft, einem fortgeschrittenen Kapitalismus und einer Wirtschaftskrise Deutschland auf einen Kurs imperialistischer Expansion im Ausland und auf eine reaktionäre Politik im Inland festgelegt. Protektionismus und Imperialismus boten die Handhabe für beides, eine antizyklische Politik zur Abschwächung der Gefahren einer Überschußproduktion und eine anhaltende Rechtfertigung seiner autoritären Regierung. Diese Regierungsform wußte eine reaktionäre gesellschaftliche Koalition hinter sich. Großgrundbesitz und Schwerindustrie hatten sich zusammengetan, um Deutschland im Ausland zu stärken und um die Demokratie zu Hause aufzuhalten. Wehler beschäftigt sich in erster Linie mit der innenpolitischen Entwicklung seines eigenen Landes und interessierte sich nicht so sehr für Vergleiche mit anderen Nationen. So wie ich ihn verstehe, versucht er nicht zu beweisen, Deutschland sei »imperialistischer« gewesen als Großbritannien, Frankreich oder die Vereinigten Staaten. Auf jeden Fall, wenn Kolonialkriege und der Besitz von Kolonien hierfür Anzeichen wären, würde ihm das auch sicher schwerfallen. A. J. P. Taylors Buch *»The Course of German History«* dagegen unterstellte der Wirtschaftsstruktur Deutschlands ein einzigartig machtorientiertes und aggressives Wesen. So soll die deutsche wirtschaftliche Entwicklung einen außergewöhnlichen merkantilistischen Drang in Richtung auf heimische Konzentration und aggressiven Außenhandel zeigen. In der Tat, das deutsche Muster wurde nicht vom friedlichen Liberalismus Cobdens beseelt, sondern vom bewaffneten Merkantilismus Clausewitz'. So wie der alte Preußenstaat, war auch die deutsche Wirtschaft bis ins kleinste für den Kampf organisiert. Handel bedeutete Krieg mit anderen Mitteln.

Taylors Buch *»The Course of German History«* verdeutlicht dies mit der von ihm gewohnten Leidenschaft:

»Das Zollgesetz von 1879 wurde nicht durchgesetzt, um

die um das Überleben kämpfenden jungen Industrien vor den bereits gefestigten britischen Konkurrenten zu schützen – vergleichbar dem Zollsystem in den Kolonien. Auch war es nicht zur Hilfe gerufen worden, wie beispielsweise in Frankreich, um mit einfachen Mitteln die alte vor der Herausforderung der neuen Industrie zu retten. Die deutsche Industrie war die modernste und die am festesten im Sattel sitzende in ganz Europa. Die Zölle bedeuteten Schutz, so wie man von Bombenflugzeugen behaupten könnte, sie dienen der Verteidigung. Sie waren eine Kriegswaffe, um die Konkurrenten durch Dumping zu zerstören und um die Verbraucher schließlich durch Zwang einzuverleiben.«[1])

Die Folge war, wie Taylor es sieht, daß das Kaiserliche Deutschland ein unsicherer Einzelgänger in der Weltwirtschaft wurde: »Die deutsche Industrie wurde immer kopflastiger und die Notwendigkeit, neue Absatzmärkte zu finden, immer dringender.«[2]) Der Protektionismus brachte Deutschland eine dynamische, aber unausgewogene Wirtschaft, die am Ende nur noch durch die Eroberung Europas aufrechterhalten werden konnte. Die unsichere Stellung des Bismarckschen Reiches in dem politischen System der Welt entsprach somit seiner Unbeständigkeit in der Weltwirtschaft und wurde durch diese verstärkt.

Betrachtet man die wirtschaftliche und gesellschaftliche Entwicklung des Kaiserreiches im Zusammenhang mit seiner Politik, erhält man von beidem ein klareres und umfassenderes Bild. Einige der modernen Schlußfolgerungen scheinen jedoch etwas überzogen. Aus der Sicht eines Wirtschaftsliberalen scheint Deutschlands industrielle Entwicklung zweifellos kläglich. Aber so ungewöhnlich war

1) A. J. P. Taylor, The Course of German History (London: Hamilton, 1945), S. 126
2) Ibid.

Deutschlands Wirtschaftsstruktur ganz und gar nicht. Meiner Meinung nach war der deutsche Merkantilismus weniger das Produkt einer einzigartigen politischen Landschaft als das einer sich entfaltenden modernen Industrie. Während ein Liberaler oder ein Marxist unserer Tage das Gesellschaftssystem, die politische Struktur und den allgemeinen Stil des Regierungssystems im Kaiserreich widerwärtig finden mag, bezweifele ich, ob sein damaliges politisches System sich wirklich so grundlegend von denen Großbritanniens und Frankreichs unterschied. In allen drei Ländern schlossen sich der Landadel und das gehobene Bürgertum zusammen, um ihre Privilegien zu verteidigen; die Arbeiter wurden unterdrückt, die Regierungen waren anmaßend, solange sie es sich leisten konnten, und Militarismus und Imperialismus waren zügellos. Außerdem gelingt es mir nicht, eine überzeugende Verbindung zwischen den außenpolitischen Konflikten des Kaiserreichs Deutschland und den angeblich unliberalen Zügen seines politischen Systems und seiner Wirtschaft herzustellen. Auf alle Fälle waren die vermeintlich liberalen Mächte, wie Großbritannien und die Vereinigten Staaten, in ihren Wirtschaftsbeziehungen zu anderen Staaten kaum weniger aggressiv.

Zum Schluß wird dieses Kapitel auf einige dieser Punkte noch genauer eingehen. Der erste Teil beschäftigt sich mit Deutschlands Wirtschaftsstruktur und ihren Folgen für Deutschlands Rolle im internationalen Zusammenspiel der Staaten. Der zweite Teil untersucht die Theorien, die eine Verbindung sehen zwischen dem wirtschaftlichen Charakter des Kaiserreiches Deutschland und seiner »Aggression« im Ersten Weltkrieg.

Deutschlands sehr spät einsetzende Entwicklung

Was war denn so Besonderes an der deutschen Wirtschaft? Ein Unterscheidungsmerkmal ist ganz besonders augenfällig. Verglichen mit Großbritannien, Frankreich, Belgien und selbst mit den Vereinigten Staaten, setzte das deutsche Wirtschaftswachstum erst sehr spät, aber dann sehr schnell ein. Vielleicht ist es am besten, zunächst einen kurzen historischen Überblick dieser Entwicklung zu geben.

1850 war Deutschland in erster Linie ein Agrarland mit verhältnismäßig schwacher Industrie, mit nur wenig Handel und ohne Großstädte. Selbst 1871 zählten noch zwei Drittel der Bevölkerung Preußens zur Landbevölkerung. Daran hatte sich seit über fünfzig Jahren kaum etwas geändert. Im Gegensatz dazu sank die Zahl der Landbevölkerung in ganz Deutschland von 1871 bis 1901 von 64 auf 40 %. Die Großstädte wuchsen sehr schnell.

Deutschlands gehemmte Entwicklung hatte zahlreiche Ursachen. Im 16. Jahrhundert führte die Umleitung des Welthandels zur Atlantikroute zu einem Niedergang des ehemals florierenden Handels. Im 17. Jahrhundert gipfelten dann religiöse und politische Kämpfe, verschlimmert noch durch das Eingreifen von außen, in dem so entsetzlich zerstörenden Dreißigjährigen Krieg. Dieser Krieg brachte den Untergang der Mittelklasse. Der Westfälische Frieden hemmte den Handel, weil er die Teilung des Landes in zahlreiche Staaten besiegelte. In den meisten dieser Staaten regierte ein Fürst mit absolutistischer Macht. Die Landwirtschaft bestimmte das Wirtschaftsleben. Einige Teile Deutschlands waren im 18. Jahrhundert »feudalistischer«, als sie es im 16. Jahrhundert jemals gewesen waren. In manchen Gebieten gab es nach dem Jahr 1648 zum ersten Mal die Leibeigenschaft. Die Gilden beherrschten das Handwerk, und jegliche Art von Großunternehmen war sehr schwer aufzubauen und somit selten.

Für viele deutsche Staaten kam der große Drang nach Veränderungen erst mit der Französischen Revolution und ihren napoleonischen Nachwirkungen. Der französische Imperialismus rief nicht nur den deutschen Nationalismus auf den Plan, sondern – besonders in Preußen – einen eigenständigen, Reformen durchsetzenden Liberalismus. Der darauffolgende Zusammenbruch des französischen Weltreiches verlangte eine umfassende politische Neuverteilung, die, obwohl ihr Ziel und Zweck konservativ war, vor allem in Preußen eine starke Neigung hervorrief, von der Vernunft geleitete Reformen durchzuführen. Preußen baute ein System der Grundschulausbildung auf, um das es ganz Europa beneidete. Die Leibeigenschaft wurde offiziell abgeschafft, wenn auch die Bauern auf den Gütern im Osten nur langsam ihre Gleichberechtigung erlangten. 1834 hatte Preußen die deutschen Staaten in den Zollverein geführt. Dieser Zollverein liberalisierte den innerdeutschen Handel und führte ihn aus der durch Österreich verursachten Bindung an den Kontinent heraus. Es war ein Schritt, der sowohl den preußischen Junkern entgegenkam, die ein Interesse daran hatten, ihr Korn zu verkaufen, als auch den Handelsinteressen des ganzen Landes, die eher der See als dem Überlandweg Richtung Süden zugewandt waren.

Aus einer Vielzahl von Gründen fing das deutsche Wirtschaftsleben endlich in den 30er Jahren des 19. Jahrhunderts an, sich zu regen. Die Bevölkerungszahlen schnellten in die Höhe. Dadurch fühlten sich die Landwirte ermutigt, mehr Land urbar zu machen und neue Pflanzen, besonders Kartoffeln und Zuckerrüben, anzubauen. Gleichzeitig setzte ein Gründungsprozeß in der Industrie ein. Die Reformen der Regierungen in Preußen und in einigen anderen Staaten bewirkten einen außergewöhnlich hohen Stand der allgemeinen Bildung; Subventionen förderten hervorragende technische Forschungsarbeiten, und Handwerksordnungen bewirkten ein hohes Leistungsniveau des Handwerks.

Außer in Schlesien hatte der preußische Staat nicht aktiv und unmittelbar in die Förderung der Industrie eingegriffen. In den 30er Jahren allerdings fing er an, die Telegraphie, die Eisenbahn und den Kanalbau voranzutreiben. Ende der 40er Jahre war der zur Hälfte vom Staat unterstützte Eisenbahnbau weit vorangekommen. Die Folge war eine Reihe von wirtschaftlichen Aufstiegen und Niedergängen sowie ein enormer Anstieg des Außenhandels.

Von 1850 bis 1914 lassen sich in der wirtschaftlichen Entwicklung Deutschlands drei Phasen erkennen: 1850 bis 1873 war eine Zeit starken Wachstums, bedeutender Neuerungen in Technik und Organisation; die Jahre von 1874 bis 1895 brachten eine langandauernde relative Stagnation, und die Zeit von 1895 bis 1913 war wiederum eine Periode starken Wachstums. Die Ursachen für diese Konjunkturschwankungen waren, wie immer, zahlreich und komplex. Der wohl am deutlichsten auszumachende Grund waren die Goldfunde in den Jahren 1848 und 1886, die die Wirtschaft weltweit ankurbelten. Die relative Stagnation in den letzten 25 Jahren des 19. Jahrhunderts hing natürlich sehr eng mit der weltweiten großen Krise zusammen. Aber was auch immer die Gründe für diese Konjunkturschwankungen gewesen sein mögen, sie waren entscheidend für Deutschlands wirtschaftspolitische Entwicklung verantwortlich. Die Große Krise war der Hauptgrund dafür, daß Bismarck sich im Jahr 1879 dem Protektionismus zuwandte, und für die weitverbreitete Vorliebe der Deutschen für Konzentration und Kartellbildung.

Auch wenn es nicht stetig bergauf ging, verglichen mit früheren Maßstäben, war das deutsche Wirtschaftswachstum erstaunlich. Von 1850 bis 1913 stieg das Nettoinlandsprodukt um durchschnittlich 2,6 % im Jahr. Das heißt, im Jahr 1913 war die Inlandsproduktion fünfmal so hoch wie noch 1850 – pro Kopf bedeutete das eine zweieinhalbfache Steigerung. Ein Großteil der Deutschen erfuhr einen starken Anstieg des Lebensstandards; die Reallöhne der Industrie verdoppelten sich sogar in der Zeit von 1871 bis 1913.

Die Zahlen einzelner Industriezweige sind natürlich noch weitaus spektakulärer. Die Kohleförderung stieg von 29,4 Millionen Tonnen im Jahr 1871 auf 191,5 Millionen im Jahr 1913. Einzig und allein Großbritannien konnte hier noch mithalten. 1910 hatte Deutschland Großbritannien in der Produktion von Eisen und Stahl überrundet, wie aus den folgenden, in Millionen Tonnen angegebenen Zahlen zu ersehen ist.

	Roheisen	Stahl
Vereinigtes Königreich	10,2	7,6
Deutschland	14,8	13,1

Die folgenden Beschäftigungszahlen machen den schwindelerregenden Anstieg des deutschen Maschinenbaus deutlich:

1861	51 000
1882	356 000
1907	1 120 000

Besonders erstaunlich war der wirtschaftliche Erfolg in drei sich später entwickelnden Industrien: Chemie, Elektrizität und Optik. Die Deutschen waren sowohl in der chemischen Industrie als auch in der Elektroindustrie von ganz hinten nach vorne geschossen und stellten nun eine Herausforderung für diese Industrien in den anderen Staaten dar – für die Amerikaner in der Elektroindustrie und für die Briten in der chemischen Industrie. 1907 beschäftigten die beiden führenden Firmen, Siemens und AEG, zusammen 142 000 Menschen. Die Hälfte der auf dem internationalen Markt erhältlichen Elektrogeräte waren deutschen Ursprungs. Zur gleichen Zeit zählte die chemische Industrie in Deutschland 270 000 Beschäftigte und hatte einen

Weltmarktanteil von 90 % bei den industriell hergestellten Farben. Die Zahlen dieser neuen Industrien zeigen auf sehr anschauliche Weise die Fähigkeit der Deutschen, Großindustrien aufzubauen. Jede dieser Großindustrien wurde von einigen wenigen Firmenriesen beherrscht, die eng mit den Großbanken zusammenarbeiteten. Alle hingen sie sehr stark vom technischen Know-how und vom Außenhandel ab. Ersteres wurde durch die engen Bindungen der Industrie zu den Universitäten und Forschungsinstituten erreicht, und letzterem diente ein gut durchorganisiertes wirtschaftliches und diplomatisches Netz. 1921 meinte der britische Wirtschaftshistoriker Clapham hierzu: »(Deutschlands) Großfirmen waren Mächte von internationaler Bedeutung, mit großem diplomatischem Einfluß und der uneingeschränkten Unterstützung durch ihre Regierung.«

Selbstverständlich umfaßte die deutsche Wirtschaft auch zahllose kleine Banken, Industrien, Genossenschaften und Handwerksunternehmen. Aber es waren die großen Firmen der Stahlerzeugung und der modernen technischen Industrien, die ausschlaggebend waren für die wirtschaftliche Entwicklung Deutschlands. Das gilt besonders im Vergleich mit Großbritannien und Frankreich. Rückendekkung erhielten die Großunternehmen auch von Deutschlands Gesellschaftsrecht, das die Einführung eines vernünftigen Aufbaus und einer genauen Buchführung ermöglichte, ohne die Konzentration zu stören. Die Gesetzgebung förderte auch die Kartellbildung, indem sie derartige Abkommen durch das Gesetz vollstreckbar machte.

Die Fähigkeit der Deutschen, Großorganisationen aufzubauen, stand in engem Zusammenhang mit der besonderen Natur der deutschen Banken. Etwa 1870 wurden die Aktienbanken zu den Schaltstellen der Organisation der deutschen industriellen Entwicklung. Während die Briten bei einer scharfen Trennung zwischen Giro-, Investment-

oder »Handelsbanken« blieben, schufen die Deutschen »Universalbanken«, deren Aufgabe es war, jede erdenkliche Art von Besitz in Kapital zu verwandeln. Die Banken selber übernahmen viele der traditionellen Aufgaben des Geld- und Aktienmarktes. Sehr oft waren die Großbanken gleichzeitig die Hauptaktionäre der Industrieriesen; sie stellten ihnen das Kapital zur Verfügung, förderten die Bildung von Kartellen und Zusammenschlüssen und vertraten die Export- und Geschäftsinteressen der Firmen im Ausland.

Die Konzentration von Investitionskapital und das Fehlen eines Kapitalmarktes bei den Briten und Franzosen verdeutlicht die relativ kleine Zahl deutscher Investitionen im Ausland. Die Großbanken zeigten kein großes Interesse an Auslandsinvestitionen, solange sie nicht den Handelsinteressen der deutschen Firmen dienten. So wurden beispielsweise 1911 77 % aller in Frankreich verkauften neuen Wertpapiere in ausländischen Unternehmen angelegt, während es in Deutschland nur 11 % waren. Aufgrund des sprunghaften Wachstums waren die Deutschen im allgemeinen recht knapp an Kapital. Und das Kapital, das sie hatten, wurde eher in die industrielle Entwicklung zu Hause gesteckt als in Auslandsanleihen. Eine Erklärung hierfür liegt zum Teil in der Finanzstruktur, die einen umfassenden Blick für die wirtschaftlichen Entwicklungsmöglichkeiten des eigenen Landes schärfte.

Deutschlands relative Gleichgültigkeit gegenüber Investitionen im Ausland galt aber nicht für den Handel. Wie zu erwarten war, stieg der deutsche Handel sehr sprunghaft an. In den Jahren 1887 bis 1912 verdreifachte sich Deutschlands Import. Unter den europäischen Staaten wurde Deutschland zum Hauptimporteur von Rohstoffen. Ganz allmählich hatte sich der deutsche Import dahin entwikkelt, aus aller Welt zu importieren, besonders aus den Vereinigten Staaten und Lateinamerika. Trotzdem war noch 1914 Europa der Hauptlieferant der deutschen Einfuhren.

Die deutsche Exportförderung war nicht nur sehr erfolgreich, man hielt sie auch für ausgesprochen aggressiv. Etwa 80 % des deutschen Exports gingen in europäische Länder. Dank der engen Bindungen zwischen Banken und Industrie und der aktiven Mitarbeit der Banken bei der Förderung des Exports war die deutsche Finanzierung im allgemeinen außerordentlich großzügig. Dies erstaunte ihre Konkurrenten und versetzte sie häufig in Schrecken.

Trotzdem wurde die deutsche Handelsbilanz in den 90er Jahren negativ, zu jener Zeit allerdings eine ganz normale Erscheinung bei den fortschrittlichen Industrieländern. Deutschlands steigende Einnahmen aus »unsichtbaren Exporten«, besonders aus dem Frachtgeschäft, konnten diese negative Handelsbilanz mehr als ausgleichen. Das Land hatte eine moderne Handelsmarine, die in der Gesamttonnage nur von England übertroffen wurde.

Deutschlands Handelsdefizit war unmittelbar mit dem Schicksal der Landwirtschaft verbunden. Trotz der sensationellen Industrialisierung blieb die Landwirtschaft ein außerordentlich wichtiger Faktor für Wirtschaft und Gesellschaft. Bei der Reichsgründung im Jahr 1871 konnte man, laut Clapham, Deutschland tatsächlich noch ein Land der freien Bauern und der mächtigen Großgrundbesitzer nennen. Die Landwirtschaft wies ein unterschiedliches Profil auf – vom »Großbauern« in Bayern über kleinere Güter, hauptsächlich im Rheinland, bis hin zum Großgrundbesitz im Osten. Die Großgrundbesitzer besaßen im Durchschnitt etwa 2000 Hektar Land, die sie selber bewirtschafteten. Etwa ein Viertel des Agrarlandes des Reiches gehörte zu diesem Großgrundbesitz; zur Jahrhundertwende nahm dieser Anteil ab. So wie überall in dem sich industrialisierenden Europa nahm die Zahl der in der Landwirtschaft Beschäftigten stetig ab. Erst in den 90er Jahren jedoch waren mehr männliche Arbeiter in den Fabriken beschäftigt als in der Landwirtschaft. Auch danach blieben Land- und Forstwirtschaft und die Fischerei noch ein bedeutender Beschäftigungssektor, besonders für Frauen. 1907, zum Beispiel, stellten Familien, die unmittelbar mit der Land- oder Forstwirtschaft verbunden waren, noch 28,6 % der Bevölkerung.

Die deutsche Landwirtschaft machte jedoch von dem schnellen Fortschritt, der die übrige Wirtschaft auszeichnete, keine Ausnahme. In den 40er und 50er Jahren gehörten die deutschen Bauern, besonders die preußischen Junker, zu den besten in Europa. Die Produktivität und der Ertrag der Landwirtschaft stiegen in den Jahren danach noch weiter an. Dank der Kartoffel und der Zuckerrübe blieb Deutschland von einem allgemeinen Defizit in der Landwirtschaft verschont und wurde sogar zum Exportland. Zwischen 1890 und 1900 z. B. machte Zucker 6 % des deutschen Exports aus, d. h. mehr als Kohle, Eisen oder Maschinen. Auch die Produktion von Schweinefleisch erfuhr eine schnelle Steigerung. In den 90er Jahren durchlief die deutsche Landwirtschaft eine Zeit bemerkenswerten technischen Fortschritts und ständig steigender Ertragszahlen, angeführt vom Großgrundbesitz. Die Deutschen waren Pioniere bei der Entwicklung und dem Gebrauch von Düngemitteln, besonders von Phosphatdünger, einem Nebenprodukt des Thomasverfahrens zum Schmelzen von Eisen. Die Mechanisierung der Bauernhöfe wurde nach 1900 zügig vorangetrieben. Trotz ihrer beeindruckenden Anstrengungen verlor die deutsche Landwirtschaftsproduktion gegenüber den Bedürfnissen der sich explosionsartig vermehrenden Bevölkerung jedoch ständig an Boden. Das gilt selbst für die Zeit der Protektion in den später 70er Jahren und dann noch einmal nach 1902. 1910 mußten 40 % des gesamten Weizens und 15 % des gesamten Getreides importiert werden. Die Zölle, die die Getreide anbauenden

Junker begünstigten, verzögerten zweifellos die Kontraktion der Landwirtschaft und verringerten das Einkommen, aber sie hielten auch die Strukturanpassung und höhere Erträge auf. Auch wenn Deutschland 1913 in bezug auf Kalorien und pflanzliche Nahrungsmittel zu 95 % autark war, wäre seine Landwirtschaft noch leistungsfähiger gewesen, hätte sie sich weniger auf Getreide, sondern mehr auf Viehzucht verlegt.

Das Problem des deutschen Getreideanbaus hatte im eigentlichen Sinne jedoch nichts mit Leistungsfähigkeit zu tun. Die deutschen Erträge waren weit größer als die der »leistungsstärkeren« Konkurrenten, wie die Tabellen 1 und 2 einer zeitgenössischen Untersuchung zeigen.

Trotz allem war, als der internationale Transport leichter und billiger geworden war, deutsches Land und deutsche Arbeitskraft zu teuer, um mit den Produkten des reichlich vorhandenen, wenn vielleicht auch mangelhaft genutzten Ackerlandes in Rußland und in den Vereinigten Staaten konkurrieren zu können. Die britische Landwirtschaft war natürlich in der gleichen Situation. Die Briten lösten 1846 dieses Problem theoretisch, praktisch allerdings erst in den 80er Jahren: Sie gaben die Landwirtschaft auf der Insel auf. Sie versprachen sich mehr davon, ihr Kapital und ihre Arbeitskraft in Industrie und Handel einzusetzen. Die britische Bevölkerung sollte sich von billigem, importiertem Fleisch ernähren. Die britischen Landwirte hatten es trotz ihrer nach wie vor sehr großen politischen Macht, ihres Reichtums und ihres gesellschaftlichen Prestiges nicht geschafft, eine erfolgreiche Koalition zum Schutz der Landwirtschaft aufzubauen. Die Interessen der Bourgeoisie siegten über den Landadel. Deutschland ging, wie wir wissen, einen anderen Weg. Wegen der von Bismarck eingeführten Schutzzölle weigerten sich die Junker ebenso wie große Teile der Industrie, die Logik des von Großbritannien ge-

Ernte-jahr		Ernteerträgnisse im Ganzen (Millionen t)			
		Weizen u. Roggen	Gerste	Hafer	Kartoffeln
1912	Deutschland	15,9	3,5	8,5	50,2
1912	Rußland	42,6	9,9	14,1	36,9
1912	Österreich-Ungarn	11,2	3,3	3,6	18,5
1911	Frankreich	10,4	1,1	5,1	11,5
1912	Canada	5,4	0,9	5,6	2,2
1912	Vereinigte Staaten	20,8	4,9	20,6	11,4
1912/13	Argentinien	6,4	–	1,7	–
1911/12	Britisch-Indien	8,4	–	–	–

Ernte-jahr		Ernteerträgnisse pro Hektar (in dz = 100 kg)				
		Weizen	Roggen	Gerste	Hafer	Kartoffeln
1912	Deutschland	22,6	18,5	21,9	19,4	50,3
1912	Rußland	6,9	9,0	8,7	8,5	81,7
1912	Österreich-Ungarn	15,0	14,6	16,0	13,0	100,2
		12,7	11,6	13,9	10,4	84,4
1911	Frankreich	13,8	14,3	14,3	12,6	74,2
1912	Canada	13,7	12,0	16,7	15,0	115,8
1912	Vereinigte Staaten	10,7	10,6	16,0	13,4	76,2
1912/13	Argentinien	9,3	–	–	14,1	–
1911/12	Britisch-Indien	8,7	–	–	–	–

Quelle Karl Helffrich – *Deutschlands Volkswohlstand 1888–1913* Berlin, Stilke, 1913 S. 55

wählten relativen Vorteils anzuerkennen. In ihren Augen mußte die Logik der Macht die Logik des Marktes beherrschen.

Wie kam es, daß die Junker stark genug waren, den handelspolitischen und industriellen Interessen der deutschen Bourgeoisie den landwirtschaftlichen Protektionismus aufzuerlegen? Ihr Erfolg lag in der sich ungünstig entwickelnden Konjunktur begründet, die wir im vorangegangenen Kapitel behandelt haben. Als nach 1873 die Weltwirtschaft einen allgemeinen Abwärtstrend durchmachte, sah sich die deutsche Industrie, besonders die Kohle-, Eisen- und Stahlindustrie, die während der frühen 70er Jahre so sehr schnell gewachsen war, der großen Gefahr einer Überproduktion gegenüber. So waren die Industrien bereit, sehr energisch für den Protektionismus einzutreten. Ende der 70er Jahre begann die deutsche Landwirtschaft, die von alters her dem Freihandel huldigte, durch die billigen Importe aus dem Ausland Schaden zu nehmen. So kam es im Jahr 1879 zu Bismarcks protektionistischem Bündnis von »Roggen und Eisen«.

Wie bereits im zweiten Kapitel besprochen, hatte Bismarck gute Gründe für seine protektionistische Politik. In der Welle der Industrialisierung und des Wohlstands war das Reich entstanden. Die Legitimität des Neulings war mit der Frage verbunden, ob er den industriellen Wohlstand würde bewahren können. Die Krise war deshalb sowohl eine große politische als auch eine die Wirtschaft und Gesellschaft des Landes bedrohende Gefahr. Verfassungsmäßige und währungspolitische Grenzen machten die Manipulation des Handels durch Dumping und Schutzzoll zur höchst wirksamen, antizyklischen Politik. Hinsichtlich des »Roggens« hatte Bismarck – selbst ein Junker und Großgrundbesitzer – großes Verständnis für die wirtschaftlichen Interessen der Landwirtschaft und dachte nicht daran, den Landadel Preußens in seiner Bedeutung für die

Armee und den Staat zu unterschätzen. Auf alle Fälle war sein politischer Einfluß beachtlich. Begünstigt durch das Wahlrecht, behielten die Interessen der Landwirte ihre Vorrangstellung in dem alten preußischen Landtag und konnten so in Preußen, dem stärksten Staat in dem föderativen Reich, entsprechende Gesetze verhindern.

Neben den Standesinteressen lassen sich leicht noch geopolitische Argumente für den Protektionismus in der Landwirtschaft finden. Die Ängste der Deutschen vor einem Handelsdefizit bei den Nahrungsmitteln oder ganz allgemein waren nicht so sehr wirtschaftlicher als vielmehr politischer und militärischer Natur. Während die rein wirtschaftlichen Gesichtspunkte dafür sprachen, dem britischen Beispiel zu folgen, das Deutschland in eine immer größere Abhängigkeit von ausländischen Nahrungsmitteln gebracht hätte, hielt man Deutschlands geopolitische Position für eine völlig andere. Großbritannien war eine Insel mit einem riesigen Weltreich und einer die Meere beherrschenden Flotte. Deutschland hatte weder ein bedeutendes Weltreich noch, zumindest anfänglich, eine ähnlich starke Flotte. Bei der geographischen Lage Deutschlands war eine Blockade seines Welthandels recht einfach durchzuführen. Darüber hinaus sah sich Deutschland von zwei großen und zunehmend feindlich gesinnten Kontinentalmächten – Rußland und Frankreich – umgeben. Beide waren sie in größerem Umfang autark und hatten zudem noch andere Quellen: Rußland hatte in seinem Inneren riesige Rohstofflager, und Frankreich hatte einen sicheren Zugang zu fremden Lieferanten. Daher rührt die sehr einleuchtende Schlußfolgerung, die der deutschen Oberschicht so sehr entgegenkam: Deutschland würde seine Landwirtschaft schützen müssen und nach wirtschaftlicher Unabhängigkeit streben.

Abgesehen von diesen militärischen Argumenten war der deutsche Protektionismus in Landwirtschaft und Industrie nur der natürliche, nach außen gerichtete Ausdruck dessen, was die Entwicklung der deutschen Wirtschaft im Inneren des Landes kennzeichnete. Denn die Macht, selbstbewußt eingesetzt, spielte bei der Entwicklung der deutschen Industrie und des Handels eine große Rolle. Es war nicht allein die Tatsache, daß der Staat durch Zölle, Gesetze, Subventionen, technische Fachausbildung und ganz generell durch Vorschriften bei der Ausgestaltung der deutschen Wirtschaft eine bedeutendere Funktion übernahm als der britische Staat. Auch in der Geschäftswelt selbst trug die von der Großorganisation ausgehende Macht viel mehr zur Formung der Industrie und des Handels bei als in den stärker marktorientierten Staaten wie Großbritannien oder selbst Frankreich. Der Trend zu monopolistischen Großunternehmen war auch kennzeichnend für die Vereinigten Staaten, aber die amerikanische Regierung wirkte dem zumindest entgegen. Die deutsche Regierung förderte ihn statt dessen.

Demzufolge, so wird oft gesagt, hätten bei dem zwar verspäteten, jedoch spektakulären Aufstieg von Industrie und Handel in Deutschland einige der politischen und kulturellen Begleitmomente gefehlt, die anderenorts so weit verbreitet waren, besonders in Großbritannien. Nie hatten liberale Freihandels- und Marktwirtschaftsideale eine Chance, die politische Landschaft zu bestimmen. Das Kaiserreich Deutschland war »nach außen gewandt« aber nicht liberal. Die »Modernisierung« des Reiches kam zu einem späteren Zeitpunkt in der industriellen Entwicklung. Grob gesagt, kann man die deutsche Bourgeoisie nicht mit den selbstbewußten Unternehmern, Bastlern oder Händlern des britischen Kapitalismus gleichsetzen. Die Deutschen waren die »Organisatoren« eines späteren Kapitalismus. Ihre Fähigkeit, im großen Stil und rationell zu organisieren, war natürlich mit ein Grund für Deutschlands Wirtschaftswachstum und seine Erfolge im Ausland. Auch war sie nicht unschuldig an der Verstimmung und der Angst, die der Fortschritt des Landes bei den Nachbarn erzeugte.

In den Augen der Deutschen war die Konzentration keineswegs ein Fehler. Sie war untrennbar mit dem Fortschritt in Richtung auf eine rationellere Wirtschaft verbunden. Die großen Firmenzusammenschlüsse betrachtete man als zukunftsweisend – sie schienen der beste Weg, nicht nur die Konkurrenzfähigkeit im Ausland zu erhöhen, sondern auch um jene wirtschaftlichen Rückschläge zu vermeiden, die zu Kapitalverschwendung und zur Störung des sozialen und politischen Gefüges führten. Der britische Liberalismus war gekennzeichnet durch Aufschwünge mit nachfolgenden schweren Krisen. Dies jedoch war in den Augen der Deutschen eine primitive Form des Kapitalismus. Er bedeutete die Vergeudung von Kapital, verunsicherte die Mittelklasse und brachte den Armen wirtschaftliche Not. Das deutsche Modell war moderner und rationaler. Es rief bei vielen Briten und Amerikanern Bewunderung hervor.

In diesem Zusammenhang sollte das andere Hauptelement des Bismarckschen Protektionismus, jenes außergewöhnliche System der Sozialversicherung für Arbeiter, nicht übersehen werden. Auch hier wurde die politisch organisierte Macht dazu eingesetzt, das Umfeld der Wirtschaft zu kontrollieren. Staat und Gesellschaft sollten nicht ihre Opfer werden. Viele derjenigen, die den autokratischen und autoritären Charakter der deutschen Politik so betonen, vernachlässigen es allerdings, auch den von dieser Regierung wirklich erreichten Fortschritt in Richtung sozialer Sicherheit und Integration hervorzuheben, besonders im Vergleich mit dem »liberalen« Großbritannien. Die Grundschulbildung war bereits seit dem frühen 19. Jahrhundert nahezu in ganz Deutschland durchgesetzt worden. In Großbritannien hingegen ging 1860 höchstens die Hälfte der Kinder überhaupt zur Schule. Und es wäre falsch zu behaupten, Verbesserungen hinsichtlich der

Dauer und der Qualität der Schulbildung wären in den noch verbleibenden 40 Jahren des 19. Jahrhunderts sehr zügig vorangetrieben worden. Die Bedeutung, die solch elementare Schritte in der Politik und in der Haltung der Regierung auf die Mobilität und die Integration einer Gesellschaft haben, ist ebenso deutlich wie überwältigend. Auch erklären diese grundlegenden gesellschaftspolitischen Faktoren Deutschlands Überlegenheit bei der Schaffung perfekt durchorganisierter Großunternehmen.

Diese Feststellung führt uns zurück zu den am Anfang dieses Kapitels gestellten Fragen. Zeitgenössische liberale oder marxistische Untersuchungen neigen oft dazu, die Vorliebe des Kaiserlichen Deutschlands für Großindustrie und Merkantilismus als eine sonderbare, düstere Eigenschaft des deutschen Volkes zu sehen. Solch ein Urteil scheint mir jedoch zu schnell gefällt und auch nicht sehr ausgewogen. Deutschlands Wirtschaftswachstum stellte sich ja nicht im Textilzeitalter ein, sondern im Zeitalter der Stahlerzeugung und der neueren, auf der Wissenschaft basierenden Industrien wie Chemie, optische Industrie und Elektrizität. In diesen Industrien waren die industriellen Großunternehmen, die die stetig vorangehende Entwicklung und die Anwendung von Wissenschaft und Technik mit einschlossen, oftmals der Schlüssel zum Erfolg. Die Deutschen und die Amerikaner, bei denen die Industrialisierung später als in Großbritannien, Frankreich oder Belgien einsetzte, waren Wegbereiter dieser neuen Organisationsform. Diese erwies sich in den neuen Industrien in der Tat als wirkungsvoller als die stärker marktorientierten kleinen Firmen des Frühkapitalismus. Die übrigen, älteren Industrien konnten diese neue Art der Betriebsführung nicht übernehmen und fielen deshalb ab. In den neuen Industrien, in denen die anderen Staaten Erfolg hatten, wie beispielsweise die Briten in der chemischen Industrie, übernahm man dann eine Organisationsform, die der in

Deutschland und den Vereinigten Staaten ähnlich war. Jene Firmen, die auf ihren Märkten von leistungsstärkeren deutschen Firmen verdrängt wurden, konnten natürlich kaum mehr rentabel arbeiten. Die Prinzipien des liberalen Marktes boten zweifellos eine tröstliche Ideologie. Aber für die neuen Industrien mit ihren enormen Kapitalausgaben war der reine Markt, von dem Volkswirtschaftler träumen, ein unrealistisches und verschwenderisches System zur Steuerung von Angebot und Nachfrage.

Die große Krise beschleunigte natürlich den Trend zum Merkantilismus in Staat und Wirtschaft. Alle Staaten, jeder auf seine Art, begannen zunehmend in die Wirtschaft ihres Landes einzugreifen – durch Zölle und andere Handelsvorschriften sowie durch ihr imperialistisches Streben nach sicheren Märkten und Rohstoffquellen. Selbst die Briten, die zwar nach außen hin liberal blieben, gingen verstärkt dazu über, sich auf ihre privilegierten Überseemärkte zurückzuziehen.

Als man in der Welt verstärkt zu einem nach außen drängenden aggressiven Merkantilismus überging, wurde der Konkurrenzkampf immer härter. In einer Welt, deren Erwartungen auf ein niemals enden wollendes Wachstum durch eine lange Krise so sehr enttäuscht worden waren, durchdrangen darwinistische Gedanken geradezu unweigerlich die Grundeinstellung der Geschäftsleute, Politiker und der breiten Öffentlichkeit. Dadurch, daß die politische Macht einen so starken Einfluß auf die Wirtschaft nahm, mußte aus der wirtschaftlichen Konkurrenz geradezu unweigerlich ein Konflikt erwachsen. Zu behaupten, nur die Deutschen wären in dieser Hinsicht aggressiv gewesen, heißt wahrscheinlich nur, daß sie außergewöhnlich erfolgreich waren.

Die wirtschaftliche Entwicklung in Deutschland und der Erste Weltkrieg

In den letzten fünfzig Jahren waren Historiker und Volkswirtschaftler bemüht, eine direkte Beziehung zwischen der politischen und wirtschaftlichen Entwicklung in den Industrieländern und den Ursachen des Ersten Weltkrieges herzustellen. Diese Wissenschaftler können ganz grob in zwei große Gruppen unterteilt werden – solche, die die marxistische Ideologie vertraten, und die, die sich an Schumpeter orientierten. Die erste Gruppe machte ganz generell den Kapitalismus verantwortlich, die zweite sieht in Deutschland den Schuldigen.

Klassische Marxisten wie Lenin und Rosa Luxemburg begründeten ihre historischen Theorien über den imperialistischen Konflikt in erster Linie mit einer Darlegung der wirtschaftlichen Entwicklung in Deutschland vor dem Ersten Weltkrieg. In ihren Augen litten die von den Banken unbarmherzig zentralisierten kapitalistischen Wirtschaftssysteme an einem Überschuß an Produktionskapazität und Anlagekapital. Um einen Zusammenbruch zu vermeiden, verfolgten die Industriestaaten eine aggressive Außenpolitik zur Sicherung der nötigen Märkte und Investitionsmöglichkeiten.

Die Beziehungen dieser mächtigen und dynamischen, aber unbeständigen Volkswirtschaften untereinander wurden zunehmend darwinistisch. Ein Krieg zwischen ihnen war natürlich. Wie spätere wissenschaftliche Untersuchungen verstärkt betonen, waren die Rüstungsaufwendungen selbst ein wesentliches Mittel, die Überproduktion in Grenzen zu halten.

Obwohl Lenin und Rosa Luxemburg sich beide auf Deutschland konzentrierten, hielten sie ihre Theorien trotzdem für eine für alle fortgeschrittenen kapitalistischen Gesellschaften zutreffende Analyse. Ganz allgemein schiebt die marxistische Lehre die Schuld am Ersten Weltkrieg nicht so sehr auf Deutschland als vielmehr auf den Kapitalismus. Deutschland war erst spät entstanden, und so kamen seine imperialen Impulse erst zum Tragen, nachdem die anderen bereits die Rosinen aus dem Kuchen herausgepickt hatten.

Aber Deutschlands »Aggression« war nicht ärger als die, die zuvor den britischen und französischen Kapitalismus dazu gebracht hatte, in weite Teile der Welt einzudringen und sie oftmals auch noch zu annektieren. So war das Deutsche Problem wirklich nicht schlimmer als das britische oder französische.

Schumpeter und sein Gefolge entwickelten ein etwas selektives Verdammungsurteil. Schumpeter hat, wobei er ähnlich wie Veblen vorging, einen engen Zusammenhang gesehen zwischen Deutschlands aggressiver Außenpolitik und seiner eigentümlichen Verbindung von industrieller Modernisierung, autoritärer Politik und reaktionärer Gesellschaft. Demnach sind nicht so sehr die vorwärts drängenden Kapitalisten für das Deutsche Problem verantwortlich, sondern vielmehr die mit dem Rücken an der Wand kämpfenden Junker. Deutschlands späte wirtschaftliche Entwicklung rief bei seinen bürgerlichen Industriellen zwar wirtschaftliches Engagement, aber auch politische Zurückhaltung hervor. So beherrschte die feudalistische Junker-Elite auch weiterhin Deutschlands Gesellschaft und Politik. Aber die landwirtschaftliche Basis dieser herrschenden Klasse war im Dahinschwinden begriffen. Um ihre Auslöschung in einer sich modernisierenden Gesellschaft zu verhindern, setzten die Junker auf Krieg, von alters her ihre Spezialdisziplin. Sowohl in ihrem Militarismus als auch in ihrer demagogischen politischen Beeinflussung der Massen vereinten sie modernste Technik mit atavistischen Idealen. Die deutsche Aggressivität müsse somit nicht auf den aufkommenden Kapitalismus zurückgeführt werden, sondern auf das Fortbestehen einer absterbenden Klasse und ihrer Werte innerhalb einer sich modernisierenden Gesellschaft.

Die Theorie Schumpeters erhielt in dem während des Zweiten Weltkriegs geschriebenen Buch *»Bread and Democracy«* des Nationalökonomen Alexander Gerschenkron wirksame Unterstützung. Auch wurde sie in einigen neueren bedeutenden deutschen Interpretationen gebührend behandelt. Alle messen sie der ursprünglichen protektionistischen Koalition Bismarcks zwischen Schwerindustrie und Agrariern, die von Bülow in der Zollfrage in militanter Weise nochmals bestätigt wurde, große Bedeutung bei. Aus dieser Sicht waren die Schutzzölle das Hauptproblem, denn mit ihrer Hilfe versuchte eine reaktionäre Regierung, sich selbst und eine veraltete Gesellschaftsstruktur zu bewahren.

Als Ausgleich für Zugeständnisse hinsichtlich der Zölle an die übermäßig ausgedehnte Schwerindustrie schützten die Junker ihre wirtschaftliche Basis und behielten die politische und gesellschaftliche Vormachtstellung, die sie seit 1867 innehatten. Die Großkapitalisten waren wohl einverstanden mit dieser deutschen Version des viktorianischen Kompromisses, da die wirtschaftliche Macht der Industrie zunahm und die Interessen der Industriellen durch den direkten Kontakt zum Kaiser und zur Bürokratie geschützt waren. Wollten sie zur guten Gesellschaft gehören, konnten sie ohne Schwierigkeiten mit Hypotheken belasteten Grundbesitz erwerben. Damit wurden sie Grundbesitzer, man empfing sie bei Hofe, und ihre Söhne wurden Reserveoffiziere der Armee.

Eine etwas genauere Untersuchung zeigt natürlich, daß man die Bourgeoisie nicht als homogene Schicht sehen kann. Die erwachenden wirtschaftlichen Interessen ließen 1902 den antiprotektionistischen Hansabund entstehen; jüngere Industriezweige, wie die Elektroindustrie, neigten auch dazu, sich gegen die Zölle aufzulehnen. Aber die Rückkehr zu allgemeinem Wohlstand, so wird behauptet, hat selbst die Unzufriedenen versöhnt, einschließlich der Arbeiter, deren Reallöhne nun schnell stiegen. Zugegeben, die Sozialisten verachteten das Junkertum, und viele Liberale wünschten die Abschaffung des anachronistischen Wahlrechts in Preußen. Aber die liberale bürgerliche Meinung wandte sich überwiegend dem Imperialismus zu. Aufgestachelt von den Verbänden der Alldeutschen oder dem Flottenverein, wechselte der Mittelstand von seinen innenpolitischen Hoffnungen über zu einer militaristischen und aggressiven Einstellung in außenpolitischen Fragen. Auf jeden Fall war der Großteil des Mittelstandes, einschließlich der Intelligenz, von nationalem Stolz erfüllt; sie waren der »Junker-Armee« dankbar dafür, daß sie das Reich geeint hatte. Die Deutschen hielten ihr politisches, wirtschaftliches und gesellschaftliches System für das bessere, verglich man es mit denen Frankreichs, Großbritanniens oder Rußlands. So waren es allein die Sozialdemokraten, die sich energisch gegen den konservativen Block und seine Politik stellten. Und selbst die Sozialisten wurden durch die ständig steigenden Löhne und durch ihre zunehmende Stärke im Reichstag zufriedengestellt.

Nach der Theorie Schumpeters hat diese dauerhafte konservative Koalition das Kaiserreich Deutschland immer unbeständiger werden lassen. Sie verweigerte den Arbeitern einen bedeutungsvollen Platz in Gesellschaft und Politik und verhinderte die Entstehung einer Gesellschaft ohne Klassenschranken. Rechtzeitige verfassungsmäßige Reformen blieben aus, und so wurde das politische System gefährlich verkrustet.

Auf internationaler Ebene sollen die Auswirkungen sogar noch schlimmer gewesen sein. Der Protektionismus in der Landwirtschaft verschlechterte die Beziehungen zu Rußland und stärkte so die russisch-französische Entente.

Industriezölle und Dumping führten zur Entfremdung Großbritanniens. Die Vormachtstellung der Junker in Politik und Gesellschaft nährte darüber hinaus die Antipathie gegenüber dem Fortschritt in der Industrie. Angesichts des Bündnisses aus Junkern und Schwerindustrie lenkte man die Industrie von ihrem innenpolitischen Ziel ab und erzeugte in ihren Reihen eine nach außen gerichtete starke ideologische Feindseligkeit den Briten gegenüber. In den Augen der Junker verkörperten die Briten alle Laster der Industrie und die Deutschen alle Tugenden der Landwirtschaft. Demzufolge, so wird behauptet, vergiftete eine unechte ideologische Einstellung die englisch-deutschen Beziehungen und ließ eine Einigung der beiden Industrieriesen um so unwahrscheinlicher werden. Kurzum, Deutschlands diplomatische Isolierung lag in seiner Innenpolitik begründet.

Die Lehre Schumpeters und der Erste Weltkrieg

Beschäftigt man sich mit der Theorie Schumpeters, erhält man einen guten Einblick in das Kaiserreich Deutschland, selbst wenn er die »Hegemonie« der Junker zu stark betont. Als Erklärung für den Ersten Weltkrieg setzt sie allerdings einen logischen Schritt voraus, der den innenpolitischen Konflikt in eine Beziehung zu dem außenpolitischen setzt. Dieser Schritt ist aber nicht überzeugend. Es genügt nicht, all die Widersprüche, Spannungen und Vernunftwidrigkeiten der deutschen Volkswirtschaft aufzuzeigen, um eine überzeugende Beziehung zwischen ihnen und Deutschlands Verwicklung in den Krieg herzustellen. Es reicht auch nicht aufzuzeigen, wie sehr die innenpolitischen Gegensätze zu Reibereien mit fremden Mächten führten. Die Möglichkeit einer Verbindung der innenpolitischen zu den außenpolitischen Konflikten ist natürlich gegeben. Schon seit Plato ist die These, nach der eine Gesellschaft, die mit sich selbst nicht ins reine kommt, nur sehr selten mit ihren Nachbarn in Frieden leben kann, ein Gemeinplatz der politischen Philosophie. Auf der anderen Seite gibt es im Leben der modernen Nationalstaaten nur wenige Augenblicke, in denen es nicht leichtfallen würde, fundamentale Konflikte innerhalb ihrer gesellschaftlichen und politischen Systeme zu finden. Zweifellos sind viele dieser inneren Spannungen in außenpolitische Konflikte umgesetzt worden. Aber die internationale Politik, ebenso wie die Innenpolitik, ist nahezu jede Zeit voll von aktuellen und potentiellen Konflikten. Was bringt diese Konflikte plötzlich dazu, die geballte Gewalt des Krieges auszulösen? Eine Untersuchung der innenpolitischen Gründe für Spannungen – wenn man sie für das Verständnis der internationalen Konflikte für notwendig erachten sollte – ist aber auch unzureichend.

Es scheint nützlich, an dieser Stelle noch einmal die im letzten Kapitel untersuchten Ursachen des Ersten Weltkrieges heranzuziehen. Ob bewußt oder unbewußt, es war Großbritannien, mehr als jede andere Macht, das den Krieg in einen allgemeinen Krieg verwandelt hatte. Das soll nicht heißen, Großbritannien hätte den Krieg verursacht oder hätte so, wie es gehandelt hat, falsch reagiert; es soll nur deutlich machen, daß Großbritannien, dessen Gewicht für die eine oder die andere Seite gemeinhin als entscheidend angesehen wurde, nicht seine traditionelle Rolle als objektiver Bewahrer des Gleichgewichts und des Friedens gespielt hat. Dadurch, daß es sich so lange aus allem herausgehalten hatte, verlor es seine abschreckende Wirkung auf Deutschland und die anderen. Und als es sich schließlich doch noch einschaltete, verbaute es Deutschland dic Möglichkeit, in einem lokalen Krieg auf dem Kontinent einen schnellen Sieg zu erringen. Der Grund für dieses Verhalten der Briten wäre natürlich ein fruchtbarer, wenn auch unsicherer Boden für zukünftige historische Untersuchungen und Interpretationen. Was auch immer eine solche Untersuchung bringen könnte, sie würde nicht zeigen, daß die britisch-deutsche Rivalität, die Differenzen und der gegenseitige Haß auf die britische Entscheidung keinen Einfluß hatten. Die Gründe für die Reibungen zwischen Großbritannien und Deutschland waren offenbar sehr komplex – kulturell, geopolitisch und wirtschaftlich. Aber der wirtschaftliche Konkurrenzkampf spielte sicherlich eine bedeutende Rolle. Die Deutschen waren sehr geschickt und mit großem Erfolg in die britischen Märkte in der ganzen Welt eingedrungen. Darüber hinaus bedrohten sie nicht nur Großbritanniens Stellung in der Welt, sie bauten auch noch eine Flotte mit dem erklärten Ziel, Großbritanniens Vorherrschaft zur See zu bedrohen.

Bei den vielen Dingen, die Großbritannien am Deutschen Reich ärgerten, kann der Protektionismus in der Landwirtschaft nur eine untergeordnete Rolle gespielt haben. Aus wirtschaftlicher Sicht waren die Briten nicht über die Getreidezölle der Deutschen erbost, sondern über den Protektionismus der Industrie zu Hause und das aggressive Dumping im Ausland. Die bedrängten Junker waren nicht die Urheber dieser Politik, auch waren sie nicht die treibende Kraft beim Bau der deutschen Flotte. Kurzum, es waren nicht die »absterbenden« adligen Junker, die jene Politik betrieben, die die Feindschaft zwischen Briten und Deutschen schürte, sondern die vorwärtsstrebenden Vertreter der neuen Ordnung – die Industriellen und die bürgerlichen Nationalliberalen. Diese »modernistischen« Gruppen kann man kaum als jene passiven Beobachter der deutschen Politik bezeichnen, wie sie die Analyse Schumpeters sieht. Auch wenn der weiterhin anhaltende politische und kulturelle Einfluß der Landwirte das Wilhelminische Deutschland sehr stark kennzeichnete, verlagerte sich die Macht nun ganz deutlich in Richtung der neuen industriellen Klassen. Die Amtszeit Caprivis macht es deutlich: die adelige landwirtschaftliche Oberschicht hatte das Sagen verloren.

Die Politik des Kaiserreiches: Ein Überblick

Wenn etwas die deutsch-britische Feindschaft schürte, war es der Bau der deutschen Schlachtflotte. Wer war dafür verantwortlich? Eine recht ausführliche Analyse der Kräfte, die sich vereinten, um die Flottengesetze von 1898 und 1900 durchzusetzen, ist Eckart Kehrs Untersuchung *»Schlachtflottenbau und Parteipolitik 1894–1901«*. Kehrs Untersuchung bietet eine Reihe von allgemeinen Punkten, die an dieser Stelle unserer Untersuchung recht interessant sind.

Erstens, der Drang, eine Flotte bauen zu wollen, kam nicht aus den Reihen der Junker. Weder die Landwirte, die die Steuern fürchteten, noch das Militär, das hinsichtlich der staatlichen Zuwendungen in der Flotte eine Konkurrenz zur Armee sah und das um sein Prestige bangte, waren ihr überhaupt wohlwollend gesinnt. Innerhalb der Regierung war es der Kaiser selbst, der den Flottenbau am energischsten vorantrieb. Er hielt ihn für ein wesentliches Attribut für Deutschlands Zukunft als »Weltmacht«. Untrennbar verbunden mit der Vorstellung des Kaisers, Deutschland sei eine Weltmacht, die mit Großbritannien konkurrierte, war die Zustimmung zur Umwandlung des Landes von einem Agrarstaat in eine moderne Industrienation. Des Kaisers Meinung wurde vom Volk geteilt. Von Anfang an sah man im Bau der Flotte einen Teil jener imperialistischen Weltpolitik, die ihre Rechtfertigung durch das Gebot der wirtschaftlichen Expansion erhielt. Kurzum, die Marine vertrat recht leninistische Ansichten: Krieg und Industrialisierung sah man untrennbar miteinander verbunden.

Die adelige Armee sah im Krieg jedoch nach wie vor einen ritterlichen Kampf der Mächtigen, der, wenn überhaupt, nur im Hintergrund von wirtschaftlichen Motiven geleitet wurde. Für sie war nicht Großbritannien der Feind, sondern Rußland und Frankreich.

Der erste Mitarbeiter, unter dem die Flottenziele des Kaisers Gestalt annahmen und der sie unterstützte, war Admiral von Tirpitz. Dieser Mann war kein Junker, sondern ein politisch talentierter Technokrat aus dem Mittelstand. Tirpitz erstellte und realisierte nicht nur einen umfassenden Plan zum ehrgeizigen Aufbau der Flotte; er organisierte darüber hinaus eine große Werbekampagne in der Presse, an den Universitäten und in den Massenmedien des Mittelstandes ganz allgemein. Außerhalb der Regierung wurde die Marine am stärksten von der Großindustrie unterstützt, und hier besonders von Krupp. Die Protektion der Industrie unterstützte einen riesigen Interessenverband, den Deutschen Flottenverein.

Die Industrie war der Flotte überaus wohlwollend gesinnt. Sie war sowohl an den aus dem Bau und die Unterhaltung der Flotte zu erzielenden Gewinnen interessiert als auch voller Zuversicht hinsichtlich ihrer Nützlichkeit für die Weltmachtansprüche. Die Firma Krupp, deren Aufstieg hauptsächlich auf Regierungsaufträgen beruhte, hatte gewinnorientierte Motive, so auch die anderen am Flottenbau beteiligten Kreise der Stahlindustrie, des Schiffsbaus, des Bergbaus und der chemischen Industrie. Aber die Begeisterung für die Flotte war keineswegs auf die Schwerindustrie beschränkt. Die neueren Industrien, wie Emil Rathenaus AEG, waren trotz ihrer Ablehnung der von der Schwerindustrie geförderten Schutzzölle ebenfalls begeisterte Anhänger der Flotte. Zu ihren überzeugtesten Anhängern gehörten auch die in den alten Hansestädten ansässigen deutschen Handelsfirmen. In der Geschäftswelt scheinen nur die Banken zurückhaltender gewesen zu sein, wenn auch ihre Begeisterung mit der zur Finanzierung der Kriegsflotte praktizierten Ausgabe von Schuldverschreibungen stieg.

Kurzum, von allen größeren nationalen Interessengruppen, die Arbeiter ausgenommen, waren nur die Agrarier gegen die Flotte. Am Ende allerdings machten auch sie mit. Kehrs Erklärung zeigt ihre mißliche Lage und ihre Schwäche. Die adelige Landwirtschaft fing an, Interessenverbände zu gründen, und betrieb Parteipolitik, um sich vor den billigen Getreideimporten aus Rußland und den Vereinigten Staaten zu schützen. Um überleben zu können, wollten die bedrängten Junker eine Politik der Autarkie in der Landwirtschaft, eine Politik, die aber Konflikt mit Rußland bedeutete. Diese Mobilisierung der Landwirtschaft wurde von Caprivis Freihandelspolitik beschleunigt. Durch sie hoffte er, günstige und zahlreiche Märkte für Deutschlands Industrie zu schaffen. Ganz wie ein guter preußischer Liberaler glaubte Caprivi offenkundig, der Freihandel würde zu internationaler Eintracht führen. Und ganz wie ein guter preußischer General beschäftigte ihn die drohende Gefahr eines Zweifrontenkrieges. Deutschland würde keine große Flotte brauchen; das zumindest hoffte Caprivi. Großbritannien würde Deutschlands lebenswichtige Importe schützen.

Was auch immer ihre Vorzüge gewesen sein mögen, Caprivis Freihandelsstrategie war ein Fluch für die Agrarier. Folgerichtig verlangte die Politik der Junker, die die Russen zu Feinden werden ließ, nach einem Bündnis mit Großbritannien. Im Interesse der Klasse, so behauptet Kehr, hätten die Agrarier auf eine Allianz zwischen ihnen und den Briten drängen müssen, eine Allianz gegen die deutsche Industrie. Denn die eigentlichen Konkurrenten der Junker um die Vorherrschaft in Deutschland waren die Industriellen. Ihre Vorherrschaft konnten die Junker nur aufrechterhalten, wenn sie die industrielle Entwicklung in

Deutschland würden bremsen können. Eine derartige Politik war jedoch unmöglich; nicht wegen der Opposition, die sie bei der Industrie hervorgerufen hätte, sondern auch weil sie einen grundlegenden Widerspruch – selbst aus der Sicht der Junker – in sich barg. Ein protektionistisches Deutschland, das auch weiterhin ein Agrarland blieb, hätte niemals eine moderne Armee unterhalten können, die Frankreich und Rußland gewachsen gewesen wäre. Hätten es die Junker gewagt, eine solche gegen die Industrie gerichtete Politik zu betreiben, dann hätten sie ihre fundamentalen Klasseninteressen in einer Art festgelegt, die sie in Opposition nicht nur zu den klaren Zielen der Nation ganz allgemein gebracht hätte, sondern auch zu denen der preußischen Armee – ihrer eigenen Schöpfung und ihrer Rechtfertigung. Um eine derartig gefährdete und widersprüchliche Position zu vermeiden, waren die Junker gezwungen, mit der aufstrebenden Bourgeoisie Kompromisse einzugehen. Dieser Kompromiß fand seinen Niederschlag in Bismarcks protektionistischer Koalition und in Miquels Sammlungspolitik.

Kehr schreibt dazu: »Um die Gewährung der Getreidezölle, die den wirtschaftspolitischen Gegensatz gegen Rußland bedeuteten, waren sie bereit, den Konkurrenzkampf der Industrie mit England zu unterstützen. Auch der tiefe Dualismus der deutschen Außenpolitik von 1914, die sowohl England wie Rußland als Gegner hatte, hat seine innenpolitische Basierung in der Miquelschen Sammlungspolitik. Dieser Ausgleich der Interessen der kämpfenden Klassen beruhte innenpolitisch darauf, daß die Agrarier der Industrie die Flotte bewilligten, die Industrie den Agrariern die Zölle und beide gemeinsam das Proletariat von der Eroberung der Staatsmacht abhielten. Das außenpolitische Korrelat der Sammlungspolitik war die Durchführung der Antirußlandpolitik der Landwirtschaft unter Aufgabe ihrer Englandfreundschaft und die Durchführung des

Konkurrenzkampfes von Industrie und Handel mit England unter gleichzeitiger endgültiger Überlassung von Rußland an das französische Kapital als Ausbeutungsobjekt und dem endgültigen Verzicht auf die Durchführung liberaler Tendenzen im Innern.«[3])

Für die Agrarier war die Lösung ganz und gar nicht so ideal. Obwohl sie ihre Höfe schützte, förderte sie gleichzeitig die Überlegenheit der Industrie. Aber die Junker hatten keine andere Wahl. Kehr sieht es folgendermaßen: »Die Konservativen bewilligten die Flotte nicht, weil sie sie liebten, sondern weil sie sie fürchteten; nicht weil sie mit ihrer Tendenz einverstanden waren, sondern weil sie im Falle ihrer Opposition die Verschärfung dieser selben Tendenzen besorgen mußten. Jener Hang des Aristokraten, von dem Ranke einmal spricht, den Despotismus ausüben zu helfen, nur damit er ihn nicht selber erführe, dieses negative Motiv konservativer Machtpolitik im Innern fand seine außenpolitische Parallele in dem zögernden und peinlich vorsichtigen Eingehen der konservativen Parteien auf die Weltpolitik.«[4])

Machten sie nicht mit, mußten sie eine Allianz fürchten, die sie ausschloß.

Kehrs eingehende Analyse der Parlamentspolitik zum Bau der Flotte gibt einen äußerst aufschlußreichen und glaubwürdigen Einblick in das politische System des Kaiserreiches. Dieses System war pluralistisch und wandelte sich laufend, ganz so, wie man es von einer in sich so verschiedenen und sich so schnell entwickelnden Gesellschaft erwartet. Die Junker waren keine alles beherrschende Klasse, sondern ein in Not geratener und übermäßig ausgedehnter Interessenverband; er hatte zwar kein Initiativ-

3) Eckart Kehr, *Schlachtflottenbau und Parteipolitik 1894–1901* (1930) Berlin – Ebering, Seite 262–263
4) Ibid., Seite 329–330

recht, aber ein bedingtes Vetorecht, zumindest solange das preußische Wahlrecht nicht reformiert worden war. Mit Hilfe der ihnen von früher gebliebenen Vorrechte wollten sie Zugeständnisse erzielen, um ihren Abstieg in Grenzen zu halten. Die Industrieriesen wurden zur herrschenden Macht in der deutschen Gesellschaft. Obwohl im Reichstag quantitativ und qualitativ unterrepräsentiert, war die deutsche Industrie dennoch in der Lage, dem Staat ihre Wünsche sehr eindringlich klarzumachen. Der Kaiser selbst und die technokratische Oberschicht der zivilen Verwaltung waren sehr empfänglich für die Nöte und Forderungen der Industrie. Die Marine war, wie Kehr deutlich macht, selbstbewußt und glaubte von sich selbst, sie sei die notwendige Waffe des Kaiserreichs zur Entwicklung der Industrie und des Handels. Es war dieses imperialistische Bewußtsein der Industrie, das in Großbritannien Deutschlands Feind Nummer eins sah. Im Gegensatz dazu sahen die Junker und das Militär in Rußland und Frankreich ihre Hauptfeinde und in Großbritannien ihren traditionellen Verbündeten. Wäre es nach ihnen gegangen, so meint Kehr, hätten die Junker ihre Landwirtschaft geschützt und die Industrialisierung des Landes gedrosselt.

Was bleibt denn dann noch von der These Schumpeters? Wenn die Junker nicht die Baumeister der antibritischen Weltpolitik waren, haben sie – so könnte man dann aber sagen – bei der Gestaltung dieser Weltpolitik eine bedeutende Rolle gespielt. Zunächst einmal ist es sicher richtig zu behaupten, daß die Agrarier zumindest das Gleichgewicht zwischen den konkurrierenden Industriezweigen bewahrt haben. Dank der Agrarier kippte die Regierungspolitik um und gab den von der Schwerindustrie geforderten Industriezöllen nach, anstatt der liberalen, von den neueren Industrien – z. B. von AEG und Siemens – vertretenen Politik, die im Reichstag von der Fortschrittspartei vertreten wurde. Aber wenn auch eine dem Ausland gegenüber und vielleicht auch im Inland praktizierte liberalere Koalition ein Übereinkommen mit den Sozialdemokraten leichter gemacht hätte, so darf man nicht übersehen, daß Siemens und Rathenau auch nicht weniger imperialistisch und britenfeindlich eingestellt waren als Krupp. Alle unterstützten sie die Flotte. Tatsächlich dienten diese beiden riesigen Elektrofirmen Clapham als Beispiel für die merkantilistischen und aggressiven internationalen Firmen, die für die deutsche Industrie und den deutschen Welthandel so typisch seien. Kurzum, selbst wenn die Agrarier eine Form der Industrie der anderen vorzogen, waren sie kaum verantwortlich für Deutschlands Drang nach draußen und somit für die Rivalität mit Großbritannien.

Die Agrarier haben natürlich entscheidend dazu beigetragen, daß die Feindseligkeit mit Rußland geschürt wurde. Ohne die Landwirtschaftszölle hätten die Industrienation Deutschland und das Agrarland Rußland sehr gut natürliche Verbündete werden können. Aber als die Russen Anfang des 20. Jahrhunderts begannen, ihr Land im großen Stil zu industrialisieren, war eine derartige Beziehung zwischen diesen beiden Staaten nur mehr schwer möglich.

Es ist daher schwierig, sich von der recht traditionellen leninistischen Anschauung freizumachen, das internationale Problem des Kaiserreichs Deutschland sei weniger aus seinen »feudalistischen« Überbleibseln entsprungen als aus dem Zeitpunkt seiner Entwicklung in einen kapitalistischen Staat. Das Problem der Deutschen lag in ihrer erst spät erwachenden Stärke. In der Zeit ihres schnellen Wachstums unterschieden sich die Deutschen ganz und gar nicht von den anderen westlichen Staaten, besonders nicht von den Briten oder den Amerikanern. Zugegeben, Preußen war vernarrt in seine Junker-Armee, aber war das liberale Britannia denn weniger intensiv mit seiner Flotte beschäftigt? Oder wurde auch sie erworben in einem Anfall geistiger Umnachtung? Und was war mit dem riesigen stehenden Heer, das nun in Indien entstand? Auch wenn die Deutschen nicht aggressiver waren als die Engländer, hatten sie mit Sicherheit doch weniger Glück. Anders als die Briten fanden sie keine leere Welt vor, und anders als die Amerikaner hatten sie kein eigenes großes kontinentales Hinterland. Derartig eingeengt, wie es die Deutschen waren, ging ihr Aufstieg zu rasch für das internationale System der Staaten, um sich ohne einen großen Krieg damit zu arrangieren. Aber es fällt schwer, die Verantwortung für den Krieg allein den Deutschen zuzuschieben, und es ist noch schwieriger, sie den besonderen wirtschaftlichen und politischen Interessen der deutschen Landwirtschaft anzulasten.

Es gibt natürlich eine subtilere Version der These Schumpeters. Deutschlands Problem, so sagt man, entsprang nicht so sehr dem Übergewicht der Interessen der Junker als vielmehr den Werten der Junker. Daher der arrogante, machthungrige Materialismus, der das Kaiserliche Deutschland kennzeichnete. Sicher, der preußische Offizier war ein großes Ideal, ein Vorbild für den deutschen Herren. Aber wer war dieses Ideal? Um dem alten Deutschland gerecht zu werden, war das Vorbild weniger der prahlende, brutale Kerl aus schlechten Filmen, sondern eher der tapfere, pflichtbewußte, disziplinierte, höfliche, christliche Edelmann der mittelalterlichen Tradition – der Joachim Ziemssen aus dem *»Zauberberg«*. Kann man die Vorliebe der Deutschen für Macht wirklich dieser Tradition anlasten? Dies ist ein weites und schwer zu erfassendes Thema; wir werden in Kapitel sechs noch einmal darauf eingehen.

5. Kapitel

Hitler und das Deutsche Problem

Wie deutsch war Hitler?

Zu keinem Zeitpunkt in der deutschen Geschichte ist es wichtiger und schwieriger, die Frage nach der Kontinuität zu beantworten, als für die Zeit der nationalsozialistischen Herrschaft. Sicher, einige Menschen sehen in Hitler eine einmalige und schreckliche Verirrung – nicht kennzeichnend für den Lauf der deutschen Geschichte, sondern für außergewöhnliche Umstände und böse Dämonen. Viele andere jedoch sehen in Hitler die letztendliche Manifestierung des Deutschen Problems. Mit Sicherheit konnte kein Regime Aggressivität nach außen und Totalitarismus im Innern deutlicher demonstrieren.

So wie die meisten Phänomene in der Geschichte zeigte auch das Hitlerregime viele Züge der Kontinuität mit der Vergangenheit. Die Verbindung scheint besonders deutlich in der Außenpolitik. In seiner geopolitischen Analyse ähnelte Hitler nicht nur den Annexionisten wie beispielsweise Ludendorff, sondern auch Bethmann-Hollweg und Rathenau. Alle sorgten sie sich um das, was sie als Deutschlands prekäre Position in der entstehenden Welt der Supermächte sahen. Hitlers Schriften und Gespräche geben sein fortwährendes Grübeln über Deutschlands historisch mißliche Lage und die verschiedenen Lösungsmöglichkeiten hierzu wieder. In *»Mein Kampf«* und in seinen späteren Schriften legt Hitler mit außergewöhnlicher Genauigkeit die großdeutsche und die kleindeutsche Lösung dar – ihre Vorteile, Kosten und ihre Vorbedingungen. Diese geopolitischen Vorstellungen begleiteten ihn durch alle Höhen und Tiefen seiner meteorhaften Karriere hindurch, und sie haben sich bis zu dem Augenblick, in dem er sein Testament im Jahr 1945 diktierte, erstaunlich wenig geändert. Seine historische Mission hieß, wie er sie sah, die Lösung des deutschen geopolitischen Problems zu finden, ungeachtet dessen, was es andere Länder oder die Deutschen seiner Generation kosten würde.

Was es auch sonst noch für Ähnlichkeiten geben mag, Hitler setzte sich von seinen Vorgängern im Reich sehr deutlich insofern ab, daß er der Rassenfrage eine entscheidende geopolitische Bedeutung beimaß. Hitlers Rassenpolitik bedeutete nicht nur Antisemitismus, sondern hatte auch einen systematischen Plan zum Ziele, die Bevölkerung weiter, im Osten angrenzender Gebiete auszurotten und zu ersetzen. Die germanische Rasse sollte ein Deutschland bevölkern, das sich von den Niederlanden bis zu dem Ural erstreckte. Andere hatten einen großen Einflußbereich des deutschen Volkes in Europa für eine geopolitische Notwendigkeit gehalten. Aber kein politisch Verantwortlicher hatte bisher ernsthaft daran gedacht, die Nation der Deutschen dadurch auszudehnen, daß er ganz Osteuropa entvölkerte und dann wieder neu bevölkerte. Offensichtlich hatten diese rassistischen Gedanken einen großen Einfluß auf Hitlers Analyse des Deutschen Problems, seine Lösungsvorschläge und auf ihre Annehmbarkeit in der ganzen Welt.

Es ist verlockend, jedoch historisch unzulässig, Hitlers Rassenpolitik und seine geopolitische Analyse voneinander zu trennen. Als Geopolitiker, so könnte man sagen, war Hitler ein Deutscher. Als Rassist war er ein Österreicher mit den seltsamen Vorurteilen der kleinbürgerlichen deutschsprachigen Minderheit der Doppelmonarchie. Aus einer solchen Unterscheidung läßt sich leicht eine Reihe interessanter Spekulationen ableiten: Wäre Hitler mehr deutsch und weniger österreichisch gewesen, hätte die Rasse keine Rolle gespielt. Demzufolge könnte man sagen: Man kann die Deutschen nicht wirklich für die Grausamkeit des Hitlerschen Rassismus verantwortlich machen. Und subtiler: Ohne den Rassismus hätte die Hegemonie Deutschlands in Europa vielleicht aufrechterhalten werden können. Somit wären die Deutschen nicht einmal für Hitlers Versagen verantwortlich. Wir werden auf diese spekulativen Thesen zurückkommen können, sobald wir Hitlers Anschauungen und seine Politik genauer untersucht haben.

Grundlegende geopolitische Vorstellungen

Hitlers Analyse des Deutschen Problems lag eine ausgesprochen bewußt philosophische Weltanschauung zugrunde. Seine politische Philosophie spiegelte den Darwinismus wider, der bei den meisten geopolitischen Schriftstellern zu finden ist. Geschichte war der Kampf der Völker, ein mehr oder weniger unumgänglicher Konkurrenzkampf. Um existieren und aufblühen zu können, brauchte ein Volk genügend Land, das eine ausreichende Ernährung sicherte. So war es Aufgabe der Außenpolitik, den entsprechenden Lebensraum zu besetzen und zu halten. Um hier Erfolg zu haben, mußte ein Volk sich innerhalb eines Staates organisieren, der fähig war, die gemeinsame Stärke zu mobilisieren und in die gewünschten Bahnen zu lenken. Die Stärke eines Volkes lag in einer Verbindung aus »Persönlichkeitswert« – der Fähigkeit zu führen – und »Rassenwert« – den genetischen Anlagen seiner Massen. Hitlers Rassenvorstellungen waren Teil seiner allgemeinen politischen Philosophie. Das »Mischen«, so glaubte er, minderte normalerweise den Rassenwert eines Volkes. Vielvölkerstaaten, die wie sein Geburtsland Österreich-Ungarn den

Umfang eines Reiches und eine kosmopolitische Führungsschicht hatten, waren ihm deshalb verhaßt. Seiner Meinung nach sollten die Staaten national bleiben. Doch die Nationalität war in erster Linie eine Frage des Erbgutes und konnte deshalb nicht ohne weiteres ausgedehnt werden. Ein weiterer, seiner Meinung nach zur Stärke eines Volkes beitragender Wesenszug, der »Persönlichkeitswert«, verlangte ein politisches System, das Macht entwikkelte und sie an außergewöhnlich begabte Männer weitergab, im Unterschied zur Demokratie, die vor überdurchschnittlichen Führern zurückschreckt und das Volk in streitende Interessengruppen spaltet. Kurzum, um eine erfolgreiche Außenpolitik betreiben und so in der Geschichte aufblühen zu können, brauchte ein Volk Einigkeit in einem autoritären Nationalstaat.

In Hitlers Augen hatten die Deutschen trotz ihres außergewöhnlichen Rassenwertes in der Geschichte versagt. Das Versagen war zugleich außenpolitisch und innenpolitisch. Aufgrund eines unzulänglichen politischen Systems war es Deutschland nicht gelungen, den für eine schnell wachsende Bevölkerung unbedingt notwendigen Lebensraum zu gewinnen. Die Zeit wurde knapp. Dem Niedergang Einhalt zu gebieten und ihn in einen Aufstieg zu verwandeln, wurde Hitlers verzweifelte Aufgabe.

Hitler sah fünf Optionen, Deutschlands Mangel an Lebensraum entgegenzutreten. Die ersten beiden hießen die Beschränkung der Bevölkerungszahl, entweder durch Geburtenkontrolle oder durch Auswanderung. Beide Wahlmöglichkeiten waren jedoch gefährlich, so glaubte er, da sie den Rassenwert der Bevölkerung unerbittlich minderten. Geburtenkontrolle bedeutete weniger, aber besser ernährte Kinder, wohingegen genetische Gesundheit mehr Kinder verlangte, die allerdings einer unbarmherzigen Auslese unterworfen werden mußten. Auswanderung bedeutete in seinen Augen das Weggehen der Tapfersten und

Mutigsten und damit eine Bereicherung der anderen Völker durch die Blüte der deutschen Rasse.

Die dritte Option hieß »Kolonisation im Innern« – eine intensivere und wissenschaftlichere Nutzung des gegebenen Landes. Solche Verfahren sollten natürlich unterstützt werden, so meinte er, aber ihre Resultate würden zu begrenzt sein, um das Problem an sich zu lösen. Gleichzeitig drohten überhöhte Erwartungen an die Technik, den Willen der Nation zu untergraben, sich härteren, aber mehr Erfolg versprechenden Alternativen zu stellen.

Hitlers vierte Option verlangte nach einer Umwandlung eines gebietsmäßig begrenzten Staates in eine Exportmaschine. Das war in der Tat Hitlers Definition einer kleindeutschen Politik bzw. Weltpolitik. Überschüssige Waren würden gegen Nahrungsmittel eingetauscht, die man zu Hause nicht anbauen konnte. Die Briten hatten diesen Weg im frühen 19. Jahrhundert eingeschlagen, sagte Hitler, und das kaiserliche oder »bürgerlich-nationalistische« Deutschland hatte es unklugerweise vorgezogen, es den Briten gleichzutun. Hitler erklärte, er lehne ein derartiges schnelles industrielles Wachstum und eine rasche Verstädterung ab, besonders dann, wenn das nicht durch eine gesunde Landbevölkerung und eine für die Selbstversorgung angemessene landwirtschaftliche Produktion aufgewogen werden könne. Eine solche Lage war nicht nur ungesund für die Lebenskraft der Rasse, so behauptete er, sondern bedeute auch eine Gefahr für die nationale Sicherheit. Denn hatte man, anders als die Briten, keine Mittel, angemessene Märkte und Rohstoffquellen zu kontrollieren und zu verteidigen, begab sich eine Nation in eine gefährliche Abhängigkeit vom Wohlwollen der anderen. Darüber hinaus glaubten viele Staaten, bald von ihrem Exportüberschuß leben zu können. Ein verschärfter Streit um Märkte und Lieferungen wäre deshalb kaum zu verhindern. Und es wäre recht naiv anzunehmen, so sagte Hitler, solche wirtschaftlichen Konflikte würden friedlich bleiben. Bedrohte der außenpolitische Konkurrenzkampf erst einmal das Wohlergehen einer Nation, würde diese die militärische Macht einsetzen, um das schlecht verlaufende wirtschaftliche Spiel umzudrehen. Der Erste Weltkrieg habe gezeigt, wie schlecht Deutschland beraten war, Großbritannien als wirtschaftliche Weltmacht herauszufordern. Darüber hinaus könne kein europäisches Land von der Zukunft erwarten, mit seinen Exporten gegen die amerikanische Industrie zu bestehen, die ihre Stärke aus einem großen Binnenmarkt zöge.

Hitlers Argumente führten unweigerlich zu seiner fünften Lösungsmöglichkeit: territoriale Expansion – nicht in ferne Teile der Welt, sondern in an Deutschland angrenzende Gebiete. Das deutsche Volk sollte nicht auf den ganzen Globus verteilt werden, sondern zusammengehalten werden und ausreichend Raum haben, um wachsen zu können. Es mußte diesen Raum durch die Unterwerfung der Nachbarvölker erhalten, um sich auf ihrem Land niederzulassen. Die Deutschen und andere deutschstämmige Völker sollten nach gründlicher Umerziehung den Raum kolonialisieren, der zuvor von den Slawen und anderen als minderwertig angesehenen Rassen gesäubert worden wäre.

Hitler glaubte, daß sowohl die Verfolgung der weltpolitischen als auch die der kontinentalpolitischen Optionen Krieg bedeute. Seine kontinentalpolitische Option bedeutete natürlich Krieg mit Rußland. Und die weltpolitische Option hieß für ihn früher oder später Krieg mit Großbritannien und den Vereinigten Staaten.

Versäumnisse des Kaiserlichen Deutschland

Hitler urteilte äußerst kritisch über seine Vorgänger, angefangen bei Bismarcks Nachfolger Caprivi. In seinen Augen war die Ära des Kaiserreichs ein trauriges Zeugnis der Ziellosigkeit und des Wankelmutes. Nach Bismarcks großer Leistung hatte niemand mehr die entscheidenden außenpolitischen Probleme des jungen Reiches ernsthaft angepackt. Das Kaiserreich hatte zwar mit dem Gedanken einer territorialen Expansion in Richtung Osten gespielt, war aber vor dem entscheidenden Schritt zurückgeschreckt. Statt dessen machte die das zweite Reich beherrschende »Nationalbourgeoisie« Deutschland zu einer Exportmaschine und träumte den recht einfältigen Traum von einer »friedlichen Eroberung« durch industrielle und wirtschaftliche Expansion. Eine derartige Politik mußte unweigerlich den Argwohn Großbritanniens auf sich ziehen und zu einem Wettbewerb führen, der nur friedlich ausgetragen werden konnte, solange Deutschland Großbritanniens Position nicht ernsthaft bedrohte. Weil aber Großbritanniens riesiges Handelssystem mit Gewalt aufgebaut worden war, mußte man damit rechnen, daß die Briten es mit Gewalt verteidigen würden. Somit, so folgerte Hitler, mußte Großbritannien angesichts des halbherzigen deutschen Flottenbaus natürlich mit einem Alarm antworten, der bald in offenen Haß umschlagen sollte.

In Hitlers Augen war Deutschlands Exportorientierung und die daraus folgende Herausforderung der Briten eine falsche Politik gewesen. Wenn aber ein nationalbürgerliches Deutschland diese Politik verfolgen wollte, wäre es seiner Meinung nach unbedingt notwendig gewesen, sich mit Rußland zu einigen. Statt dessen aber machte eine sentimentale Allianz mit Österreich-Ungarn Deutschland zum Hauptfeind der Russen und all der anderen Slawen, die sehnlichst auf den Untergang der Habsburgmonarchie warteten. In Hitlers Augen brachte das Bündnis mit Österreich den Deutschen mehr Feinde als Unterstützung, selbst bei ausschließlicher Betrachtung des osteuropäischen Raumes. Aber bei einem drohenden Krieg mit England war die Bindung an Habsburg Wahnsinn. Deutschland hätte Österreich zerstören, die deutschsprachige Bevölkerung ins Reich aufnehmen sollen und sich zum Schirmherrn der befreiten Slawen machen sollen. Auf jeden Fall hätte Deutschland, das zum Konkurrenzkampf mit Großbritannien entschlossen war, früher zu einem Krieg drängen müssen, bevor es den Briten möglich würde, die Einkreisung Deutschlands in aller Ruhe ins Werk zu setzen. Tatsächlich aber verfolgte eine schwache deutsche Regierung, die an friedliche wirtschaftliche Eroberung glaubte, eine in sich widersprüchliche Politik, die Rußland und Großbritannien zu Verbündeten gegen sie werden ließ. Am Ende wurde ein Meer deutschen Blutes für das verwirrte Verfolgen sich widersprechender Ziele geopfert.

Hitlers Beurteilung der Politik im Kaiserreich läßt diese als deutsche Variante des britischen »Sichdurchwurstelns« erscheinen. Er glaubte, das Kaiserreich habe sich selbst ruiniert, weil seine Führer in der recht naiven Annahme, ein wirtschaftlicher Konflikt könne friedlich beigelegt werden, sich nicht eindeutig zwischen weltpolitischem und kontinentalpolitischem Vorgehen entscheiden konnten. Warum, so fragte sich Hitler, mußte das deutsche Volk eine so schlechte Führung haben? Das bürgerlich-nationalistische Reich, so sagte er, war bereits seit langem vom Untergang bedroht. Die parlamentarische Demokratie untergrub nach und nach die aristokratische und monarchische Autorität, während die überlebenden monarchischen Formen eine konservative Reaktion verhinderten. Und wie der politische Liberalismus die regierende Klasse untergraben hatte, zerrüttete der wirtschaftliche Liberalismus das nationale wirtschaftliche und gesellschaftliche System. Und der international ausgerichtete Kapitalismus, von Hochfinanz und Börse beherrscht, hatte den Besitz und die Arbeit unmenschlich werden lassen. Die Arbeiter waren unterbezahlt, ihrer Arbeit entfremdet und in schmutzigen Städten zusammengepfercht. Eine verantwortungslose Bourgeoisie erwies sich als gleichgültig gegenüber dem Leiden des neuen Proletariats und dem Zerfall der Volksgemeinschaft. Herzloser internationaler Kapitalismus setzte sein proletarisches Gegenstück in die Welt, den internationalen marxistischen Sozialismus. So wie die bürgerlichen Kapitalisten die Arbeiter ausbeuteten, so nutzten die Sozialdemokraten den Zorn der Arbeiter für ihre Ziele. Der Arbeiter, allein gelassen von einer Bourgeoisie, die zu egoistisch war, ihn zu führen, lernte den Klassenkampf und den Haß gegenüber jeglicher Autorität. Die Folge war, daß das Land sich in zwei Lager spaltete und immer schwerer zu regieren war – eine Lage, die Hitlers Ansicht nach ganz deutlich aus der Inkompetenz der Regierung des Kaiserreichs vor dem Krieg und aus dem Zusammenbruch während des Krieges hervorgeht.

Rasse

Bliebe es dabei, würde Hitlers Kritik an der Innenpolitik des Kaiserreiches einen Angriff auf den klassischen Liberalismus darstellen, dem man bei vielen nationalistischen, konservativen oder selbst sozialistischen Schriftstellern nicht nur in Deutschland, sondern auch in den meisten anderen kapitalistischen Staaten begegnen konnte. Hitler jedoch verband seinen nationalistischen Antiliberalismus mit Antisemitismus, eine politisch wirkungsvolle, wenn auch logisch unnötige Verbindung. Die Deutschen waren ihrer Gesellschaft mehr und mehr entfremdet, so sagte er, weil diese Gesellschaft in zunehmendem Maße von Fremden innerhalb dieser Gesellschaft gesteuert wurde, von den Juden. Die Juden waren für Hitler nicht einfach ein Sinnbild für das Übel der modernen Industriegesellschaft, sondern eine echte politische Macht – in der Tat eine eigenständige Nation, auch wenn sie ohne eigenes Territorium sein mußte. Hitler gab zu – allerdings erst kurz vor seinem Tod –, daß die jüdische Rasse eher eine politische Bezeichnung als eine vererbte Realität sei. Aber er vertrat die Meinung, daß eine moderne jüdische Gemeinschaft, genährt von Jahrhunderten der Verfolgung, existierte und einen anderen Menschenschlag formte, der nicht assimilierbar war und niemals mehr in einer anderen Nation aufgehen konnte. Selbst wenn jeder moderne Jude wahrscheinlich nur eine winzige Menge ursprünglich jüdischen Blutes in sich hatte, das natürlich sehr stark vermischt worden war, war das eigentliche Band zwischen den Juden »das charakteristische geistige Rüstzeug der (jüdischen) Rasse, das ihn für einen Anpassungsprozeß unzugänglich machte ... – Beweis der Überlegenheit des Geistes über das Fleisch«[1]). Laut Hitler lebte der Jude, der zu seiner eigenen Nation gehörte, als Parasit in den nationalen Gesellschaften anderer. Er blühte auf, indem er die anderen Nationen von innen heraus zersetzte. Unter dem Einfluß der Juden würde die Gastgebernation von beiden Seiten des politischen Spektrums vergiftet. Auf der Rechten waren sie die Lehrherren und Propagandisten jenes internationalen Finanzkapitalismus, der Besitz und Arbeit so unpersönlich gemacht hatte. Auf der Linken waren die Juden die Urheber und Propagandisten des Marxismus, der die Unzufriedenheit der Arbeiter zur Schürung des Klassenkampfs nutzte. So waren die scheinbar gegensätzlichen jüdischen Kräfte vereint, um die nationale Einheit ihres Gastgeberlandes zu zerstören.

1) Adolf Hitler, *The Testament of Adolf Hitler*, Hrsg.: François Genoud (London: Cassel, 1961), S. 54

Die bolschewistische Revolution diente Hitler als Paradebeispiel. Marxismus und Finanzkapitalismus, so sagte er, hätten sich zusammengetan, um den Zarenstaat zu zerstören. Der von den jüdischen Intellektuellen gesteuerte Bolschewismus war nur ein Vorgeschmack der Beherrschung der Finanzwelt durch die Juden. Schließlich behauptete Hitler, daß Stalin durch seinen Sieg über Trotzki und das Wiederauflebenlassen des russischen Nationalismus die Juden ihres Sieges beraubt habe. Auf jeden Fall sei das Verhalten der Juden in Rußland, so Hitler, beispielhaft für ihr Auftreten in jedem Staat, dessen Schwäche ihnen die Gelegenheit bot. 1917 war das in Rußland der Fall und 1918 in Deutschland. Als eine Nation, die reif für eine Zersetzung war, wurde das Weimar-Deutschland zunehmend von der jüdischen Macht beherrscht, die das Geld, die Presse, die linken Parteien, die Gewerkschaften und – wenn nötig – auch den Terror einsetzte. Rückhaltlos war fremdes Kapital in die Weimarer Wirtschaft eingedrungen, und der Klassenkampf hatte an Schärfe zugenommen. Die Weimarer Demokratie hatte jegliche starke Regierung verhindert, die die Fremden vielleicht unter die Kontrolle des Staates hätte bringen können. Statt dessen zielte die Außenpolitik der Weimarer Republik darauf ab, Frankreich versöhnlich zu stimmen – für Hitler ein eindeutiges Zeichen der Schwäche Deutschlands.

Hitlers Programm

In dieser dunklen Stunde der deutschen Geschichte schrieb Hitler in *»Mein Kampf«*, der Nationalsozialismus sei angetreten, die Lebenskraft des deutschen Volkes zu neuem Leben zu erwecken. Die Nazis hätten sich erhoben, um dem innenpolitischen Niedergang Deutschlands Einhalt zu gebieten und seinen Interessen in der ganzen Welt wieder

Geltung zu verschaffen. Hitler legte sein innenpolitisches Programm in zahlreichen Schriften und Interviews offen dar, bevor er an die Macht kam. Die Nazis würden dem deutschen Volk einen autoritären Nationalstaat geben; das versprach er. Der faschistische Korporativismus würde der wirtschaftlichen und politischen Ausbeutung des Arbeiters ein Ende machen und den Kapitalismus innerhalb klar definierter nationaler Ziele und gesellschaftlicher Normen zügeln. Sozialdemokratie und Marxismus würden niedergeschlagen, ausländisches Kapital und fremde Financiers des Landes verwiesen. Die Wirtschaft sollte sich von den Abfällen eines vernunftwidrigen Weltsystems trennen, um sich zu einer autarken Unabhängigkeit hinzubewegen.

Hatte der Nationalsozialismus erst einmal die innenpolitische Basis erneuert, so versprach Hitler, dann würde Deutschland wieder eine ernstzunehmende Außenpolitik betreiben.

Sein Ziel, so betonte Hitler immer wieder, sei niemals nur die Wiederherstellung der ehemaligen Grenzen. Revisionismus allein sei eine taktisch unsinnige Politik, weil sie die Bindungen zwischen den Alliierten stärke, und sie sei strategisch unbedeutend, weil sie Deutschlands Hauptproblem, den Lebensraum, nicht löse. Wenn die Deutschen im kommenden Jahrhundert eine starke Macht werden sollten, so behauptete Hitler, müsse Deutschland aus seiner territorialen Zwangsjacke ausbrechen und neue Gebiete besetzen. Andernfalls würde Deutschlands Schicksal in der zukünftigen Welt der Giganten von jenen Ländern bestimmt werden, deren Außenpolitik nicht fehlgeschlagen war.

Nicht nur Hitlers Ziele, sondern auch seine grundlegende Strategie waren in seinen frühen Schriften deutlich genug dargelegt, und sie änderten sich in den folgenden Jahren erstaunlich wenig. In seinen Augen waren Rußland und Frankreich die beiden ständigen strategischen Feinde Deutschlands. Frankreichs eigener großer Plan eines vernegerten Reiches vom Rhein bis zum Kongo benötigte ein ungefährliches Deutschland, des linken Rheinufers beraubt und in Stücke geteilt. Deutschland würde Frankreich schlagen und seine Anmaßung für immer zunichte machen müssen. Und da Rußland zur gleichen Zeit Instrument des Bolschewismus und Deutschlands künftiger Lebensraum war, ließ sich ein entscheidender Kampf mit Rußland auch nicht umgehen.

Hitlers großer Plan würde, das war ihm klar, nicht ohne Verbündete realisiert werden können. Italien und Großbritannien würde man seiner Meinung nach für sich gewinnen können. Da Italien eine unbefriedigte nationalistische Macht war, die im Mittelmeerraum und auf dem Balkan Ambitionen hatte, war es Frankreichs natürlicher Feind und würde sich daher natürlich mit Deutschland verbünden.

Und ging man es richtig an, so beruhigte Hitler sich selber, dann würde auch Großbritannien Deutschlands Ambitionen auf dem Kontinent akzeptieren. Es würde sich nicht gegen eine deutsche Hegemonie auf dem Kontinent stellen, solange diese nicht als Sprungbrett zur Weltmacht genutzt wurde. Ebenso war Großbritannien laut Hitler auch nicht gegen Napoleon wegen seiner Eroberungen innerhalb Europas angetreten, sondern wegen seiner außereuropäischen Abenteuer. Frankreich, nicht Deutschland, war Großbritanniens natürlicher Feind in Europa, weil die Franzosen europäische Ambitionen mit weltpolitischen verbanden. Ein Deutschland, das auf weltwirtschaftliche und weltpolitische Ambitionen ganz klar verzichtete und statt dessen einen autarken europäischen Superstaat aufbaute, hatte keinen Grund, Großbritanniens Feindschaft zu wecken – besonders da die deutschen Ziele nicht nur auf Kosten des imperialistischen Frankreichs, sondern auch auf Kosten des bolschewistischen Rußlands erreicht werden sollten.

Noch aus einem anderen Grund baute Hitler auf die Freundschaft der Briten. Das Inselreich wurde, so glaubte er, in immer stärkerem Maße durch den unaufhaltsamen Aufstieg der amerikanischen Wirtschafts- und Seemacht bedroht. Großbritannien brauchte einen ihm freundlich gesinnten Giganten auf dem Kontinent als Gegengewicht zu dem Riesen Amerika. Andernfalls wäre Großbritanniens Weltreich der Gnade einer wirtschaftlichen Macht ausgesetzt, der es sich nicht würde widersetzen können. Die Vereinigten Staaten, damals noch isolationistisch und mit sich selbst beschäftigt, waren noch nicht soweit, Weltmacht zu sein. Aber es blieb nur noch wenig Zeit für Großbritannien und Deutschland.

Würden die Briten ihre eigenen Interessen vertreten oder würden sie sich von ihren Bindungen an Amerika verwirren lassen? Für Hitler lag die Gefahr in der Macht der Juden in beiden angelsächsischen Ländern. Die Interessen der Juden waren laut Hitler in erster Linie anti-nationalsozialistisch und probolschewistisch. Durch ihren seit langer Zeit bestehenden Einfluß in Großbritannien und ihren wachsenden Einfluß in den Vereinigten Staaten, besonders durch Präsident Roosevelt, waren die Juden mächtige Verfechter des anglo-amerikanischen »besonderen Verhältnisses«. Die britischen Juden hatten laut Hitler bereits 1922 ihren Einfluß geltend gemacht, als sie den starken amerikanischen Druck gegen die Erneuerung des britisch-japanischen Bündnisses stärkten. Aber dieses anglo-amerikanische Sonderverhältnis war – auch wenn im Interesse des internationalen Judentums – nicht im Interesse des britischen Weltreiches, behauptete Hitler. Demzufolge würde eine nationale britische Politik, eher als eine von fremden Mächten und Interessen diktierte, Großbritannien ganz selbstverständlich zu einer Allianz mit einem wieder erstarkenden Deutschland führen. Andernfalls würden sich die beiden Länder gegenseitig vernichten – zum Vorteil der Amerikaner und Bolschewisten.

Hitler und der Zweite Weltkrieg: Appeasement

Hatte Hitler geplant, den Krieg 1939 zu beginnen, oder stolperte er mehr zufällig in ihn hinein? Waren seine Ziele so, daß er auch ohne einen Krieg hätte zufriedengestellt werden können? Selbst heute sind diese Fragen nur sehr schwer zu beantworten. Denn nach wie vor sind nicht nur die historischen Erkenntnisse zweifelhaft, sondern auch die Fragen selber sind noch hochgradig politisiert. Ein Gutteil der amerikanischen Weltmachtideologie nach dem Krieg beispielsweise stützte sich auf zwei Theorien, die beide zu politischen Mythen erhoben wurden: Churchills Mythos, der in der Beschwichtigungspolitik der Alliierten die Ursache des Krieges sieht, und Cordell Hulls Mythos, der die Schuld auf die Autarkie der Achsenpolitik schob. Natürlich ist keine der beiden Theorien so einfach gültig.

Kontroversen über die Appeasementpolitik gab es schon in den 30er Jahren, und sie lassen bis heute in subtiler Art und Weise die Spaltungen innerhalb der britischen Führung erkennen. Kürzlich veröffentlichte Unterlagen und Tagebücher trugen zum Aufleben dieser alten Diskussion wieder bei. So wie im Ersten Weltkrieg hat die Frage nach den Kriegszielen und der Verantwortung auch jetzt mehrere Dimensionen. Drei davon scheinen besonders bedeutend. Erstens, welches waren die geopolitischen Perspektiven der Hitlerschen Politik? Zweitens, wie begann der Krieg wirklich? Und schließlich, welche innenpolitischen Zwänge haben Hitlers Politik geformt?

Der ersten Frage galt unsere Aufmerksamkeit im vorangegangenen. Für den Geopolitiker Hitler war ein Krieg mit

Rußland und Frankreich unumgänglich. Gleichzeitig verlangte Hitlers geopolitische Strategie nach einer Einigung mit Großbritannien. Deutschland sollte die Vormachtstellung auf dem Kontinent erlangen und Großbritannien in seiner Weltreichposition bestätigt werden. Wäre Großbritannien bereit gewesen, Deutschland in diesen Zielen soweit entgegenzukommen – so scheint Hitler geglaubt zu haben –, dann wäre zwischen England und Deutschland ein Krieg nicht nötig gewesen.

Bezüglich der zweiten Frage, wie der Krieg begann, gehen die Meinungen weit auseinander, aber die jüngere Geschichtsforschung bietet einige breitgefächerte Schlußfolgerungen, die für unsere allgemeine Untersuchung von Bedeutung sind. A. J. P. Taylors berühmtes Buch *»Origins of the Second World War«* entflammte die Nachkriegsdiskussion zwischen Briten und Amerikanern. Taylor behauptete, daß Hitlers Vorkriegsdiplomatie nicht von den großen Plänen von *»Mein Kampf«* geleitet worden wäre, zumindest nicht in einer zielstrebigen mit der Präzision eines Uhrwerks ablaufenden Art und Weise. Statt dessen sah Taylor in Hitler einen opportunistischen Politiker, der die Sympathien und Schwächen der Alliierten ausnutzte, um Deutschlands Vorkriegsposition wiederherzustellen und sein wackliges Regime zu festigen. Taylor bringt seine Argumente mit der von ihm gewohnten Brillanz. Er spricht Hitlers taktischen Opportunismus an und seine mangelhafte Vorbereitung für einen allgemeinen Krieg. Trotzdem ist seine Argumentation in einem gewissen Maß unklar. Sicherlich beschränkte Hitler seine Ambitionen nicht auf die Wiederherstellung der Grenzen von vor 1914, eine Politik, die er scharf verurteilte, als sie von anderen befürwortet wurde. Was auch immer an Hitlers Zeitplan verschwommen war, er wollte die Hegemonie in Europa, Lebensraum im Osten, und er hatte nicht die Absicht, diese Ziele für geringere territoriale Zugeständnisse zu verkaufen. Aber Taylor macht einen grundlegenden Punkt deutlich, selbst wenn er zuviel in ihn hineinlegt. Hitler schien wirklich erstaunt gewesen zu sein, sich irgendwie reingelegt gesehen zu haben, als Großbritannien in der Polen-Frage eine so plötzliche Entschlossenheit zeigte. An Hitlers Anspruch auf Danzig war nichts zu beanstanden, zumindest nicht gemäß den Prinzipien der Selbstbestimmung, auf die sich der Versailler Vertrag wahrscheinlich gründete. Unter diesen Umständen scheint es weniger richtig zu fragen, warum Hitler erstaunt war, sondern warum die Danzigfrage Großbritannien dazu brachte, die Appeasementpolitik aufzugeben und statt dessen Polen zu schützen.

Einige jüngere, auf Kabinettsunterlagen beruhende Studien scheinen eine alte Theorie zu bestätigen und zu vervollkommnen. Die Garantie Polens war nicht so sehr eine Umkehr der britischen Politik, sondern vielmehr ihre logische Folgerung. Chamberlain war trotz all seiner Ablehnung dem Bolschewismus gegenüber am Ende nicht bereit, den für die Beschwichtigung Hitlers nötigen Handel einzugehen. Mit anderen Worten, er war nicht willens, die deutsche Hegemonie in Osteuropa zuzulassen. Was man Appeasement nannte, die Aufgabe der Tschechoslowakei, war ein bedingtes Zugeständnis, gerechtfertigt durch die Notwendigkeit, für Großbritanniens Aufrüstung Zeit zu gewinnen.

Ein unlängst erschienenes Buch von Simon Newman *»March 1939: The British Guarantee to Poland«* skizziert die Diskussion anhand offizieller Dokumente: »Großbritannien beabsichtigte überhaupt niemals, Deutschland in Osteuropa freie Hand zu lassen. Deshalb sollte man in der Garantie für Polen keine Umkehrung der britischen Außenpolitik sehen ... man sollte sie lieber als Gipfel oder besser noch als deutliche Manifestation eines Zuges der britischen Politik sehen, der in die Zeit vor dem September des Jahres 1938 zurückreicht und bis vor kurzem noch übersehen oder ignoriert worden ist – des Versuchs, mit allen Mitteln außer dem Mittel des Krieges, aber wenn nötig auch durch ihn als letzte Möglichkeit, den deutschen Expansionismus in Osteuropa aufzuhalten.«[2])

Chamberlain war sich völlig im klaren über die Anfälligkeit der britischen Lage. Großbritannien konnte nicht darauf hoffen, zur gleichen Zeit Deutschland und Italien in Europa und Japan in Asien schlagen zu können. Weder konnte man sich auf die Vereinigten Staaten noch auf Rußland als Verbündete verlassen, und in jedem Fall mußte eine Inanspruchnahme dieser beiden Mächte schon von sich aus eine tiefgreifende Erschütterung des Gleichgewichts in der Welt bedeuten. Deshalb würde sich Großbritannien bemühen, mit einigen der potentiellen Feinde eine Verständigung zu erreichen, aber nicht um jeden Preis. Deutschland gegenüber wollte man begrenzte handelspolitische Zugeständnisse im britischen Weltreich machen und ihm vielleicht einige Kolonien außerhalb Europas anbieten. Aber in Europa würde ihm Großbritanniens Wirtschaftsmacht entgegentreten und, wenn unbedingt nötig, mit Gewalt. Die Politik der britischen Regierung wurde nach dem Münchener Abkommen zusehends militanter. Im November 1938 hatten die Briten mit einer Kampagne wirtschaftlicher Kriegführung begonnen, die Teil einer allgemeinen Politik des verstärkten Widerstandes gegen die Vorherrschaft der Deutschen auf dem Balkan war. Zuvor schon war ein interministerieller Ausschuß unter dem Vorsitz von Sir Frederick Leith-Ross zusammengetreten, um die grundlegende Linie der britischen Politik auszuarbeiten. Interessanterweise war der vom Komitee herausgearbeitete Leitgedanke ausdrücklich wirtschaftlicher Natur – ein prinzipieller Widerstand gegen die Autarkie. Halifax,

2) Simon Newman, *March 1939: The British Guarantee to Poland*, (Oxford: Clarendom Press, 1976), S. 5–6

der britische Außenminister, unterstützte den Bericht und fügte sein eigenes Memorandum hinzu, das es verdient, ausführlich zitiert zu werden. Laut Halifax bedeuteten die Argumente, Deutschland freie Hand zu lassen:

»daß der Handel zwischen Deutschland und den südosteuropäischen Ländern konventionelle und liberale Freihandelseigenschaften haben würde, die auf dem freien Austausch von Gütern und dem freien Zahlungsverkehr basieren. Aber das war in der Vergangenheit nicht so und wird auch in Zukunft wahrscheinlich nicht so sein, es sei denn – und das ist zumindest eine Möglichkeit –, die deutsche Wirtschafts- und Finanzpolitik würde sich grundlegend ändern. Zur Zeit scheint es allerdings wahrscheinlicher, daß irgendeine wirtschaftliche Vorherrschaft, die Deutschland in diesen Ländern erreichen könnte, zu einer wirtschaftlichen Abhängigkeit dieser Länder von Deutschland und den deutschen wirtschaftlichen Leitlinien führen wird. Weiterhin werden dann die deutschen Devisenbeschränkungen und die Autarkieziele zu Faktoren, die das Wirtschaftsleben von ihnen allen bestimmen und formen. Dies scheint in der Tat sicher, solange Deutschland sich weigert, die Abwertung der Mark ins Auge zu fassen und seine Devisenkontrollen zu lockern, und solange es darauf besteht, daß diese Länder gewollt oder ungewollt für ihre Exporte mit deutschen Waren bezahlt werden. Darüber hinaus sind die kurzfristigen Kredite Londons an Deutschland, sowohl die in der Zeit vor als auch die nach dem Krieg gewährten, eingefroren worden; sie haben sich als Ursache großer Störung und in der Tat auch als Gefahr für Londons Ansehen in der Welt erwiesen. Wir konnten es uns nicht leisten, weitere Mittel in Deutschland festzulegen, solange es das Instrument der Devisenkontrolle beibehält, noch konnten wir Investitionen in den Donauländern vornehmen, solange ihr Handel mit Deutschland nur gesperrte Reichsmark hervorbringt. Da Deutschland aus diesem oder jenem Grund nicht bereit ist, seine Devisenkontrolle aufzuheben, würden die Argumente, ihm in diesen Ländern freie Hand zu gewähren, zum größten Teil hinfällig werden.«[3])

Da das ganze Gebiet etwa ein Prozent des gesamten britischen Handels ausmachte, scheint die überragende politische Bedeutung der britischen Opposition klar. Die Briten waren nicht bereit, den Deutschen auch nur den geringen Raum zuzugestehen, den Hitler bereits erlangt hatte, ganz zu schweigen von dem Großdeutschland seiner Träume. Im Zweiten, ebenso wie im Ersten Weltkrieg hatte Großbritannien nicht die Absicht, der Hegemonie der Deutschen auf dem Kontinent ruhig zuzusehen. Unter diesen Umständen war ein allgemeiner Krieg ohne Zweifel unvermeidbar. Die Tatsache, daß er dann mit dem Einmarsch in Polen begann, war eigentlich mehr eine britische als eine deutsche Initiative. Und wie es dann so kam, während die britischen Militärstrategen die tschechische militärische Stärke gering einschätzten, hielten sie die polnische Armee für eine schlagkräftige Armee. Ohne die polnische Armee im Lager der Alliierten, so glaubten sie, schlüge das militärische Gleichgewicht zugunsten der Deutschen aus. Eher als das Risiko eines Verlustes einzugehen, kam Großbritannien mit einer Garantie, um die polnische Entschlossenheit zu stärken. So nahm Großbritanniens taktische Beschwichtigungspolitik ein plötzliches Ende. Was auch immer die militärische Einsicht gewesen sein mag, Hitler die Tschechoslowakei zu überlassen und ihm Polen zu verweigern, die grundlegende Strategie der Briten scheint jedoch klar: Sie beabsichtigten niemals, Deutschland in Europa in einem Maße zufriedenzustellen, das einen Krieg vermieden hätte. Erwähnen sollte man, daß Hitler sich wenigen Illusionen hinsichtlich Chamberlains endgültiger Politik hingab,

3) Ibid., S. 47–48

selbst wenn er durch die britische Garantie für Polen aus dem Gleichgewicht gebracht worden war. Wie wir wissen, entsprang Hitlers Hunger auf Lebensraum natürlich kaum seiner Annahme, Großbritannien »schlafe«. Tatsächlich mißtraute Hitler Chamberlain gründlich und glaubte, er sei sogar in München von ihm überlistet worden. Chamberlains Konzessionen verhinderten einen früheren Beginn des Krieges, der in Hitlers Augen für Deutschland günstiger gewesen wäre. Kurzum, der Zweite Weltkrieg brach nicht aufgrund von Mißverständnissen aus, sondern weil Deutschland und Großbritannien wieder einmal auf Kollisionskurs in Europa lagen.

Andere neuere Darstellungen meinen, Chamberlain selbst hätte Hitler beschwichtigen oder vielleicht Deutschland gegen Rußland ausspielen wollen, aber die Pläne Hitlers, Frankreich zu vernichten, in Verbindung mit der starken Antipathie gegenüber Deutschland im Kabinett, im Parlament und in der britischen Öffentlichkeit hätten eine solche Politik unmöglich gemacht. Zweifellos wird es noch lange dauern, bis diese Fragen endgültig beantwortet sind. Was auch immer man für Chamberlains Absichten hält, für Deutschland waren die Konsequenzen auf jeden Fall die gleichen: Großbritannien würde der Hegemonie Deutschlands auf dem Kontinent nicht tatenlos zusehen. Die Tatsache, daß ein Premierminister vielleicht beschwichtigen wollte, aber scheiterte, bestätigt nur die Unvermeidbarkeit des britisch-deutschen Konfliktes.

Hitler und der Zweite Weltkrieg: Autarkie

Wurde Hitler durch seine illiberale Wirtschaft in den Krieg getrieben? Hier wird der Geschichtsforscher mit dem Geist Cordell Hulls konfrontiert. Wenn der Erste Weltkrieg die Schwierigkeiten verdeutlicht, ein »nach außen gewandtes«

Deutschland in das Weltwirtschaftssystem einzufügen, soll der Zweite die gleichsam schweren Konsequenzen der deutschen Autarkie deutlich machen. Newmans Studie legt die Abneigung offen, die Hitlers Miniaturkontinentalsystem vor dem Krieg bei den Briten hervorrief. Das amerikanische Außenministerium war sogar noch feindlicher gesinnt. Roosevelts Außenminister hörte niemals auf zu predigen: Handelsblöcke führen zum Krieg. Seine Reden galten Japan, wo die amerikanische Politik sie fast zu einer »self fulfilling prophecy« werden ließ. Dasselbe sollte für Deutschland gelten. Hulls Memoiren hinterlassen den Eindruck, Hitlers ärgste Verbrechen seien nicht Rassismus und Massenmord gewesen, sondern die Zölle und die Devisenkontrollen. Die Meinung, Hitlers Autarkie sei ein Verbrechen gewesen, eng verbunden mit seiner innenpolitischen Tyrannei und der außenpolitischen Aggression, hat bis zum heutigen Tag überlebt. Aber was war Hitlers »Autarkie« vor dem Krieg? Wie gut funktionierte sie? Brachte sie innenpolitischen Druck, der zu einem Eroberungskrieg zwang? Und was lehrt die Geschichte des Naziregimes über die generelle wirtschaftliche Machbarkeit der kontinentalen Option Deutschlands?

Es läßt sich nur schwer abschätzen, wie das autarke Wirtschaftssystem unter »normalen« Umständen funktioniert hätte – wenn das Wort »normal« überhaupt jemals auf das Naziregime angewendet werden kann. Hitlers ganze Regierungszeit war eine lange Folge außergewöhnlicher Situationen – Wirtschaftskrise, Wiederbewaffnung und der Krieg selbst. Dennoch kann man aus den Erfahrungen der dreißiger Jahre deutliche Schlußfolgerungen ziehen. Wie der Volkswirt John Kenneth Galbraith gesagt hat, gibt die Wirtschaftspolitik der Nazis vor dem Krieg ein recht einmaliges Bild der Thesen Lord Keynes', die gründlich und erfolgreich angewendet wurden. Um der Arbeitslosigkeit ein Ende zu machen, führte Hitler ein gewaltiges Programm arbeitsintensiver öffentlicher Arbeiten und des Wohnungsbaus durch. Zur gleichen Zeit fing er an, die Landwirtschaft zu reorganisieren. Gleichzeitig warf er sich auf einen ehrgeizigen Plan, um eine auf Selbstversorgung ausgerichtete Industrie zu schaffen. In manchen Branchen wurden neue Kapazitäten geschaffen, und synthetische Ersatzprodukte wurden im großen Stil entwickelt. 1936 kam die Aufrüstung.

Erfolgreich finanzierte Hitler den Aufschwung mit Hilfe einer Verbindung seiner eigenen Halsstarrigkeit und der schöpferischen Vorstellung seines »Zauberers« Schacht. Handels- und Devisenkontrollen und ein abschließendes Stillhalteabkommen für ausländische Schulden schlossen Hitlers Deutschland von den internationalen Kapitalströmen ab, die Weimar so zerrüttet hatten. Als die Wirtschaft jedoch allmählich die Vollbeschäftigung erreichte und als Hitler auf der Wiederbewaffnung bestand, ohne den privaten Verbrauch zu reduzieren, wurden inflationäre Engpässe und Schwierigkeiten in der Zahlungsbilanz immer ernster. Hitler ließ sich nicht abschrecken. Volkswirte, so sagte er, komplizierten ihr Fach grundlos. Anspruchsvolle Theorien arbeiteten die Verbindung von Inflation in Höhe der Geldversorgung heraus. Aber die Inflation kam ja schließlich nur, wenn die Verkäufer ihre Preise erhöhten. Die Kontrolle der Inflation war wie alles andere auch eine Frage von Macht und Willensstärke. Wie stark die Kreditexpansion auch sein mag, eine entschlossene Regierung, ausgerüstet mit Konzentrationslagern, wird sie immer kontrollieren können. Sperrte man ostentativ einige Wucherer ein, würden die anderen schon spuren. Hitlers Lösung, die die Inflation erstaunlich gut im Zaum hielt, hieß stärkere Bevormundung von Landwirtschaft, Arbeitern und Industrie. Die Art und Weise der Bevormundung unterschied sich je nach Wirtschaftssektor. Die Arbeiter wurden am stärksten kontrolliert, aber man verlieh ihnen Sicherheit, einen Ehrenplatz in der Ideologie des Regimes und umfassende Programme der Freizeiterholung. Der Landwirtschaft garantierte man Sicherheit und Profite, aber es wurde den Bauern vorgeschrieben, was sie anzubauen hatten, und sie konnten ihr Land nicht verkaufen, wie sie wollten. Die Industriellen durften ihre Firmen zwar behalten, mußten sie aber in zunehmendem Maße gemäß den vom Staat festgesetzten Mitteln und Preisen führen. Die meisten machten auch weiterhin Gewinn, und einige, wie z. B. die IG-Farben, waren sogar ausgesprochen erfolgreich. Ganz allgemein war die Planwirtschaft recht locker, um nicht zu sagen in vielerlei Hinsicht sogar chaotisch – nicht zuletzt weil Hitler, wie Roosevelt, die gegensätzlichen Kräfte in seiner Regierung solange wie möglich ergebnislos gegeneinander kämpfen ließ.

Trotz all seiner brutalen Halsstarrigkeit blieb Hitler, so scheint es, sehr darauf bedacht, die Zufriedenheit im Innern zu sichern und damit die Unterstützung des Regimes zu gewährleisten. Seine Politik vor dem Krieg war genau ausgewogen zwischen dem Streben nach Sicherung seiner innenpolitischen Basis und der Vorbereitung seiner historischen Mission. Deshalb übertrieb er gegenüber seinen Zeitgenossen das Ausmaß der Aufrüstung und war sehr darum bemüht, den Konsum der Zivilbevölkerung nicht zu kürzen. Dies führte dazu, daß Deutschland erstaunlich schlecht für einen langen Krieg gerüstet war. Tatsächlich war die Wirtschaft vor 1943 nicht voll mobilisiert. Hitler setzte ähnlich wie Bethmann auf einen Blitzkrieg. Gewann er einen schnellen Krieg, würde Deutschland in eine neue Ära gefestigten Wohlstandes eintreten; kurzzeitige Probleme unterdrückter Inflation würden im Vergleich zu dem gewaltigen Erwerb an Gebieten und Ressourcen trivial erscheinen. Würde er den schnellen Krieg nicht gewinnen und würden die Briten mit allen Kräften gegen ihn mobilmachen, wäre wahrscheinlich sowieso alles verloren.

Hitlers gebremstes Tempo bei der Wiederbewaffnung sollte nicht als Mangel an Entschlossenheit zur Verwirklichung seiner kontinentalen Ambitionen verstanden werden. Natürlich war er hinsichtlich der Methoden sehr pragmatisch und immer bereit, die Ideologie fallenzulassen, wenn es ihm paßte. Er lockte alle nur möglichen Ideologen an und setzte sie ein – Sozialisten, Agrarier, Korporativisten und Rassisten. Auch machte er regen Gebrauch von den Technokraten, besonders dann, als er sie zur Vorbereitung des Krieges brauchte. Aber Hitler war nicht nur der zynische Drahtzieher von Vorstellungen ohne eigene Überzeugung. Es stimmt, daß er die mehr visionären nationalsozialistischen Programme sehr bald fallen ließ, z. B. die von Feder oder den Strassers entwickelten. Einige dieser Gedanken erwiesen sich zweifellos als unsinnig und ungeeignet, besonders da Hitler sich bemühen mußte, sein neues Regime zu festigen. Andere Ideen, wie beispielsweise die Wiederansiedlung der Deutschen im Osten – die erste Voraussetzung für sein neues, autarkes Deutschland –, mußten natürlich aufgeschoben werden, bis der Krieg gewonnen war. Aber das gewaltige gegen Juden und Slawen gerichtete Rassenprogramm, das unter großen wirtschaftlichen, politischen und militärischen Kosten während des Krieges selbst durchgeführt wurde, scheint eindeutig davon Zeugnis abzulegen, wie ernsthaft Hitler dieses letzte Ziel verfolgte. Hitler war, leider, ein Mann, der zu seinen Überzeugungen stand.

Viele deutsche Konservative wie Rauschning und Schacht wünschten sich sehnlichst etwas anderes. Sie suchten nach einer neuen Ordnung, um die Unsicherheit und die Verschwendung des liberalen Kapitalismus zu vermeiden und dennoch die Gesellschaft in den traditionellen Werten zu festigen. Sie waren mit den frühen wirtschaftlichen und diplomatischen Erfolgen des Regimes zufrieden und hofften, ein gezähmter Hitler würde seine großen

Pläne aufgeben. Viele verloren ihre Illusionen, als Hitler sich nicht als irgendein volkstümlicher, autoritärer Anhänger Lord Keynes' entpuppte, sondern als »eine Stimme der Zerstörung«. Aber Hitlers »Wahnsinn« war Teil seiner geopolitischen Analyse. So glaubte er, daß keine dauerhafte Lösung für Deutschlands Probleme gefunden werden konnte, solange Deutschland nicht die Kontrolle über Europa errungen habe. Nur ein erfolgreicher Krieg gegen Rußland konnte der deutschen Wirtschaft die gesunde Basis für die Zukunft bringen. Ohne diese territoriale Basis würde jeder Erfolg nur ein vorübergehender Erfolg sein – ein Zwischenspiel, bevor sich die alte Koalition wiederum formieren würde, um den deutschen Neuling zu zermalmen.

Wie der letzte Abschnitt zeigt, richtete Hitler bereits lange vor dem Krieg sein Augenmerk auf jenen von ihm begehrten östlichen Wirtschaftsraum. Eine tributpflichtige Wirtschaftszone, die in Ost- und Südosteuropa allmählich geschaffen wurde, wurde zu einem bedeutsamen Faktor der autarken Wirtschaft des Naziregimes vor dem Krieg. Da Deutschland für diese Länder den Hauptabsatzmarkt darstellte und da der freie Welthandel zusammengebrochen war, waren Deutschlands Nachbarn mehr als bereit, in seine wirtschaftliche Einflußsphäre einzutreten. Eine nicht konvertierbare, überbewertete Mark, die nur zum Erwerb deutscher Güter benutzt werden konnte, band die Volkswirtschaften der Balkanländer an eine deutsche Währungszone, in der Tat eine Neuauflage jenes mitteleuropäischen Systems aus der Zeit vor dem Krieg, das Keynes in seinem Buch *»Economic Consequences of the Peace«* so beeindruckt hatte. Als Muster für eine mögliche Autarkie auf dem Kontinent mag ein solches Verhältnis gar nicht so uninteressant gewesen sein, besonders im Gegensatz zu dem unbeständigen Freihandelssystem der Zeit zwischen den Kriegen.

Aber Hitlers Rassenideen machten jede dieser langfristigen Beziehungen für die Slawen äußerst wenig verlokkend.

In ähnlicher Weise versprach der von Hitler nach 1940 geschaffene größere kontinentale Block viele wirtschaftliche Vorteile für alle Europäer; so viele – könnte man sagen –, daß sie seit 1945 versuchen, ihn wieder aufzubauen. Schon während des Krieges planten deutsche Technokraten eine neue, interdependente kontinentaleuropäische Wirtschaft. Ob es jemals hätte gelingen können, die Vorteile kontinentaler Integration und Planung von den politischen Folgen des Terrors, der Ausbeutung und des Despotismus zu trennen, ist natürlich eine andere Sache. Auf jeden Fall ist es müßig zu fragen, ob ein siegreicher Hitler Europa einen erfolgreichen paneuropäischen »Gemeinsamen Markt« hätte geben können. Das plante Hitler zu keiner Zeit. Am Ende blieb er besessen von seiner Vorstellung des rassistischen Lebensraums. Himmler war sein Stellvertreter und nicht Schacht.

Trotzdem kann man nicht sagen, Hitlers Vision von einem autarken deutschen Superstaat sei aus wirtschaftlichen Gründen gescheitert. Im Gegenteil, die Miniaturautarkie der 30er Jahre war erfolgreicher als die sehr ähnliche Wirtschaftspolitik der Vereinigten Staaten und Großbritanniens. Deutschland erholte sich viel schneller von der Krise als sie, und das nicht nur wegen der Aufrüstung. In der Tat, wenn irgend etwas der wirtschaftlichen Erholung schadete, dann war es die Aufrüstung. Auch kann man wirklich nicht behaupten, daß die Wirtschaftsordnung vor dem Krieg, die Deutschland seinen slawischen Nachbarn aufzwang, sich als wirtschaftlich nicht machbar erwies.

Diese Schlußfolgerungen führen zurück zu grundlegenderen Fragen. Hätte Hitler Einhalt gebieten können, wie Schacht und andere Konservative es wünschten? Hätte ein etwas »pragmatischerer« Führer ein autarkes Deutschland ohne einen allgemeinen Krieg festigen können? Hätte Deutschland »befriedigt« werden können? Diese Fragen haben wie die meisten anderen, die sich mit dem Deutschen Problem befassen, einen innen- und einen außenpolitischen Aspekt. Von welchen Zwängen war seine Regierung innenpolitisch getrieben? Und außenpolitisch: Welche Aussichten auf langandauernde Sicherheit hätte ein solches Deutschland gehabt?

Eine starke Denkschule meint, daß das Wesen des »totalitären« Regimes an sich den nationalsozialistischen Staat zu einer immer weiter ausgreifenden Expansion getrieben hat. So sah Hannah Arendt, ebenso wie der konservative Rauschning, in Hitler die »Stimme der Zerstörung« und sein Regime als ruhelose neue Barbarei ohne moralische Wertvorstellungen von nationaler und internationaler Stabilität. Was auch immer der psychologische und moralische Wert dieser Absicht sein mag, das Bild der Wirtschaft bestätigt sie nicht. Sowohl die Wirtschaft der Nazis im Reich als auch Hitlers Balkanblock waren gleichermaßen relativ stabil und erfolgreich – zumindest so lange, bis die Aufrüstung anfing, Deutschlands Mittel zu überfordern. Natürlich kann man in der Aufrüstung die nach außen deutlich werdende Manifestation der inneren Zwänge eines totalitären Regimes sehen. Es mag auch so gewesen sein. Natürlich war es auch eine Politik, die vorhersehbar war bei einer revisionistischen, von Feinden umgebenen Macht. In der Tat, mit der Aufrüstung war bereits in der Weimarer Republik begonnen worden, ebenso wie mit der revisionistischen Außenpolitik. Aber Hitlers Ziele waren sehr viel ehrgeiziger als die des kleindeutschen nationalistischen Revisionismus der Weimarer Republik. In Hitlers Augen war eine dauerhafte Stabilität für Deutschland ohne den Lebensraum im Osten unmöglich. In der Theorie waren auch diese aufgeblasenen Ziele nicht grenzenlos. Deutschland konnte nicht nach globaler Hegemonie streben. Hatte es seinen Lebensraum erst einmal gewonnen, konnte das kontinentale Dritte Reich autark und nach innen gewandt sein. Großbritannien wäre dann in seinem Weltreich allein gelassen worden.

Aber selbst Chamberlain hatte niemals ernsthaft vorgeschlagen, den Deutschen eine derartige Position auf dem Kontinent zukommen zu lassen. Wie bereits erwähnt, war Großbritanniens unüberbrückbare Opposition gegen eine begrenzte Hegemonie auf dem Balkan, die von Deutschland bereits erreicht war, vielmehr ein schwerwiegendes Argument bei der Entscheidung, in der Danzigfrage gegen Hitler anzutreten. Hinter Großbritannien standen natürlich die Vereinigten Staaten, die der wirtschaftlichen Autarkie weitaus feindlicher gesinnt waren als Chamberlains Großbritannien. Kurzum, bei den von Hitler gesteckten Zielen war der Krieg nicht zu umgehen.

Daß eine konservative Regierung ohne Hitlers erklärtermaßen weiterreichende Zielsetzungen ein begrenztes Appeasement hätte erreichen können, ist fraglich. Schließlich hatte auch Weimar keinen großen Erfolg bei der Durchsetzung der deutschen Forderungen und dies trotz einer nicht zu unterschätzenden prodeutschen Haltung der Briten. Nachdem es seine Souveränität zurückerlangt hatte, war Deutschland wieder einmal auf Kollisionskurs mit seinen Nachbarn. Unter diesen Umständen war der Standpunkt Hitlers, das Deutsche Problem könne nur durch einen Krieg gelöst werden, vielleicht mehr als eine sich selbst verwirklichende Prophezeiung.

Hitler und sein Scheitern

Der Verlauf der Hitlerschen Außenpolitik ist nicht dazu angetan, die Weisheit seiner grundlegenden Analyse oder die seiner Strategie zu bestätigen. Ebenso wie die von ihm heftig kritisierte Regierung des Kaiserreiches kämpfte Hitler seinen Krieg an zwei Fronten und verlor ihn. Mit dem faschistischen Italien erhielt es zwar einen Verbündeten, aber gleichzeitig eine große Bürde. Und Großbritannien blieb Hitlers unversöhnlicher Feind. Dank seines Testaments haben wir Hitlers eigene Erklärung für sein Scheitern, eine Analyse, die eine bemerkenswerte Kontinuität in seinen Gedanken zeigt.

Die Allianz mit Italien, das gibt Hitler zu, erwies sich als großer Fehler, von Vorteil nur für Deutschlands Feinde. Obwohl Hitler den Duce weiterhin einen ihn an Größe vielleicht sogar überragenden Führer nannte, war ihm klar, daß Italiens Neutralität wahrscheinlich besser gewesen wäre als seine Unterstützung. So verlangte Mussolinis Intervention in Griechenland eine unnötige und kostspielige Diversion von Truppen, die an der russischen Front gebraucht wurden. Und Italiens altmodische Kolonialbestrebungen hinderten Deutschland daran, für die Sache des Antikolonialismus und die Befreiung der Moslems einzutreten.

Was auch immer die Fehler der Italiener gewesen sein mögen, der Hauptgrund für sein Scheitern war, wie Hitler es sah, Großbritanniens irrationale Weigerung, Frieden zu schließen. Die britische Kompromißlosigkeit beraubte ihn der Früchte seines schnellen Sieges im Westen und trieb ihn zu früh nach Rußland.

In der Tat, warum griff Hitler Rußland an und schuf sich damit einen Zweifrontenkrieg? Es war ihm klar, daß ein Großbritannien unter Churchills »von Juden gesteuerter« Führung sich niemals mit ihm einigen würde, solange die russische Karte noch nicht ausgespielt war. So würde der Krieg gegen Großbritannien kein Ende finden, bevor Rußland nicht geschlagen war. Darüber hinaus war der Krieg durch das dringende Bedürfnis Deutschlands nach Lebensraum und aufgrund der Ambitionen und Antipathien des

Otto Eduard Leopold Fürst von Bismarck und Herzog von Lauenburg, deutscher Reichskanzler von 1871–1890, in der Reichstagssitzung vom 6. Februar 1882. Bismarcks viel gerühmte Außenpolitik bestand vor allem aus einem komplizierten Netz von Abkommen, die dazu gedacht waren, alle Mächte aus dem Zentrum des Gleichgewichtssystems herauszumanövrieren. *(Ullstein Bilderdienst, Berlin/West)*

Wilhelm II., deutscher Kaiser von 1888–1918, umgeben von seinen Generalen. *(Ullstein Bilderdienst, Berlin/West)*

Dem Aufbau einer schlagkräftigen Flotte galt Kaiser Wilhelms II. besonderes Interesse; denn sie sollte im Dienste der Kolonialpolitik und des internationalen Ringens um die Vorherrschaft auf den Weltmeeren eine führende Stellung einnehmen. Das Bild zeigt Kaiser Wilhelm II. (Mitte) bei einer Besichtigung der Werften in Kiel; links neben ihm der Oberwerftdirektor Admiral von Henkel-Gebhardi. *(Ullstein Bilderdienst, Berlin/West)*

Panzerkreuzer »Goeben« der kaiserlichen Kriegsmarine 1912. *(Ullstein Bilderdienst, Berlin/West)*

Zeitgenössische Darstellung des Attentats auf den österreichischen Thronfolger Erzherzog Franz Ferdinand und seine Gattin in Sarajewo am 28. Juni 1914, dem der Erzherzog zum Opfer fiel. Die darauffolgenden Ereignisse führten zum Ausbruch des Ersten Weltkrieges. *(Ullstein Bilderdienst, Berlin/West)*

Erster Weltkrieg/Westfront: deutsche Soldaten in den ersten Schützengräben vor Arras im Angriff gegen Frankreich im Oktober/November 1914. *(Ullstein Bilderdienst, Berlin/West)*

Versailler Vertrag vom 7. Mai 1919: Das Foto zeigt die Übergabe der alliierten Friedensbedingungen an die deutschen Bevollmächtigten, zu denen Georges Clémenceau im Trianon spricht. *(Ullstein Bilderdienst, Berlin/West)*

Friedrich Ebert, Reichspräsident, spricht im April 1923 vor Delegierten aus dem Ruhrgebiet, das von französischen Truppen besetzt ist. Die Reichsregierung proklamiert den »passiven Widerstand«, um das Unrecht dieser Okkupation öffentlich zu demonstrieren. *(Ullstein Bilderdienst, Berlin/West)*

Plakat des Berliner Schloßpark-Theaters aus dem Jahre 1923, ein plastisches Zeugnis der Inflation dieser Jahre. Die Kosten der Theaterkarten werden in Naturalien angepriesen, da man dem Geldverfall nicht mehr folgen kann. *(Ullstein Bilderdienst, Berlin/West)*

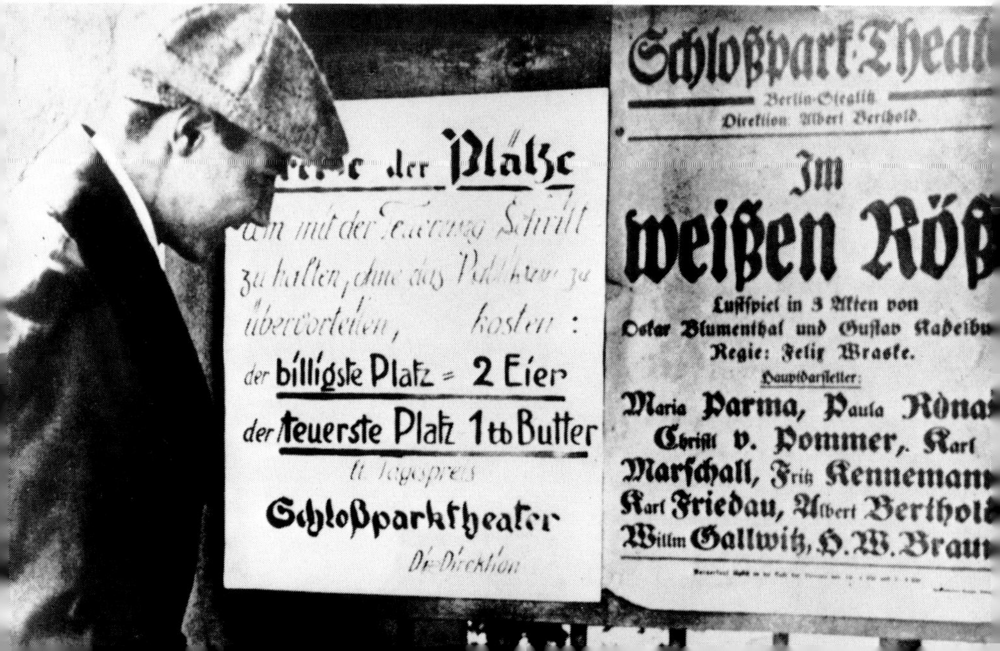

Glücksspiele vor einem »Arbeitsnachweis« 1919: Tage und Wochen warten Menschenmassen vor Arbeitsvermittlungen. Arbeitslosigkeit und Inflation bestimmen den Alltag. *(Ullstein Bilderdienst, Berlin/West)*

Am 30. 1. 1933 wird Adolf Hitler zum Reichskanzler ernannt. Bald verschaffte er sich und seiner Partei die schrankenlose Macht. Auf dem Foto ist eine seiner Massenveranstaltungen in Berlin abgebildet, die jährlich zu seinem Geburtstag am 20. April stattfanden. *(Ullstein Bilderdienst, Berlin/West)*

Maifeiern 1939 unter dem Motto: »Deutschlands Jugend grüßt ihren Führer«. Geblendet von scheinbaren wirtschaftlichen und außenpolitischen Erfolgen jubeln ihm bei öffentlichen Auftritten die Volksmassen zu. *(Ullstein Bilderdienst, Berlin/West)*

Diese Schilder »kauft nicht bei Juden« wurden von den SA-Männern an den Schaufenstern jüdischer Geschäfte angebracht – so begann der Leidensweg der jüdischen Bevölkerung im In- und Ausland, der Millionen das Leben kostete. *(Ullstein Bilderdienst, Berlin/West)*

Münchener Abkommen über die Abtretung des Sudetenlandes an Deutschland, am 29. 9. 1938 in München zwischen Hitler und Mussolini (rechts neben Hitler), dem englischen Premier Chamberlain (links) und dem französischen Ministerpräsidenten Daladier (links neben Hitler) geschlossen; das Abkommen sollte dem Frieden dienen, ermunterte aber Hitler zu weiterem Vorgehen mit Gewalt. *(Ullstein Bilderdienst, Berlin/West)*

Wehrmachtparaden dienten Hitler als Machtdemonstration. Geschwaderflüge der Luftwaffe über die Ost-West-Achse bildeten jeweils den Auftakt. *(Ullstein Bilderdienst, Berlin/West)*

Kriegsschauplatz Polen 1939: Deutsche Truppen rücken vor und besetzen das Land. *(Ullstein Bilderdienst, Berlin/West)*

Kriegsschauplatz Sowjetunion: Am 19. November 1942 wurde die deutsche Stellung bei Stalingrad durchbrochen. Die Kapitulation der hier eingeschlossenen Armee unter General Paulus am 2. Februar 1943 brachte dem deutschen Volk die Wende der Kriegslage zu Bewußtsein. *(Ullstein Bilderdienst, Berlin/West)*

Die Einnahme Berlins. Als Zeichen des Sieges hissen Soldaten der Roten Armee die Sowjetfahne auf dem Reichstagsgebäude (2. Mai 1945). *(dpa, Düsseldorf)*

Noch ist Deutschlands Zukunft ungewiß. Die »Großen Drei« kurz vor der Unterzeichnung des Potsdamer Abkommens: Churchill (links), Truman (Mitte) und Stalin (rechts). Bis auf weiteres wird die Verwaltung dem Alliierten Kontrollrat übertragen. *(dpa, Düsseldorf)*

Am 1. September 1948 tritt in Bonn der »Parlamentarische Rat«, die verfassunggebende Versammlung, zusammen. Konrad Adenauer wird zum Präsidenten gewählt. Rechts die Ministerpräsidenten der westdeutschen Länder. Im Vordergrund Gebhard Müller (Württemberg-Hohenzollern), hinter ihm Hinrich Wilhelm Kopf (Niedersachsen). *(dpa, Düsseldorf)*

Nach Konstituierung des westdeutschen Staates konstituiert sich in der sowjetischen Besatzungszone die Deutsche Demokratische Republik. Der ehemalige Sozialdemokrat Otto Grotewohl (links) wird ihr erster Ministerpräsident. SED-Chef Walter Ulbricht ist jedoch von Anfang an die oberste Autorität des ostdeutschen Staates. *(dpa, Düsseldorf)*

1956 wird in der DDR die »Nationale Volksarmee« gegründet, 1962 die Wehrpflicht gesetzlich verankert und eingeführt. Der ostdeutsche Staat übernimmt Drill und Uniformen der alten Wehrmacht. Das Foto zeigt eine Militärparade 1977 in Berlin-Ost. *(stern, Hamburg)*

Alliierte Militärparade 1977 in Berlin-West: Auf der Straße des 17. Juni folgten am 14. Mai über zehntausend Zuschauer dem militärischen Schauspiel, an dem sich Einheiten der amerikanischen, britischen und französischen Berlin-Brigaden beteiligen. *(dpa, Düsseldorf)*

Erfurter Gespräch vom 19. 3. 1970: Willy Brandt, der damalige Bundeskanzler der Bundesrepublik Deutschland, und Willi Stoph, Ministerpräsident der DDR, begrüßen sich auf dem Erfurter Bahnhof, um anschließend die Gespräche im Konferenzraum des »Erfurter Hofes« zu führen; beide deutsche Delegationen sitzen sich gegenüber. *(stern, Hamburg)*

Mit dem Eintritt in die NATO beginnt in Westdeutschland die Aufstellung der Bundeswehr; 1956 wird die Wehrpflicht eingeführt. 11 Jahre nach Kriegsende rücken wieder deutsche Rekruten in die Kasernen ein. *(dpa, Düsseldorf)*

Am 12. August 1970 wird nach langen Verhandlungen im Katharinensaal des Kreml der Deutsch-Sowjetische Gewaltverzichtsvertrag unterzeichnet. Es soll der weiteren Entspannung zwischen Ost und West dienen. Von links: Bundesaußenminister Walter Scheel, Bundeskanzler Willy Brandt, der sowjetische Ministerpräsident Alexej Kossygin, der sowjetische Außenminister Andrej Gromyko. *(dpa, Düsseldorf)*

bolschewistischen Rußlands überhaupt nicht zu umgehen. Beide Seiten wußten das; Stalin selbst wartete nur auf einen günstigen Augenblick.

Laut Hitler überlegte nicht nur Rußland, ob es losschlagen sollte, sondern auch die Vereinigten Staaten bewegten sich immer mehr auf den Krieg zu. Roosevelts innenpolitisches Programm war ein Fehlschlag, und in seiner Regierung gaben die jüdischen Interessen den Ton an. Da Großbritannien sich weigerte, mit Deutschland Frieden zu schließen, würde der Präsident bald einen Vorwand finden, um zu intervenieren. Die Zeit arbeitete gegen die Deutschen. Aus den Beobachtungen Hitlers wird deutlich, daß bei einem Zusammenschluß Rußlands mit den Vereinigten Staaten und bei einer Kombination ihrer gewaltigen Ressourcen Deutschlands Schicksal besiegelt sein würde. Hitlers Sieg hätte schnell kommen müssen, solange die deutschen Armeen noch frisch und zum Kämpfen bereit waren, oder er würde überhaupt nicht kommen. Rußland mit seinen weiten Räumen, mit seiner slawischen Geduld und seinem marxistischen Optimismus, konnte ausharren und warten. Anders als seine Feinde, so klagte Hitler, war Deutschland für immer dazu verdammt, sich beeilen zu müssen. Hitler war überzeugt, er hätte sein Spiel gewinnen und Rußland besiegen können, wenn Mussolini nicht die idiotische Intervention in Griechenland gestartet hätte. Mit der Rettung Mussolinis wurden kostbare Zeit und Mittel vergeudet. Der Rußlandfeldzug konnte deshalb nicht vor dem 22. Juni begonnen werden und war vor Beginn des Winters noch nicht abgeschlossen. So verlor Hitler sein großes Spiel gegen die Uhr.

Trotzdem war Großbritannien zugegebenermaßen seine schwerwiegendste strategische Fehleinschätzung. Aber bei all seinen anderen Fehlschlägen, so folgerte Hitler, konnte es ihm nicht als Fehler angelastet werden, daß er die Hartnäckigkeit der Briten nicht vorausgesehen hatte. Er glaubte, die wahren Interessen der Briten erkannt zu haben, aber er hatte ihre Intelligenz überschätzt. Es war nicht seine Schuld, wenn sie lieber ihre eigene Weltmachtstellung zerstören wollten, anstatt sich mit ihm zu arrangieren. Er hatte versucht, so behauptete er, ein Arrangieren leichtzumachen. So habe er zum Beispiel in Dünkirchen eine höfliche Geste gezeigt. Aber die Briten wußten sie nicht zu würdigen. Nachdem sie sich selbst in der Schlacht um England verteidigt und Italien im Mittelmeerraum geschlagen hatten, wäre es in ihrem nationalen Interesse gelegen, Frieden zu schließen. Europa wäre dann unter der Vorherrschaft der Deutschen vereint gewesen, das jüdische Gift ausgemerzt, Frankreich und Italien hätten auf unangemessene Großmachtaspirationen verzichten müssen. Deutschland, im Rücken sicher, hätte sich mit ganzer Seele den fundamentalen Zielen seiner Außenpolitik zuwenden können: der Zerstörung des Bolschewismus und der Eroberung weiter Gebiete im Osten. Großbritannien, seiner europäischen Sorgen enthoben, hätte sich dann seinem Weltreich widmen können. Ein neues, globales Gleichgewicht hätte das Empire erhalten:

»Wenn das Schicksal dem alternden und geschwächten Großbritannien einen neuen Pitt beschert hätte statt dieses jüdisch beherrschten, halbamerikanischen Trunkenbolds, hätte der neue Pitt sofort erkannt, daß Großbritanniens traditionelle Politik des Gleichgewichts der Kräfte nun auf einer anderen Ebene angesetzt werden muß, diesmal auf weltweiter Ebene. Statt die europäischen Rivalitäten aufrechtzuerhalten, hervorzubringen und noch Öl in ihr Feuer zu gießen, hätte Großbritannien besser daran getan, sein möglichstes zu tun, eine Einigung Europas herbeizuführen. Als Verbündeter eines vereinten Europas würde es dann auch weiterhin die Möglichkeit haben, die Rolle des Schiedsrichters in weltpolitischen Fragen zu spielen ...[4])

4) Hitler, *The Testament of Adolf Hitler*, S. 32

(Churchill) hat die gleichen Fehler begangen, die jene Generale machen, die einen Krieg nach den Grundsätzen des vorangegangenen Krieges führen. Der entscheidende neue Faktor (seit der Zeit Pitts) ist die Existenz jener zwei Giganten, der Vereinigten Staaten und Rußlands. Pitts England garantierte das Gleichgewicht der Kräfte, indem es eine Hegemonie in Europa verhinderte, d. h. indem es Napoleon von dem Erreichen seiner Ziele abhielt. Auf der anderen Seite hätte Churchills England die Einigung Europas zulassen sollen, wenn ihm daran gelegen war, das Gleichgewicht der Kräfte zu bewahren.«[5])

Daraus schloß Hitler im Jahr 1945: »Eine Voraussagung können wir mit Sicherheit machen: wie auch immer dieser Krieg ausgehen mag, das britische Weltreich ist am Ende. Es ist tödlich verwundet worden. Die Zukunft des britischen Volkes wird heißen, vor Hunger und Tuberkulose auf seiner verfluchten Insel sterben zu müssen.«[6]) »Churchill hat dadurch, daß er sich weigerte, mit mir Frieden zu schließen, sein Land zu einer Politik des Selbstmordes verdammt.«[7]) Die Amerikaner, Russen und Juden würden als große Sieger aus dem Krieg hervorgehen. Amerikaner und Russen würden sich bald um die Erde streiten. Und schließlich würden sich die Juden in ihrer Arroganz übernehmen. Deutschland wäre trotz der großen Leiden bei einer Niederlage im Grunde gesund, meinte Hitler. Das deutsche Volk würde, von seinen Juden gereinigt, wieder aufleben. Zusammenfassend beschrieb Hitler die Zukunft mit folgenden Worten: »Mit der Niederlage des Deutschen Reiches und dem bevorstehenden Erwachen des asiatischen, afrikanischen und vielleicht südamerikanischen Na-

5) Ibid., S. 30
6) Ibid., S. 34
7) Ibid., S. 30

tionalismus wird es in der Welt noch zwei Großmächte geben, die sich die Stirn bieten können – die Vereinigten Staaten und Sowjetrußland. Die Gesetze von Geschichte und Geographie werden diese beiden Mächte zu einer Kraftprobe zwingen, entweder militärisch oder auf wirtschaftlicher und ideologischer Ebene. Die gleichen Gesetze machen es unumgänglich, daß beide Mächte zu Feinden Europas werden. Und es ist ebenso sicher, daß diese beiden Mächte es früher oder später wünschenswert finden werden, die Unterstützung der einzigen überlebenden großen Nation in Europa, des deutschen Volkes, zu suchen. Mit all der mir möglichen Deutlichkeit sage ich, daß die Deutschen es um jeden Preis vermeiden müssen, die Rolle eines Bauern im Schachspiel für das eine oder das andere Lager zu spielen.«[8])

In seinem Bunker sitzend dachte Hitler darüber nach, was mit Europa geschehen würde. Er überlegte, ob nicht er des alten Kontinents letzte Chance gewesen war. Seiner Meinung nach war Europa unfähig zu einer freiwilligen Reform. Ein neues Europa konnte nur auf den Scherben all jener versteckten Interessen aufgebaut werden – wirtschaftliche Koalitionen, geistige Unbeweglichkeit, engstirnige, verstockte Vorurteile –, die einen hinfälligen Status quo aufrechterhielten. Napoleon habe das gewußt und sich für einen dauerhaften Frieden eingesetzt, meinte Hitler. Aber ebenso wie Hitler würde er fortwährend dazu gezwungen, Krieg zu führen: »Und es war immer dieses Großbritannien, das den Weg Europas zum Wohlstand versperrte. Aber jetzt ist es alt und geschwächt, wenn auch nicht weniger bösartig und gefährlich. Schließlich wird es in dieser negativen und unnatürlichen Haltung auch noch von den Vereinigten Staaten unterstützt, die wiederum von den vereinten Kräften des internationalen Judentums ange-

8) Ibid., S. 107–8

feuert und gedrängt werden, das aufgeblüht ist und das aufgrund unserer Uneinigkeit auf eine lange Blütezeit hofft.«[9])

Die Vereinigten Staaten würden laut Hitler am Ende auch untergehen, entledigten sie sich nicht der Bevormundung der Juden. Mit ihren reichen Bodenschätzen und ihrer ebenso großen Dummheit machten sie auf ihn den Eindruck »eines von Elephantiasis befallenen Kindes«[10]). Brächen sie zusammen, würde sich den gelben Rassen eine neue große Möglichkeit eröffnen. In dieser neuen und äußerst gefährlichen Welt würden nur solche weißen Rassen überleben können, die gelernt hätten, in allen Leiden stark und tapfer zu sein, und die in ihren Reihen das tödliche Gift des Judentums ausgemerzt hätten. Von daher rührt Hitlers Hoffnung für Deutschland bei seinem Abschied. Hinsichtlich der Juden sagte er: »(Im Sieg) werden sie derartig arrogant sein, daß sie eine heftige Reaktion gegen sich hervorrufen werden ... Der verschlagene, schamhafte Jude wird verschwinden und durch einen aufgeblasenen, bombastischen Juden ersetzt werden ... Unter diesen Umständen besteht die Gefahr, der Antisemitismus könne verschwinden, wohl kaum, denn es sind die Juden selbst, die Öl in ihre Flammen gießen und sehen, daß das Feuer gut geschürt ist.«[11])

Hitlers Analyse erneut überdacht
Die Fehleinschätzung hinsichtlich Großbritanniens

Hitlers Erklärung seines eigenen Sturzes und seine Konsequenzen für die Zukunft verdeutlichen die für ihn charakteristische Verbindung von Scharfsinn, Boshaftigkeit und ex-

9) Ibid., S. 102
10) Ibid., S. 108
11) Ibid., S. 52–3

tremistischer Logik. Sein grundlegendes Argument, nachdem Großbritannien sich selbst und Europa dadurch vernichtet habe, daß es mit Deutschland keinen Frieden schließen wollte, ist natürlich die Abwandlung eines alten Themas sowohl der britischen als auch der deutschen Politik. Seit dem ausgehenden 19. Jahrhundert hatten britische Strategen von einer britisch-deutschen Anpassung gesprochen, um eine gegenseitige Zerstörung zu verhindern und um die wachsende Stärke der Vereinigten Staaten in Grenzen zu halten. Mehrere Anstrengungen in Richtung Deutschland sind unternommen worden, am bekanntesten ist wohl die Joseph Chamberlains aus dem Jahr 1898. Im Rückblick zumindest erscheint eine solche Strategie für Großbritannien plausibel. Natürlich gingen die Briten trotz ihres ruhmreichen Mutes in vielerlei Hinsicht als Verlierer aus dem Zweiten, wenn nicht sogar auch aus dem Ersten Weltkrieg hervor. Die Vereinigten Staaten haben Großbritanniens ehemalige Position in der Weltwirtschaft nach und nach übernommen, und es fiel den Briten zunehmend schwerer, selbst mit den ganz offenkundig geschlagenen Staaten wie Frankreich, Deutschland und Japan Schritt zu halten.

Warum wiesen die Briten 1938 oder 1941 jede Einigung mit den Deutschen kurzerhand zurück? Warum entschieden sie sich statt dessen für die Fortsetzung eines Krieges, der aller Voraussicht nach zum Untergang ihrer Weltmachtstellung führte?

Es scheint ratsam, sich verschiedene Erklärungen dafür anzusehen. Hitler schob natürlich den Juden die Schuld zu. Aber selbst wenn ihr Einfluß beachtlich war, konnte Hitler doch kaum darauf hoffen, daß ihn die Briten umarmten. Hitler erklärte auch Churchill für schuldig. Vielleicht war Churchill in seiner Streitsüchtigkeit zu unnachgiebig für Großbritanniens langfristige Interessen. Oder vielleicht tendierte er zu einer Politik, die die Weltmachtstellung

Großbritanniens auf Amerika übertragen sollte, in der Hoffnung, daß ein besonderes britisch-amerikanisches Verhältnis Großbritanniens Wohlstand und Einfluß bewahren würde. Sicherlich, seit dem ausgehenden 19. Jahrhundert sahen viele Briten in dem Aufstieg der Amerikaner die natürlichste und äußerst wünschenswerte Entwicklung für das wirtschaftliche und politische Weltsystem, welches ursprünglich von ihnen geschaffen worden war. Nachdem sie sich von der Notwendigkeit einer hegemonialen Macht zur Führung in der Welt überzeugt hatten und nachdem sie ihre eigene Unfähigkeit, diese Rolle weiterhin spielen zu können, erkannt hatten, waren sie nun zufrieden damit, das Griechenland für das neue amerikanische Rom spielen zu dürfen. Schließlich waren die Vereinigten Staaten ja auch ein Ast von Großbritanniens politischem Baum.

Derartige Ansichten mögen wohl weitverbreitet gewesen sein, aber nicht in der britischen Regierung Ende der 30er Jahre. Chamberlain, nicht Churchill, war an der Macht. Er machte sich einerseits wegen der Bedrohung Großbritanniens durch Amerikas wirtschaftlichen Aufstieg Sorgen und war andererseits sehr skeptisch gegenüber der Erwartung, Großbritanniens Interessen könnten durch eine Partnerschaft mit den Vereinigten Staaten gewahrt werden. Aber auch Chamberlain war kaum mehr als Churchill bereit, Hitlers Bedingungen zu einer allgemeinen Einigung anzunehmen. Die Garantie für Polen macht es deutlich: Großbritannien würde Deutschland im Osten keine freie Hand lassen. Während der 30er Jahre widerstanden die Briten der deutschen Expansion auf dem Balkan in der Tat sehr hartnäckig, und das trotz der relativ geringen wirtschaftlichen Bedeutung dieses Gebietes für sie – besonders im Vergleich zu ihren wirtschaftlichen Interessen in Deutschland selbst.

Warum diese Ablehnung gegen eine Aussöhnung? Vielleicht waren die Briten einfach zu gierig. Die Verlockung des Öls und der Investitionsmöglichkeiten auf dem Balkan mag sicherlich Anreiz genug gewesen sein, die Bemühungen zu einer weltweiten Einigung zunichte zu machen. Zudem hatten sich die Briten in den 20er Jahren wütend mit den Franzosen über die finanziellen Einflußsphären in Osteuropa gestritten. Feindschaft mit Frankreich, genährt durch Kontroversen, die für Großbritanniens übergeordnete Interessen so unwichtig waren, wurde für die Briten schon Ende der 20er Jahre, als das Pfund an Wert verlor, zu einem sehr kostspieligen Unternehmen.

Ein Grund liegt auf der Hand. Die britische Öffentlichkeit verabscheute und fürchtete Hitler. Obwohl seine schnellen wirtschaftlichen Erfolge beeindruckend waren, stand das politische System der Nazis im Widerspruch zur liberalen Sensitivität, ganz zu schweigen von den besonderen Antipathien der Juden und Marxisten. Und Hitlers diplomatischer Stil verbesserte den internationalen Ruf Deutschlands wohl kaum. Gewiß, auch das britische Weltreich war nicht von Männern geschaffen worden, die es ihrer Empfindlichkeit gegenüber dem innen- und außenpolitschen Auftreten ihrer Verbündeten erlaubten, die lebenswichtigen Interessen Großbritanniens zu beeinträchtigen. Aber Hitlers Forderungen gingen selbst den kaltherzigsten parlamentarischen Führern zu weit.

Das Aussortieren dieser verschiedenen ideologischen und persönlichen Überlegungen in der britischen Politik ist zwar interessant, aber wahrscheinlich doch unerheblich. Aus welchen Motiven auch immer, bewußt oder unbewußt, Großbritanniens Zurückweisung der deutschen Ambitionen hatte eine Rechtfertigung, die kaltblütig genug war, daß Hitler sie verstand und wohl sogar erwartete. Bei der Einigung, die Hitler vorgibt, angeboten zu haben, sollte Deutschland auf Kosten von russischem Territorium und französischen Ansprüchen eine Supermacht werden. Großbritannien sollte in seinem Weltreich ungestört bleiben, dazu bestimmt, eben einem von den Deutschen beherrschten Europa ein Gegengewicht und einen potentiellen Verbündeten gegen die sonst anmaßend werdende Weltmacht der Vereinigten Staaten darzustellen. Selbst eine leidenschaftslose britische Politik, die sich der Gefahren eines amerikanischen Übergewichts bewußt gewesen wäre und sich bereit erklärt hätte, Hitlers Greueltaten innerhalb des deutschen Herrschaftsbereichs zu ignorieren, hatte wohl ein solches Übereinkommen letztendlich trotzdem ablehnen müssen. Denn wie sollte man von den Briten erwarten, ihre Zukunft auf die Annahme zu gründen, Hitlers deutscher Superstaat würde friedlich und autark bleiben? Wie sollte man denn Deutschland daran hindern, seinen wirtschaftlichen und militärischen Einflußbereich weiter auszudehnen, sobald die riesige kontinentale Bastion einmal gefestigt war? Vor allem, warum sollten die Briten Hitler vertrauen? Trotz seiner Deutlichkeit in *»Mein Kampf«* und dem *»Secret Book«* waren seine späteren Äußerungen unklar. Obwohl er zunächst eine weltwirtschaftliche Rolle für Deutschland eindeutig ablehnte, wünschte Hitler selbstverständlich, daß Deutschland eine führende Weltmacht würde. Und sein dynamisches, vom Konkurrenzkampf bestimmtes Geschichtsverständnis widersprach jeder statischen Rollenfestlegung. Auf jeden Fall, wie konnte man ungeachtet Hitlers momentaner Absichten erwarten, daß eine Nation von so außerordentlicher Dynamik in Handel und Industrie wie Deutschland auch weiterhin kein Interesse an der Weltwirtschaft haben würde? Wer konnte garantieren, daß eine deutsche Supermacht es den Vereinigten Staaten nicht gleichtun würde? Ein riesiges kontinentales System wäre die geschützte Basis, von der aus die deutsche Wirtschaftsmacht in globale Dimensionen hineinwachsen würde. Hätte Großbritannien seine Verbündeten auf dem Kontinent geopfert und die Freundschaft der Vereinigten Staaten verschmäht, würde es sich mit einer unendlich stärkeren und rücksichtsloseren Version des alten Kaiserreiches Deutschland konfrontiert gesehen haben. In der Tat, aufgrund von Hitlers Ambitionen und der Kriegsgefahr standen die Briten vor der Wahl, sich zwischen zwei Herren entscheiden zu müssen. Sie hätten es natürlich vorgezogen, dieser Entscheidung ganz und gar aus dem Weg zu gehen, aber Hitlers dynamische Expansion macht ein Abwarten unmöglich. Es ist nicht verwunderlich, daß sie am Ende Roosevelts Amerika dem Deutschland Hitlers vorzogen.

Sein eigenes Weltbild hätte es Hitler klarmachen müssen, daß keine andere europäische Großmacht, einschließlich Großbritannien, der deutschen Hegemonie freiwillig nachgeben würde. Wollte Deutschland seinen »Lebensraum« und die Hegemonie auf dem Kontinent, die ja die unumgängliche Konsequenz dessen war, würde es sie mit Gewalt erringen und halten müssen. Am Ende war Hitlers Deutschland, so wie das des Kaisers vor ihm, nicht stark genug für seine Ziele. Abgesehen von den Amerikanern gab es in Europa selbst zu viele Großmächte. Ein Deutschland, das eine militärische Vormachtstellung anstrebte, konnte weder den Zusammenschluß der anderen gegen sich verhindern, noch war es in der Lage, sie im Falle dieses Zusammenschlusses zu besiegen.

Der Grund für Deutschlands Scheitern, so könnte man sagen, war nicht nur mangelnde Stärke, sondern es kamen auch einige historische Gegebenheiten hinzu, die es für eine Vormachtstellung besonders ungeeignet machten. Die Deutschen haben sich als ausgesprochen wenig talentiert erwiesen, Verbündete zu gewinnen. Sie haben nie einen Weg gefunden, ihre Hegemonie zu rechtfertigen. Dabei gab es mit Sicherheit vielversprechende Möglichkeiten. Der Gedanke, Europa müsse sich entweder zusammentun oder aber es würde von außen beherrscht werden, wäre überzeugend genug gewesen und hätte einer Festigung der deutschen Vorherrschaft dienen können, besonders nachdem die Franzosen geschlagen waren. Aber Hitlers sich auf seinen ausschließlich rassistischen Glauben stützende Vorstellungen von Europa boten den anderen Europäern wenig. Wurde ihre Rasse »akzeptiert«, konnten sie bestenfalls damit rechnen, umerzogene Deutsche zu werden. Andernfalls würde man sie ausrotten oder zu Sklaven machen. Es war ein zu trostloses Programm, um sich aus ihm eine akzeptable Ideologie zusammenzuschustern – wenigstens ein Mäntelchen des Anstandes –, um die deutsche Vorherrschaft zu rechtfertigen und abzuschwächen. Als Ideologie der Hegemonie läßt sie sich kaum mit dem Liberalismus der französischen Revolution, dem Rationalismus Napoleons oder dem Antikommunismus und Wirtschaftsliberalismus Nachkriegsamerikas vergleichen.

Deutschlands ungeschickter Umgang mit den Erfordernissen einer Hegemonie entsprang vielleicht einer gewissen Binnenorientierung der deutschen Kultur. Zweifellos stellte der Nationalsozialismus eine besonders exklusive Ausdrucksform der deutschen Kultur dar. Aber wie in den vorangegangenen Kapiteln bereits erwähnt, waren die Deutschen im Ersten Weltkrieg kaum erfolgreicher. In keinem der beiden Kriege konnten die Deutschen eine wirkungsvolle ideologische Stütze für ihre Hegemonie entwikkeln. Ihre Mängel in dieser Hinsicht scheinen mehr eine Frage der Psychologie und des Auftretens als ein Fehlen künstlerischer und geistiger Substanz. Dem Deutschland des 19. Jahrhunderts fehlte es wohl kaum an großem Geist. Aber die Heimat Goethes, Beethovens, Hegels und Wagners hätte in ihrem Stolz gelassener und großzügiger sein sollen. Statt dessen war das Gesicht, das es Europa zeigte, arrogant, zum Kampf gerüstet und abwehrend. Vielleicht mangelte es der deutschen Kultur, wie Hitler manchmal sagte, an dem Vertrauen, sich selbst in universalistischem Geist kundzutun.

Ebenso wie die Deutschen beim Begründen ihrer Hegemonie Schwächen zeigten, erwiesen sie sich auch unfähig, sie auszuüben. Zugegeben, Kriegszeiten bringen bei jedermann leicht das Schlechteste hervor. Und die Rassenpolitik konnte kaum damit rechnen, Verbündete zu gewinnen. Aber in keinem der beiden Kriege zeigten die Deutschen allesamt großes Talent, mit Verbündeten umzugehen. Sicherlich reichten ihre politischen Phantasien bei weitem nicht zu jenem multilateralen Hokuspokus, wie er für die amerikanische Hegemonie nach dem Krieg so charakteristisch ist.

Hitlers Analyse aus heutiger Perspektive: Europas Zukunft

Wahrscheinlich erwies sich Hitler nach seinem Tode als ein besserer Beobachter der Welt als vorher. Mit seiner Niederlage verblaßte Großbritannien, und Europa wurde zwischen den Supermächten aufgeteilt. Als sich die größeren europäischen Staaten wieder erholt hatten, sorgten sie sich erneut um ihre Zukunft in einer Welt der Giganten. Die alte Angst empfahl die alte Lösung: Einheit. Da Deutschland verstümmelt war, Großbritannien schwächer und Frankreich stärker wurden, waren sich die größeren Staaten wahrscheinlich ebenbürtiger als je zuvor. Keiner erschien als ein deutlicher Bewerber um eine Vormachtstellung. Darüber hinaus schränkten Amerikas Schutzmachtstellung und Rußlands Drohung ihren Manövrierraum ein. Unter diesen Umständen hielt die alte Idee eines europäischen Zusammenschlusses nach einer Art Föderalismus Ausschau. Das Ergebnis war eine Art europäische Koalition um den Gemeinsamen Markt herum. Ihr Grundprinzip ist denjenigen, die sich mit dem Deutschen Problem befassen, nicht unbekannt. Eine integrierte Wirtschaft soll Europa die Möglichkeit geben, mit den Vereinigten Staaten konkurrieren zu können. Die gemeinsame Stärke der Europäer soll, außerhalb Europas eingesetzt, die territoriale und wirtschaftliche Sicherheit Europas verteidigen. Als der stärkste Staat mit der dynamischsten Wirtschaft wird Deutschland wohl den größten Nutzen daraus ziehen. Das ganze Gebilde ist somit eine Antwort auf jene geopolitische Sorge, die die Deutschen während des ganzen 20. Jahrhunderts beunruhigt hat. Es bietet jedem etwas. Für den Idealisten überwindet die Einheit Europas Schwäche durch friedliche Zusammenarbeit, ohne die Unabhängigkeit der kleineren Staaten zu zerstören oder zwischen den größeren einen Kampf bis zum Untergang herbeizuführen. Für den Zyniker stellt die Einheit einen einfallsreicheren und wirkungsvolleren Weg dar, der es dem Stärksten ermöglicht, eine Hegemonialposition aufzubauen. Hätten die Deutschen zu einem früheren Zeitpunkt in diesem Jahrhundert schon so viel politische Grazie und Schläue besessen, könnte man sagen, dann wäre Europa und der Welt vielleicht ein Großteil der Unruhe erspart geblieben.

Hitler überdachte diese Möglichkeit auf seine Art und lehnte sie vollständig ab. Die Gründe sind kennzeichnend. Seine Ansichten kann man aus den verletzenden Bemerkungen über Stresemann und die kurze französisch-deutsche Entente der späten 20er Jahre ersehen und ganz besonders aus seiner Beurteilung »Pan-Europas« in dem »Zweiten Buch« aus dem Jahr 1928. Ganz Europa, so schrieb er, würde Deutschlands Schicksal in dem zukünftigen, brutalen wirtschaftlichen Wettstreit mit Amerika teilen:

»Es ist leichtsinnig ... zu glauben, der Wettstreit zwischen Europa und Amerika würde immer nur friedlicher wirtschaftlicher Natur sein, wenn wirtschaftliche Motive zu entscheidenden lebenswichtigen Faktoren werden ... (Sobald Amerikas innere Kolonisation abgeschlossen ist . . .) wird der natürliche aktivistische Drang, der jungen Nationen eigen ist, nach außen drängen. Aber den Überraschungen, die die Welt vielleicht noch erleben wird, könnte dann am allerwenigsten ein pazifistischer, demokratischer paneuropäischer Mischmasch-Staat ernsthaft entgegentreten.«[12])

Der Leichtgläubige wird zu dem Schluß kommen, Europa müsse eine den Vereinigten Staaten ähnliche Union schaffen, um sich zu wappnen. Aber Amerikas Stärke resultiere, so schreibt Hitler, aus einem langen Einigungsprozeß. Keine mechanische, europäische Koalition würde allein durch das bloße Zusammenlegen vergleichbarer Potentiale eine vergleichbare Stärke mobilisieren können. Eine europäische Union würde ihre ganze Stärke in inneren Rivalitäten aufreiben. Aber selbst das Erreichen der Hegemonie in einem kosmopolitischen Europa würde für den Sieger selbstzerstörerisch sein. Denn der dominante Staat würde bald seine Rasse verlieren und verschwinden.

Es war in der Tat der Kosmopolitismus eines vereinten Europas, der Hitler empörte. Die Juden würden ihn begrüßen, sagte er. Sie würden aufblühen, während andere Völker ihre Identität und ihre Regierung verlören. Solch ein Europabild war – wie er es sah – die Wiedergeburt des alten Österreich in einem größeren Rahmen – »jenes lebendigsten Beispiels außerordentlicher Stärke künstlich zusammengeschweißter Gebilde«.[13]) Coudenhove-Kalergi, ein ungarischer Aristokrat und Pan-Europas unermüdlicher Verfechter, war in Hitlers Augen »jedermanns Bastard«, der sich der idiotischen Vorstellung hingab, Pan-Europa würde eines Tages »dieselbe Rolle gegenüber der amerikanischen Union oder einem national wiedererwachten China spielen, die früher der alte österreichische Staat

12) Adolf Hitler, *Hitlers Zweites Buch* (New York: Grove Press), S. 107
13) Ibid., S. 108

gegenüber Deutschland und Rußland gespielt hat«.[14]) Für Hitler war ein Pan-Europa das wiederauferstandene Habsburg-Monster: »Es ist der wurzellose Geist des kaiserlichen Wien, jener gemischten Stadt des Orients und des Okzidents, der uns hier empfohlen wird.«[15])

Hitlers Verachtung war weit mehr als die natürliche nationalistische Skepsis gegenüber der Lebensfähigkeit multinationaler Staaten. Denn er wies nicht nur den Gedanken eines konföderativen Europas, das nicht auf einer Vorherrschaft basierte, zurück, sondern fürchtete darüber hinaus vielmehr die Konsequenzen einer Vorherrschaft, falls Deutschland sie erringen sollte. Denn der Sieg würde die Deutschen hereinlegen, genauso wie sie von dem alten österreichischen Weltreich umgarnt worden waren. Sie würden nach und nach von ihren Eroberungen aufgesaugt und schließlich in einer Art »Rassenfalle« verschwinden. Hitlers Argumente gegen ein Pan-Europa bringen uns zu demselben Punkt, an dem wir zuvor bereits angelangt waren: Sein Rassismus ließ keinen Platz für andere Völker in seinem europäischen Superstaat, nicht einmal für Tributpflichtige. Würde man behaupten, die Rassenpolitik wäre völlig apolitisch oder hätte in erster Linie nur mit dem Krieg zu tun, verfehlte man den Kern. Rassenpolitik war das Ziel des Krieges.

Zusammenfassend kann man sagen, daß Hitlers territoriale Lösung für das Deutsche Problem eine schreckliche Logik beinhaltete, nicht nur in der geopolitischen Analyse, die er mit seinen kaiserlichen Vorgängern teilte, sondern auch in seiner seltsamen Rassenlehre. Diese zwei Quellen waren selbstzerstörerisch. Diejenigen, die mit dem Erfordernis eines starken Europa übereingestimmt und vielleicht sogar einer deutschen Hegemonie zugestimmt hät-

14) Ibid., S. 107
15) Ibid., S. 108

ten, um es zu erreichen, fanden keinen wirklichen Platz in Hitlers rassistischem Programm. Seine Lösung des Deutschen Problems bedeutete die Vernichtung der anderen Nationen Europas. Glücklicherweise waren die Deutschen zu schwach, um allein gewinnen zu können. Und dank Hitlers Niederlage sollte Pan-Europa, die Möglichkeit, die er so heftig zurückgewiesen hatte, vielleicht die größte Hoffnung werden, das Deutsche Problem in der Nachkriegszeit lösen zu können.

Abschluß: Hitler, Evolution oder Katastrophe?

Dieses Kapitel begann mit der Frage, wo Hitlers Platz in der Kontinuität deutscher Geschichte zu suchen ist. In der Außenpolitik sind die Ähnlichkeiten zwischen dem kaiserlichen und dem nationalsozialistischen Deutschland offenkundig. Hitler vertrat dieselbe geopolitische Analyse: dieselbe Gewißheit von den Konflikten zwischen den Nationen, dasselbe heftige Verlangen und dasselbe Rationale für die Hegemonie über Europa. Der Erste Weltkrieg, so konnte er behaupten, verstärkte nur die Gültigkeit dieser geopolitischen Analyse. Die Erfahrung hatte die letzte Illusion von einer mit friedlichen Mitteln errungenen Hegemonie in Europa zerstört, aber auch die Illusion eines weltweiten friedlichen wirtschaftlichen Wettbewerbs mit Großbritannien. Deutschlands Nachbarn hätten dem Land niemals erlaubt, seinen Platz an der Sonne in Frieden einzunehmen. Auf der anderen Seite war Hitlers blutrünstiger Rassismus sicherlich der Vorstellungen, die Bethmann-Hollweg oder selbst der Kaiser sich machten, völlig fremd. Rassistische Ansichten kann man im Kaiserreich Deutschland sehr leicht auftun, aber sie haben niemals die Außen- oder Innenpolitik irgendeiner Regierung beherrscht. Können wir daraus folgern, daß Hitlers Rassismus etwas den Deutschen Unbekanntes war? War er, wie manchmal gesagt wird, eine exotische Importware aus dem dekadenten und unglücklichen Österreich? Waren Hitlers Ansichten des Deutschen Problems in der Tat mehr österreichisch als deutsch?

Solch ein Problem ist schwer zu definieren, ganz zu schweigen von einer Beantwortung. Sicherlich hinterlassen Hitlers Schriften den Eindruck, daß die Erfahrungen, die seinen antisemitischen Glauben formten, von seinen frühen Tagen in Wien herrührten, und man kann sich leicht den Haß auf Juden und Slawen vorstellen, der im Umfeld des enttäuschten und bedrängten Kleinbürgertums der Doppelmonarchie um sich griff. Rassismus gab es natürlich auch in Deutschland, so wie es ihn in der Tat in allen europäischen Staaten gab. Aber eine derartig umfassende Hingabe an die Rasse paßte eher – so könnte man sagen – in die politische Kultur des vielsprachigen Österreich als in die des national homogenen Deutschland.

Dieser Meinung entgegen muß jedoch festgehalten werden, wie leicht viele Menschen in Deutschland Hitlers Antisemitismus ruhig hinnahmen – und einige mit weit mehr als bloßer Gleichgültigkeit. In der Tat, Hitlers Rassismus erscheint nicht so sehr als ein Importprodukt, sondern als eine extreme Version der generell nach innen gewandten Orientierung der deutschen Kultur und der Unbeholfenheit der deutschen Regierenden im Umgang mit Ausländern. Um die Wahrheit zu sagen, die Deutschen haben nie viel Geschick für kosmopolitische Reize oder multinationales Management gezeigt. Ihr mangelndes Talent in dieser Hinsicht hat ihre Außenpolitik stark behindert. Der Gerechtigkeit halber muß auch hinzugefügt werden, daß das habsburgische Österreich bei der Ausübung seiner Hegemonie weit mehr Geschick bewiesen hat – vielleicht weil es niemals von seinen Hitlern regiert wurde. Trotz all ihrer Fehler waren die regierenden Klassen der Habsburger

Monarchie keine Abenteurer, die ihre kulturellen Traditionen leicht nahmen. Auch waren sie keine provinziellen nationalistischen Fanatiker, unfähig, andere Kulturen zu tolerieren, zu respektieren und aufzunehmen. In diesem Sinne mag es wahrscheinlicher sein, daß Hitler so wie seine preußischen Vorgänger scheiterte, weil er zu sehr Deutscher und nicht genügend Österreicher war. Der pan-europäische Gedanke entstand zweifellos in Wien. Aber Wien hatte eine ältere Kultur mit mehr politischer Erfahrung als Berlin. Das Reich der Habsburger belegt einen längeren und ehrenvolleren Platz in der Geschichte als das Zweite oder das Dritte Reich.

6. Kapitel

Das Deutsche Problem: Gesellschaftliche und kulturelle Erklärungen

Die Irrtümer innenpolitischer Erklärungen

In der Nachkriegszeit bildete der Versuch, den Schlüssel zum Deutschen Problem in dem sozio-kulturellen Charakter des Landes zu finden, eine Lieblingsbeschäftigung der Forschung.

Dieser Ansatz hat mancherlei Vorzüge, sie treffen aber nicht unbedingt den Kern der Sache.

Für Ausländer ist es nicht nur plausibel, sondern auch praktisch, die Verbrechen Deutschlands auf die ihm innewohnenden Mängel seiner Gesellschaft und Kultur zu schieben. Und für manche Deutsche und Ex-Deutsche, die Deutschland die Verantwortung für die größten Katastrophen des Jahrhunderts zuschreiben, spricht dafür eine gewisse traditionelle Selbstüberschätzung und auch die Unkenntnis anderer Gesellschaften. Trotzdem, obwohl das allseits als bequem erachtet wird, halten Versuche, diese angeblich den Deutschen innewohnenden Mängel zu definieren und in einen Bezug zu bringen, unparteiischen Untersuchungen nicht immer stand. Oftmals wird eine Reihe von Klischees zu einem kollektiven deutschen »Charakter« zusammengeschustert. Das Ergebnis stellt sich dann als Widerspiegelung jener Eigenschaften dar, die die Menschen in ihren eigenen Gesellschaften am wenigsten mögen. In vielen Fällen scheinen die Charakteristika in ihrem Bezug zu Deutschland falsch interpretiert, und außerdem kann man sie in anderen Gesellschaften auch sehr leicht finden. Im schlimmsten Falle erinnern solche Versuche einer Definition verzweifelt an die notorischen Methoden antisemitischer Ideologen.

Viele ehrenwerte Gelehrte haben dieser gefährlichen Beschäftigung gefrönt. Obwohl die gemeineren Formen der antideutschen Propaganda heute bei den Historikern nicht mehr üblich sind, leben die Auswirkungen dieser Diffamierung noch fort, wie eine gewisse Tendenz antideutscher Propaganda in dem heutigen Europa zeigt. Wenn wir ehrlich sind, müssen wir zugeben, daß viele von uns ein solches Bild von Deutschen gerade unterhalb der Bewußtseinsschwelle mit sich herumtragen.

Der berühmte britische Historiker, Sir Lewis Namier, gibt dafür ein sehr gutes Beispiel mit seiner 1947 geschriebenen Buchkritik zu A. J. P. Taylors *»Course of German History«*. Namier griff Taylor an, er habe seine »brillante Analyse« nicht der eigentlichen deutschen Frage gewidmet: »Warum werden einzelne Deutsche in nichtdeutscher Umgebung nützliche, anständige Bürger, und warum entwickeln sie auf der anderen Seite – sobald sie in Gruppen auftreten – Tendenzen, die sie zu einer Bedrohung für ihre Mitmenschen werden lassen?« »Wir nennen den Deutschen ›unmenschlich‹: denn manchmal benimmt er sich wie eine Bestie und manchmal wie ein Roboter. Er ist zwar gebildet, aber nicht zivilisiert.«[1]) Namier fuhr fort und lieferte eine Skizze seiner eigenen psychologischen und soziologischen Erklärung. Die Deutschen seien eigenbrötlerisch und angespannt, ohne Charme und Ungezwungenheit und argwöhnisch mit ihrer Männlichkeit beschäftigt – im allgemeinen seien es Menschen mit wenig menschlichen Kontakten. Da ihr gesellschaftliches Miteinander niemals natürlich sei, brauchten sie Gesetze und Regelbücher für alle

1) Sir Lewis Namier, *Facing East: Essays on Germany, the Balkans, and Russia in the Twentieth Century*, (New York: Harper & Row, 1947) S. 21

zwischenmenschlichen Beziehungen, selbst für Tyrannei und Massenmord. In einem Volk, das sich so schlecht für das gesellschaftliche Zusammenleben eigne, würden die politischen Schöpfungen unweigerlich unorganisch, unfähig zu spontaner Angleichung und im wesentlichen grotesk. Aber was auch immer ihre Mängel sein mögen, so schreibt Sir Lewis, die Deutschen besäßen eine kalte Hartnäckigkeit und eine bittere Heftigkeit. Früher einmal einfach nur komisch, hätten sie ihre Spannungen seit Bismarck in einen ungeheuren Drang zur Macht gelenkt. Aber jeder Schritt in Richtung Macht mache sie nur noch wütender in ihrem Neid auf solche, die »die nicht erkaufte Gnade des Lebens« besitzen, während sie jedes Hindernis auf ihrem Weg mit gehässiger Wut erfülle. Die Enttäuschung habe sie schließlich in einen kolossalen doktrinären Totalitarismus getrieben: ». . . von der introvertierten Ungeselligkeit stürzten sie sich in die Hitze und den Rausch undifferenzierter und unkritischer Massenhysterie.«[2])

Man mag es Namier, einem ursprünglich aus Mitteleuropa stammenden Juden, verzeihen, daß er so kurz nach Hitlers Tod in einer solchen Art und Weise schrieb. Niemand wird leugnen können, daß das Deutschland der Nazis im Inland ebenso wie im Ausland abscheulich war. Aber es ist keine zufriedenstellende Erklärung, wenn man diese Übel als die von selbst kommende Entwicklung einer den Deutschen angeborenen Schlechtigkeit begreift. Zu erklären, die Deutschen benähmen sich wie wilde Tiere, weil sie wilde Tiere seien, ist bestenfalls eine Vertauschung von Ursache und Wirkung. Alle Gesellschaften weisen in der Tat angeborene bösartige Tendenzen auf, die normalerweise durch einen äußeren Anstrich der Zivilisation bei gegenseitiger Stärkung der Ideale und Hemmungen zurückgehalten werden. In jeder Gesellschaft hat diese zivilisierte

2) Ibid., S. 23

Kruste ihre Sprünge, charakteristische Engstirnigkeiten, Klassenkonflikte, Rassismus und Fremdenfeindlichkeit. In jeder Gesellschaft kann ungeheurer Druck die Kruste sprengen und die Dämonen freisetzen. Die Sprünge, sollten sie auftreten, ziehen sich normalerweise entlang den bereits bestehenden Störungslinien. Aber die Brüche sind nicht die Folge einer plötzlichen Dehnung der Sprünge, sondern die eines allgemeinen Druckaufbaus. Zugegeben, jedes Land hat seine eigene seltsame Pathologie. Die Zusammenbrüche von Gesellschaften, ebenso wie die von Individuen, entblößen sowohl charakteristische Perversionen als auch allgemeine Symptome. Jeder wird auf seine eigene Art verrückt. Aber Wahnsinn ist normalerweise eher die Konsequenz als die Erklärung für den Zusammenbruch.

Ähnliches gilt auch für die Nationen. Viele Studien haben sich bemüht, die Wurzeln des Wahnsinns der Nazis tief in der traditionellen deutschen Gesellschaft und Kultur aufzuspüren. Die Wurzeln sind zweifellos da, und die Studien lehren uns mancherlei, aber sie erklären die tödliche Blüte nicht aus sich selbst heraus. Und wenn wir daraus den Schluß ziehen, es handle sich hier in erster Linie um deutsche Verworfenheit und nicht um allgemein menschliche Fehler, dann verwandeln wir die Tragödie in eine Ideologie und machen das Leiden einer ganzen Generation lächerlich. Denn trotz all der Untersuchungen über die Nazizeit, Untersuchungen, die in der Tat eine Art volkstümlicher politischer Pornographie darstellen, kann man nicht behaupten, Deutschland an sich wäre mehr als andere westliche Nationen zur Verderbtheit veranlagt gewesen. Statt dessen war es ein Land, dessen geographische und historische Umstände es einem Druck unterwarfen, der zu stark war, als daß er noch von seiner politischen Struktur und kulturellen Elite hätte kontrolliert werden können. Nachdem sich der Zusammenbruch erst einmal ereignet und sich eine findige und skrupellose Tyrannei eingerichtet hatte, wurden die Deutschen zu Sklaven ihrer eigenen schlechtesten Instinkte. Aber selbst dieses Deutschland sollte man nicht als Ungeheuer sehen, sondern als ein Land, aus dessen schrecklicher jüngerer Geschichte wir alle etwas lernen können.

Eine solche allgemeine Warnung kann natürlich nicht in einer so allgemein gehaltenen Form »bewiesen« werden. Aber sie kann in Einzelheiten veranschaulicht werden. Es mag deshalb nützlich sein, sich die drei Hauptthemen anzusehen, die normalerweise in den meisten zeitgenössischen Analysen der traditionellen deutschen Kultur behandelt werden: Deutschlands »atavistische feudalistische« Eliten, Deutschlands traditioneller Antisemitismus und Deutschlands »apolitische« philosophische Tradition. Alle drei betrachtete man oft als den Deutschen innewohnende und genuin deutsche gesellschaftliche und kulturelle Entartungen. Meiner Meinung nach bedürfen alle drei der hier genannten Thesen einer gewissen skeptischen Revision. Meine kurzen Anmerkungen können nicht darauf hoffen, den sehr komplexen Problemen gerecht zu werden, aber sie sollen zumindest einige Vorschläge zum Überdenken der überstrapazierten Vorurteile geben und in groben Zügen die Beziehung zwischen Deutschlands soziokultureller Entwicklung und einem weitergefaßten Verständnis des Deutschen Problems aufzeigen.

Deutschlands atavistische Eliten

Eine der bekanntesten Theorien zur modernen deutschen Gesellschaft schiebt viele ihrer Probleme auf eine anhaltende Vorherrschaft »vorkapitalistischer« Eliten. Wie bereits in Kapitel 4 erwähnt, gründet sich eine ganze Schule von Analytikern auf bloße Vermutung – eine Schule, die viel von Veblen übernommen hat, die ihre endgültige Aussage von Schumpeter erhielt, die von Gerschenkron und Barrington Moore weiterentwickelt und verbreitet wurde und die heutzutage die Schriften vieler deutscher Historiker sehr stark beeinflußt.

Schumpeter hatte versucht zu erklären, warum es Kriege, die wirtschaftlich gesehen wahrscheinlich unvernünftig waren, in einem kapitalistischen System trotzdem weiterhin gab. Er fand die Antwort in der Soziologie der Modernisierung und nicht so sehr in der Wirtschaft des Kapitalismus. Wirtschaftliche Rationalisierung bedrohte, laut Schumpeter, die privilegierten feudalistischen Klassen sowohl in ihrer traditionellen politischen Funktion als auch in ihrer landwirtschaftlichen Basis. Ein vernünftig funktionierender Markt bestimmte sie schicksalshaft zur »schöpferischen Zerstörung« – um einen von Schumpeters schlagenderen Sätzen zu verwenden. Das Unterholz des Feudalismus mußte entfernt werden, um dem jungen Wuchs des Kapitalismus Platz zu machen. Aber in vielen Gesellschaften war es dem Markt nicht erlaubt, seine Arbeit zu vollbringen. Eine schwache Bourgeoisie war zu sehr mit kurzfristigen Gewinnen beschäftigt oder zu sehr von aristokratischem Prestige verwirrt, um die politische Kontrolle zu übernehmen und die Politik in Richtung friedlicher, einer rationalen, modernen Wirtschaft angemessener Ziele zu lenken. So konnten die alten Eliten ihre politischen Verbindungen und ihr Geschick dazu nutzen, die Modernisierung hin auf Merkantilismus, Imperialismus und Krieg zu manipulieren. Der imperialistische Merkantilismus orientierte das Wirtschaftsleben perverserweise eher auf die Macht als auf den Profit. Daher der ständige Bedarf an Armeen, Flotten, Kolonien und all das übrige imperialistische Drum und Dran, einschließlich der militärischen Eliten selbst! Daher ebenso die militärische Rechtfertigung zur Bewahrung der feudalistischen Landwirtschaft, die dem Konkurrenzkampf nicht mehr standhalten konnte! Für Schumpeter war Deutschland ein sehr gutes Beispiel. Eine landwirtschaftliche Elite beherrschte weiterhin eine fortgeschrittene kapitalistische Wirtschaft. Das Ergebnis war Protektionismus in Landwirtschaft und Industrie und ein merkantilistisches, machtorientiertes Bild des Handels, des Konkurrenzkampfes und der Geschäftsorganisation. Diese wirtschaftlich unvernünftigen Perspektiven nährten einen deutschen imperialistischen Drang zu Kolonialismus und europäischer Hegemonie.

Bei einer so namhaften Anhängerschaft ist die Theorie natürlich sehr zugkräftig. Leider scheint sie aber in dem wohl sehr bedeutenden Fall des Ersten Weltkrieges nicht wirklich zuzutreffen. Tatsächlich stellt sie nämlich die Realität völlig auf den Kopf. Wie in Kapitel 3 gesagt, war der entscheidende Grund für den Ersten Weltkrieg die Unfähigkeit von Deutschen und Briten, sich über eine europäische oder über eine weltweite Neuordnung zu einigen. Und Kapitel 4 hat herausgearbeitet, daß ihr Konflikt nur wenig mit den Getreidezöllen der Junker zu tun hatte, statt dessen aber viel mit der Herausforderung Deutschlands an Großbritannien als See- und Handelsmacht. Weder diese beiden Herausforderungen noch der Imperialismus allgemein können so einfach den »atavistischen« Interessen der Junker ursächlich zugeschrieben werden.

Kehrs Untersuchung der außerordentlich wichtigen Flottenfrage stellte diese Punkte klar heraus. Die Junker und ihre politischen Vertreter waren von der territorialen Expansion nicht begeistert. Im Gegenteil, sie hatten sich immer gegen eine großdeutsche Lösung gestellt, weil sie einerseits das relativ große politische Gewicht Preußens, das ja ihre politische Basis war, nicht schwächen wollten, und andererseits, weil eine solche Expansion zu scharfem Konkurrenzkampf der Landwirtschaft innerhalb des Reiches führen würde. Zu Hause waren die Junker sehr besorgt über ihren allmählichen Niedergang angesichts einer sich schnell modernisierenden kapitalistischen Gesellschaft; vom Ausland fürchteten sie die militärische Bedrohung durch Frankreich und Rußland und die wirtschaftliche Bedrohung durch die russische Landwirtschaft. Demzufolge hatten die Junker kaum ein Interesse an der expansionistischen Weltpolitik, die das bereits erdrückende Gewicht der deutschen Industrie noch weiter verstärken würde. Laut Kehr sehnten sich die Junker wirklich nach einem Agrarland Preußen, das seine Fabrikerzeugnisse in Großbritannien kaufen sollte. Hätte man sie sich selbst überlassen, wären sie bereit gewesen, die protektionistischen und expansionistischen Interessen der deutschen Industrie zugunsten einer Allianz mit Großbritannien gegen Frankreich und Rußland zu opfern. Eine solche Politik wäre jedoch völlig unvereinbar mit dem dynamischen Vorstoß eines bereits industrialisierten Deutschland gewesen. Die Junker wußten, daß sie dies niemals schaffen konnten. Sie selbst waren in einem fatalen Widerspruch gefangen. Denn ihre extreme Agrarpolitik hätte Deutschland die industrielle Basis für eine moderne Armee verweigert, jener preußischen Armee, die das besondere Monopol und die Rechtfertigung der Junker war. So gingen sie den für sie günstigsten Handel ein. Widerstrebend unterstützten sie den Imperialismus der Großindustrie als Entschädigung für ausreichenden Schutz ihrer Landwirtschaft, um ihre eigene wirtschaftliche Basis erhalten zu können.

Die Junker, das sollte erwähnt werden, verloren langsam die Kontrolle über die Armee. Eine moderne Massenarmee konnte ihre Offiziere nicht mehr ausschließlich aus den alten militärischen Klassen rekrutieren. Widerstrebend, aber in zunehmendem Maße wich der Junker-Offizier dem bürgerlichen Offizier. Die Tatsache, daß diese Offiziere aus dem Mittelstand oftmals zu Zerrbildern der besonderen Eigenschaften der Junker wurden, ist ein verständliches soziales Phänomen, das nicht so sehr die Herrschaft des Junkers anzeigte, als daß man von ihm Besitz ergriff. Es war übrigens der neu auftretende bürgerliche Krieger, der den ausgesprochen schädlichen Antisemitismus in das Offizierskorps einführte.

Trotz all ihres gesellschaftlichen Ansehens beherrschten die Junker die Politik des ausgehenden Kaiserreiches Deutschland nicht. Alte politische Formen bestanden weiterhin, besonders die Monarchie und das die Junker begünstigende preußische Wahlrecht, aber der Mittelstand war eindeutig überlegen. Die Hohenzollern waren klug genug, sich nicht in die Abhängigkeit der Junker zu bringen. Durch seine fanatische Unterstützung des Imperialismus von Flotte und Wirtschaft versuchte der Kaiser, die Monarchie zum Sprecher der mächtigsten und dynamischsten wirtschaftlichen und gesellschaftlichen Kräfte des Landes zu machen. Unter diesen Umständen konnten die Junker nur wirken, sofern sie sich mit den Bedürfnissen einer sich schnell modernisierenden Gesellschaft anfreundeten. Wenn sie lernten, Imperialisten zu sein, geschah dies, um solchen Anforderungen gerecht zu werden. Kurzum, es war das Großbürgertum, das im Kaiserreich Deutschland so wie in jedem anderen modernen Land auf dem Vormarsch war. Es hat Deutschland zu einer gewaltigen Exportmaschine aufgebaut, die Großbritannien auf der ganzen Welt herausforderte. Es waren Krupps gefräßige Stahlwerke, die den Flottenverein finanzierten und die am meisten von der Flotte profitierten. Es waren die imperialistische Aggressivität und die Angst der herrschenden bürgerlichen Klasse, die verantwortlich zeichnete für den Konflikt mit Großbritannien und in zunehmendem Maße auch für den Konflikt mit einem sich schnell industrialisierenden Rußland.

Man vermerkt es nicht ohne Ironie, wie Schumpeter und seine akademischen Anhänger die Junker für den deutschen Imperialismus verantwortlich machen. Denn unter den imperialistischsten und kriegerischsten Gruppen in der deutschen Gesellschaft waren bürgerliche Professoren, protestantische Geistliche und die Intellektuellen ganz allgemein. Verallgemeinerungen in bezug auf Intellektuelle sind zweifellos noch gefährlicher als solche über die »atavistischen Eliten«. Aber tatsächlich haben die Intellektuellen aus der Mittelklasse die wirtschaftliche und historische Begründung der imperialistischen Expansion erarbeitet und popularisiert. Sie waren es, die die großdeutsche Lösung und zumindest die verfeinerten Versionen des Antisemitismus nährten und legitimierten. So wie sich die bürgerliche Industrie an der Macht der Naturwissenschaft zur Manipulation der Natur erfreute, spielten die bürgerlichen Intellektuellen mit der Macht der Ideen über die Massengesellschaft.

Schumpeters Versuch gewinnt dadurch Glaubwürdigkeit, daß er sich auf den nicht zu verleugnenden militaristischen Ton des politischen Auftretens im Wilhelminischen Deutschland konzentriert. Der Stil der Politik, der Diplomatie und sogar des Handels im Kaiserlichen Deutschland war sehr von dem militaristischen, für Preußen charakteristischen Ethos geprägt. So könnte man argumentieren, daß – obwohl die Junker ihre eigentliche Macht verloren – ihre noch fortlebende kulturelle, intellektuelle und gesellschaftliche Vormachtstellung das Weltbild der aufsteigenden Bourgeoisie beherrschte. Vielleicht. Aber die Übernahme aristokratischer Gepflogenheiten bedeutet nicht unbedingt die Preisgabe der bürgerlichen Interessen, und das gilt für Deutschland kaum mehr als für Großbritannien oder Frankreich. Bei dem Viktorianischen Kompromiß hätte die Aristokratie überleben können, aber es war die Bourgeoisie, die siegte.

Kehr, so meine ich, hat eine überzeugendere These entwickelt. In seinen Augen war der deutsche Militarismus selbst das Abbild eines alles beherrschenden Materialismus in der damaligen politischen Kultur Deutschlands.

Die Linke griff Marx' wirtschaftlichen Determinismus auf und die Rechte wandte sich einem Materialismus der Macht zu: »Beiden war gemeinsam, daß sie einen ungeistigen, materiellen Unterbau hatten und daß alles übrige nur der Überbau davon sein sollte.«[3]) Selbst die Sozialisten neigten laut Kehr zu der imperialistischen Ansicht, wirtschaftliche Entwicklung hinge letztendlich von der Macht eines Staates ab. Hinter der Vorrangstellung der Macht stand der Verlust des Glaubens an eine rationale Welt: »Das gelang in den Westmächten, in denen das Naturrecht lebendig geblieben war, dessen Zerstörung in Deutschland durch Hegel nach seinem Tode nur eine brutale Machtphilosophie als eine Rahmenideologie ohne Inhalt übriggelassen hatte ... Der Mangel an originalen Ideen – in einer zukünftigen Geschichte der politischen Theorien wird dem deutschen Kaiserreich nur eine leere Seite gewidmet werden können – und an politischem Verständnis sowohl für die innere wie für die äußere Lage des Reiches, Rüstungspolitik und geistige Verödung sind unlösbar miteinander verbundene Korrelate.«[4])

Daher rührten, so fährt Kehr fort, nicht nur die geistige Leere der deutschen Politik, sondern auch ihre besonders abstoßende Qualität für die anderen Länder. Es gelang Deutschland nicht, eine überzeugende ethische Rechtfertigung für seine Macht zu liefern. Die deutsche Ideologie »war nicht ausreichend mit Kultur und Moral durchtränkt, um die Nation außenpolitisch zu einem Kant großen Stils zu erziehen ...«[5])

Es ist natürlich möglich, sich über Kehrs Verwendung des Begriffes Materialismus und seine Art, ihn dem Naturrecht entgegenzusetzen, zu streiten. Auch Marx hat »Ge-

3)Eckart Kehr, *Schlachtflottenbau und Parteipolitik 1894–1901* (1930) Berlin-Ebering, S. 411
4) Ibid., S. 425 u. 426
5) Ibid., S. 415

setze«, die zwangsläufig aus einer materialistischen Konzeption der Natur entspringen. Marx lehrte jedoch, die Ideale seien ein »Überbau« – eine »Ideologie« zur Rechtfertigung »wirklicher«, d. h. materieller Interessen. Auf jeden Fall scheint Kehrs grundlegende These in bezug auf die Imperialisten, die besagt, daß ihre Begeisterung für Macht ein »ideologischer Rahmen ohne Inhalt« sei, hinlänglich überzeugend. Kehr hielt die Kaiserzeit für eine beachtenswert unkreative Zeit in der Welt der Ideen – eine leere Seite in der politischen Theorie. Im Rückblick aber denkt man an zwei bedeutendere Gestalten jener Zeit, Nietzsche und Max Weber. Obwohl keiner der beiden ein begeisterter Anhänger des Kaisertums war und keiner der beiden meiner Meinung nach als Materialist bezeichnet werden kann, sah jeder auf seine Art eine Welt, die eher von Macht als von Gesetzen geformt war. Nietzsches ästhetischer Voluntarismus und seine Verachtung für das Naturrecht sind deutlich. Und Weber war trotz all seiner Betonung der Rationalität in der Innenpolitik in der Außenpolitik ein hartgesottener Imperialist, der für das internationale System kein anderes Prinzip fand als den Konflikt der großen modernen Staaten um die Vorherrschaft in der Welt.

Hegel, Nietzsche und Weber – nicht zu vergessen Wagner, Marx und Darwin selbst – waren alle Bürgerliche. Ihr Weltbild kann man nicht einfach auf das Prestige der preußischen Junker zurückführen. Was Kehr Materialismus nennt, die Meinung, die »Natur« stünde den menschlichen Werten gleichgültig gegenüber, eine Meinung, die die Kultur zu einer Erfindung des menschlichen Willens machte, war in allen nationalen Kulturen des ausgehenden 19. Jahrhunderts verbreitet. Der imperialistische Folgesatz, der sich aus einer Natur, »rot bis zu den Zähnen und Klauen«, ableitete, war kaum auf Deutschland beschränkt. Materialismus und Imperialismus waren allgemeine, kosmopolitische Begriffe der bürgerlichen Kultur im ausgehenden

19. Jahrhundert. Unter diesen Umständen scheint das Bild des Kaiserlichen Deutschland, das von der Propaganda der Alliierten entwickelt und danach in der Geschichtsforschung der Alliierten immer wieder aufgenommen wurde, verdächtig, vergleichbar einer Übertragung des für die Kultur des 19. Jahrhunderts überall so charakteristischen machthungrigen Materialismus auf die Deutschen. Die Deutschen trugen natürlich zu ihrer eigenen Diffamierung bei. Ihr Nationalismus war irritierend roh und bombastisch. Die Soldaten und Grundbesitzer aus den Reihen der Junker waren vielleicht keine so kultivierten Vorbilder, die von der Mittelklasse kopiert werden konnten wie der englische Landadel. Und wie Kehr schreibt, hinderte die sonderbare Schwäche der Tradition des Naturrechts, die auf Hegel und Marx zurückging, die deutschen Politiker daran, die Heuchelei zu der hohen Kunst zu entwickeln, zu der sie sich im späten Viktorianischen England aufschwang. Aber waren denn diese Mängel so entscheidend? Waren die Deutschen aggressiver oder militaristischer als die Briten und Franzosen, die sich den besseren Teil der Welt untereinander aufgeteilt hatten? Zugegeben, die deutsche Industrie drängte nach draußen. Aber tat die britische Industrie das denn nicht ebenso stark?

Zusammenfassend läßt sich sagen, daß die These Schumpeters, so bequem sie auch sein mag, dazu neigt, die Tatsachen des deutschen Imperialismus zu verdrehen. Der Imperialismus des ausgehenden 19. Jahrhunderts entsprang in Deutschland ebenso wie zweifellos anderswo auch nicht den Überbleibseln des »Feudalismus«, wie Schumpeter es sagt, sondern der Avantgarde eines grenzenlos expansiven Kapitalismus. »Irrationale« Kräfte verhüllten den Kapitalismus nicht; der Kapitalismus selbst hatte aufgehört, gemäß den klassischen Gesetzen des Marktes »rational« zu sein. In den führenden Industrien hatten Macht und Organisation schon lange die einfachen, auf dem komparativen Kostenvorteil basierenden Marktmodelle verändert. Weil man die Vorteile von Technik und Organisation für unbegrenzt hielt, erachtete man die Natur als dem menschlichen Willen unbegrenzt gefügig. Imperialismus war in der internationalen politischen Arena der Ausdruck faustischer Faszination von unbegrenzter Macht und unbegrenztem Wachstum, ein Zeichen für den allgemeinen Verlust des Maßes, der alle modernen Gesellschaften befallen hatte. Dieses faustische Verlangen nach Unendlichkeit ist vielleicht das Hauptmerkmal, das sich durch die modernen bürgerlichen Gesellschaften zieht. Es ist in der Tat eine bürgerliche Krankheit, die man nicht auf jene Gruppe vom Niedergang betroffener ostelbischer Getreidebauern schieben kann, die ihren schwindenden politischen Einfluß verkauften, um die traditionalistische Lebensweise zu verlängern.

Antisemitismus

Niemand kann sich mit der modernen deutschen Kultur beschäftigen, ohne sich mit den Rassenverbrechen der Nazizeit auseinanderzusetzen. Wenn die deutsche politische Kultur nicht einzigartig und völlig fehlerhaft ist, wie dann soll man den kaltblütigen Mord an sechs Millionen Juden erklären? Der Mord des nationalsozialistischen Deutschlands an den Juden war ein entsetzliches politisches Verbrechen, über das sich die verantwortlichen Generationen zutiefst schämen müßten. Das heißt natürlich nicht, daß Deutschland die einzige westliche Nation ist, die mit Schreckenstaten belastet ist; die meisten haben einen beeindruckenden Katalog von Greueltaten an anderen Völkern aufzuweisen. Die Briten müssen mit dem Problem Irland und Indien leben. Die Vereinigten Staaten haben ihre Tausende von niedergemetzelten Indianern und Filipinos zu verantworten, ganz zu schweigen von der Erniedrigung und der Brutalität der schwarzen Sklaverei, die sogar jetzt noch die Vorstellungskraft erstarren läßt. In der Tat, vor nur wenigen Jahren waren wir selbst es, die moderne Höllenmaschinen systematisch einsetzten, um Dörfer in Indochina zu zerstören, in denen Nicht-Kombattanten wohnten. All dies ist jedoch keine Entschuldigung für die Nazis. Aber es zeigt zumindest die Universalität und die Komplexität des Bösen.

Trotzdem bleibt die Frage: Warum geschah der Völkermord? Ich möchte nicht behaupten, ich könnte eine so komplexe und quälende Frage hier beantworten. Aber vielleicht ist es ganz nützlich, das Wesen des Antisemitismus auf breiterer Ebene zu untersuchen, eine Analyse zu versuchen, die ihn weniger widersinnig macht, wenn auch nicht weniger widerlich – ein Versuch, der vielleicht erst jetzt, dreißig Jahre nach dem Geschehen, möglich zu werden beginnt.

Die Deutschen haben es verständlicherweise versucht, den Völkermord eher auf Hitler als auf Deutschland zu schieben. Hitlers Aufstieg, seine Politik und seine Theorien sind im vorangegangenen behandelt worden. Hitler kam an die Macht, als die deutsche Gesellschaft nach einer langen Periode nationaler Erniedrigung und Verirrung unter starkem wirtschaftlichen Druck stand. Die Tatsache, daß sich Deutschland einem Diktator zuwandte, war also nicht erstaunlich. Und daß Hitlers anfängliche wirtschaftliche und diplomatische Erfolge eher Unterstützung hervorriefen und die Opposition schwächten, war auch nicht erstaunlich – besonders da der Erfolg Hand in Hand mit einer Meisterleistung an demagogischer Propaganda und rücksichtslosem Terror begleitet wurde. Hitlers persönliche Überzeugung vom Antisemitismus ist oftmals erklärt worden. Er war bei Männern seiner Herkunft und seines Erfahrungshorizontes nicht selten anzutreffen. Weit schwerer ist es zu erklären, warum wahrscheinlich anständige Deutsche, besonders die konservativen Eliten, den Nazis bei ihrer Machtergreifung tatsächlich halfen und danach das entsetzliche Übel, das sich einstellte, duldeten oder ihm zumindest passiv gegenüberstanden. Welche seltsame moralische Abgestumpftheit machte sie unfähig zu erkennen, daß eine so uneingeschränkte Kriminalität, die vor allem in der Judenpolitik deutlich wurde, letztendlich die Gesellschaft zerstören würde, die sie beherbergte?

Das Thema ist unendlich oft behandelt worden. Versucht man, das Gewicht des Antisemitismus im Gesamtkomplex der Unterstützung zu untersuchen, die Hitler durch die Massen oder die Elite erhielt, steht man vor der Schwierigkeit, sowohl die öffentliche Meinung in einer Diktatur richtig zu beurteilen als auch aus dieser Meinung einen Faktor unter vielen herauszunehmen. Viele mildernde Umstände werden oft angeführt. Die Vernichtung im großen Stil setzte erst gegen Kriegsende ein, als die öffentliche Meinung erstickt und der Widerstand gebrochen war. Darüber hinaus darf man die Behandlung der Juden nicht isoliert sehen. Hunderttausende andere Deutsche befanden sich ebenfalls in Konzentrationslagern, viele Millionen Slawen sind zusammen mit den Juden ausgerottet worden. Obwohl diese Fakten zweifellos ein umfassenderes Bild liefern, können sie die deutsche Ehre kaum wiederherstellen, besonders nicht die der konservativen Eliten. Es waren ja schließlich diese Eliten – in Gestalt von Hindenburg und Papen –, die Hitler an die Macht brachten. Es scheint unwahrscheinlich, daß sie das, was mit den Juden geschah, wünschten oder sogar der Heftigkeit des frühen Antisemitismus Hitlers zustimmten. Doch die deutschen Konservativen verhielten sich dem Antisemitismus gegenüber immer gleichgültiger, weil sie selbst lange Zeit mit seiner dämonischen politischen Kraft geliebäugelt hatten. Die Gründe dafür reichen zurück bis zu der relativ zivilisierten

Gesellschaft in der Zeit Bismarcks. Die Erklärung liegt weniger in irgendeinem verwurzelten Rassismus bei den konservativen Eliten, sondern in der politischen Struktur, die mit der Demokratisierung der Politik des Kaiserreichs Deutschland Gestalt annahm. Bei diesen Eliten war der Antisemitismus eher eine Frage der Macht als der Rasse. Eine solche Erklärung läßt seine Motive zumindest glaubwürdiger erscheinen, auch wenn sie das Verbrechen nicht geringer macht.

Im ausgehenden 19. Jahrhundert war der Antisemitismus in ganz Europa verbreitet. In den Gebieten östlich Deutschlands trat er sogar in weit stärkerem Maße auf. Vergleicht man Deutschland mit dem Rußland der Zarenzeit, so darf festgestellt werden, daß in Deutschland eine größere Toleranz herrschte. Auch ein Blick auf die westlichen Gesellschaften zur Zeit der Dreyfus-Affäre läßt die Deutschen oder Österreicher als nicht besonders anfällig erscheinen. In beiden Gesellschaften hatten es außergewöhnliche Juden zu großem Wohlstand und Macht gebracht, und viele waren dabei, in ihren Berufen herausragende Positionen einzunehmen. Einige prominente Familien jüdischer Abstammung hatten sogar in der Konfession Zugeständnisse gemacht und sich dem Christentum angepaßt. Einige taten dies nicht, so wie Bismarcks Bankier, Gerson Bleichröder, der aber trotzdem im Jahr 1870 ein preußischer Adeliger wurde.

Trotz des weitverbreiteten Aufstiegs der Juden im Bismarckschen Deutschland brachte man ihnen allerseits Vorurteile entgegen. Diese waren so unattraktiv, dumm und peinlich, wie Snobismus nur sein kann, aber sie unterschieden sich sehr von jener zielstrebigen Anstachelung zu antisemitischem Haß bei den Massen, wie er sich in den 80er Jahren des 19. Jahrhunderts und später in Deutschland mehr und mehr ausbreitete. Auch wenn dieser politisch organisierte Antisemitismus den schnellen Aufstieg der deutschen Juden nicht aufhielt und obwohl er keine stärkeren Formen zeigte als in Frankreich, verwundete, entfremdete und verbitterte er dennoch die Juden zunehmend, während er die deutsche Gesellschaft ganz allgemein verrohen ließ und sie brutaler machte. Noch einmal, wie kann dieser politische Antisemitismus erklärt werden? Warum tolerierten ihn auch wahrscheinlich sonst anständige Kreise der deutschen Gesellschaft? Der Konkurrenzkampf und der Snobismus der Emporkömmlinge mag den Antisemitismus bei einigen der neuen Mittelklassen erklären. Warum aber waren die konservativen agrarischen Parteien, die Vertreter der alten Grundbesitzer, so sehr von ihm angetan?

Eine einfühlsame Untersuchung der Juden unter den Eliten des Kaiserlichen Deutschland gibt Fritz Sterns kürzlich erschienene Biographie über Bismarcks Bankier, Gerson Bleichröder. Bleichröders Aufstieg aus dem Getto war erstaunlich. Angefangen hatte er als kleiner Bankangestellter, der Botengänge für die Rothschilds erledigte. In den 70er Jahren des 19. Jahrhunderts war das Haus Bleichröder eine der größten europäischen Banken geworden, und man sagte, Bleichröders persönlicher Reichtum würde nur noch von dem Krupps übertroffen. 1872 adelte Wilhelm I. Bleichröder. Bleichröder verdankte seinen Aufstieg nicht nur seinem Talent und der Unterstützung Rothschilds, sondern auch seiner engen Beziehung zu Bismarck. Der eiserne Kanzler war dank der Freigebigkeit des Kaisers und seiner eigenen überlegten Betriebsführung allmählich zu einem preußischen Großgrundbesitzer mit beachtlichem Wertpapierbesitz geworden. Bismarck hatte großes Interesse an seinen Besitzungen. Bleichröder war sein Manager und ständiger Berater. Er dehnte seinen Rat auf allgemeine wirtschaftliche Fragen aus und diente somit als Verbindungsmannn zur Finanzwelt. Er half Bismarck dabei, die Geldmittel zu beschaffen, die es Bismarck in den 60er Jahren erlaubten, sich über das Parlament hinwegzusetzen. Als Bismarcks Agent diente er in einer Vielzahl von vertraulichen und geheimen Angelegenheiten in Deutschland und im Ausland. Bleichröder verwaltete insbesondere Bismarcks politischen Verfügungsfonds, und er war auch persönlich mit der Verteilung befaßt. Sterns Untersuchung der Aktivitäten Bleichröders beleuchtet somit die ganze Unterwelt der Macht Bismarcks.

Bleichröder war mit vielen für einen Bankier angemessenen Tugenden ausgestattet – Klugheit, finanzielle Integrität, Diskretion und oftmals ungewöhnlicher Besorgtheit und Freundlichkeit gegenüber seinen Kunden. Er entsprach auch sehr genau dem klassischen Bild eines aufsteigenden Neureichen. Er war sehr darauf bedacht, von der gehobenen deutschen Gesellschaft anerkannt zu werden, und war folglich ein Snob, Speichellecker und großer Wichtigtuer. Seine verschwenderischen Feste und großzügigen Geschenke waren bei den aristokratischen Empfängern ebenso geliebt wie verpönt. Seine enge Beziehung zu Bismarcks heimlicher Macht und sein Ruf als geschickter und einflußreicher Drahtzieher machten viele Zeitgenossen argwöhnisch und ängstlich. In der Tat, Bleichröder wurde – alles in allem – bei Hof und in der Berliner Gesellschaft ganz allgemein sehr wohl akzeptiert. Seine Nützlichkeit, Klugheit und besorgte Freundlichkeiten waren gern gesehen, selbst wenn hinter seinem Rücken über ihn gelacht und er gelegentlich recht grob direkt angegriffen wurde. Dies ist jedoch das Los der meisten erfolgreichen Aufsteiger. Ob die große Mühe es wert war oder ob Bleichröder, wie Stern uns geschickt glauben lassen will, voller Verbitterung starb, ist eine jener existentiellen Fragen, die den Stoff des menschlichen Dramas bilden. Dieselbe Frage könnte man jedoch auch in bezug auf den gejagten und hysterischen Bismarck stellen. Auf jeden Fall wäre Bleichröder, selbst wenn er ein Musterbeispiel an intelligenter Zurückhaltung gewesen wäre, wegen seines großen Reichtums verachtet worden.

Während sich Deutschland schnell in eine moderne Industriegesellschaft verwandelte, fühlten die traditionellen Klassen natürlich, wie sie ihre gesellschaftliche Kontrollfunktion und ihre persönliche Sicherheit verloren. Die Macht ging auf die neuen Männer über, die wußten, wie die neuen Kräfte und Techniken zu handhaben waren. Für die Eliten vom Land schienen die Industriellen schon schlimm genug. Aber Bankiers und Börsenmakler hielt man für besondere Greuel-Drahtzieher ohne Bezug zur Realität der gesellschaftlichen Führungsaufgabe und des wirklichen Schaffens, Parasiten, die von dem Unglück ehrenwerter Menschen lebten, die in die Falle der Spitzfindigkeit einer modernen Finanzwelt geraten waren. Viele der traditionellen aristokratischen und bürgerlichen Eliten hatten sich in der Tat gierig an unklugen Spekulationen beteiligt und waren schwer hereingefallen, besonders beim Kladderadatsch des Jahres 1873. Wie die meisten Menschen wollten sie beides. Sie wollten neuen Wohlstand und altes Prestige. In der neuen Welt des Kaiserreichs glitten viele in beiderlei Hinsicht aus. Für solche Menschen wurde Bleichröder, der erfolgreichste der großen Privatbankiers, leicht zu einem Symbol des Hasses.

Die Tatsache, daß er ein Jude war, schmückte seine symbolische Rolle nur noch aus. Er wäre auf jeden Fall gehaßt worden. Und er wurde um so mehr gehaßt, weil er Jude war. Auch er wollte beides. Er erstrebte einerseits die Verbindungen eines preußischen Adligen, bewahrte sich aber auch andererseits die finanziellen Beziehungen eines jüdischen Bankiers. Es war jedoch nicht so, daß sein Judentum nicht auch sehr nützlich gewesen wäre. Seine Stellung hing zu einem Großteil von seinem ganzen jüdischen Netz von Freundschaften und alten Beziehungen ab, die in der nationalen und internationalen Finanzwelt eine so große

Rolle spielten. Er stand an der Spitze einer sehr mächtigen und exponierten Sondergruppe in der deutschen Gesellschaft.

Ein anderer Aspekt der Stellung Bleichröders verdient auch noch Beachtung. Die Finanzkraft Berlins ging Hand in Hand mit der gewaltsamen Errichtung der preußischen Hegemonie über das Reich. Beides begleitete die schnelle Modernisierung der deutschen Gesellschaft. Und es ist nicht erstaunlich, daß jene, die die Vorherrschaft Preußens ärgerte und die wirtschaftliche Modernisierung unpassend fanden, geneigt waren, Bleichröder als den am leichtesten zu verletzenden Aspekt des Bismarckschen Molochs anzugreifen. Die Tatsache, daß viele der Unzufriedenen auch Katholiken waren, die Bismarck wegen ihres Glaubens gerichtlich hatte verfolgen lassen, war für sie zweifellos ein weiterer Grund zur Klage. Bleichröder – Bismarcks Verbündeter und Werkzeug, Berlins größter Bankier und ein Jude – muß als eine sehr verlockende Zielscheibe erschienen sein.

Auf jeden Fall wurde die exponierte Stellung Bleichröders in den 80er Jahren des 19. Jahrhunderts immer peinlicher. Die antisemitische Propaganda wurde heftiger und gemeiner, und die Angriffe auf ihn persönlich warfen einen dunklen Schatten auf seine späteren Jahre. Es verletzte und ärgerte ihn, daß man gerade ihn als Zielscheibe wählte, und er hoffte immer darauf, seine mächtigen Freunde würden ihn in der Öffentlichkeit verteidigen. Manchmal taten sie es, aber oft eben auch nicht. Roher, offener Antisemitismus gehörte bei den gehobenen Klassen niemals zum guten Ton. Es ist interessant, daß z. B. Bismarcks überzeugte Ablehnung Wagner gegenüber zu einem Gutteil von Wagners vulgärem Antisemitismus herrührte. Aber die politischen Eliten der Zeit Bismarcks waren eine harte Brut, die sich an jene besondere rhetorische Heftigkeit gewöhnt hatte, die Teil des Bismarckschen Vermächtnisses für die deutsche politische Tradition wurde. Zweifellos meinte Bismarck, Bleichröder könne sich schon selber helfen.

Es gab darüber hinaus grundlegendere und düsterere Gründe dafür, daß die Konservativen sich dagegen sträubten, dem populistischen Antisemitismus offen entgegenzutreten. In zunehmendem Maße fanden es alle politischen Parteien nötig, eine Massenbasis zu mobilisieren. Diesen Weg hatten die Sozialdemokraten als erste eingeschlagen. Sie waren trotz der offiziellen Ablehnung eine äußerst wirksame Massenpartei geworden. Andere politische Parteien waren gezwungen, sich selbst aus einer parlamentarischen Clique in Massenorganisation zu verwandeln. Die deutsche Parteipolitik wurde, wie die deutsche Industrie, zu einer Angelegenheit zusammenhängender riesiger Firmen und Kartelle. Die Konservativen fanden ihre natürliche Basis in der nach wie vor gewichtigen landwirtschaftlichen Bevölkerung, die sich 1892 zu dem Bund der Landwirte zusammenschloß. Sie hofften, auch die Stimmen der unteren Mittelklasse gewinnen zu können – Kleinhändler, die traditionellen Handwerker und die kleineren Beamten, die sich gegen die allgemeine Entwicklung in eine Massenindustriegesellschaft wehrten und die oftmals schlecht gerüstet waren, ihre Würde in dieser Gesellschaft zu bewahren.

Um einem großen Publikum zu gefallen, brauchte eine traditionelle Partei eine volksnahe Ideologie, die sie dem Marxismus entgegensetzen konnte. Während die Nationalliberalen dafür oftmals den Imperialismus benutzten, wandten sich die Konservativen einer antiindustriellen Förderung der landwirtschaftlichen Interessen zu, deren intellektuelles Konzept von einer Gruppe akademischer Nationalökonomen entwickelt wurde. Die berühmtesten dieser Männer waren Adolf Wagner, Karl Oldenberg und Max Sering. Diese Ökonomen formulierten und legitimierten gemeinsam ein umfassendes Programm für die konservativen agrarischen Interessen. Ihrer Meinung nach würden moderne Gesellschaften zwischen zwei gestaltenden sozioökonomischen Modellen wählen müssen, dem Agrarstaat und dem Industriestaat. Jedes der beiden konkurrierenden Modelle beinhalte eine ganzheitliche Organisation von Gesellschaft und Regierung, gehe dabei aber von gegensätzlichen Prinzipien aus. Der Agrarstaat gründete sich ihrer Meinung nach auf die korporativen Tugenden Pflicht, Einordnung, Opferbereitschaft und Gerechtigkeit, wohingegen der Industriestaat auf Vergnügen, Ehrgeiz und Egoismus basierte. Der Agrarstaat verkörperte das beste an Deutschlands preußischem Erbe, während der industrielle Kapitalismus eine britische Erfindung war, die auf den Prinzipien des Manchester-Liberalismus beruhte. Diesen Liberalismus fanden sie ausgesprochen unmoralisch. Unter seiner Herrschaft war das gesellschaftliche und wirtschaftliche Leben der Gnade eines Marktmechanismus ausgeliefert, der von asozialem, egoistischem Eigennutz getrieben wurde. In der daraus resultierenden zersplitterten und herzlosen Industriegesellschaft machte die patriarchalische Führung einer indirekten Beeinflussung durch die Börse Platz. Die Aristokratie wurde durch die Plutokratie habgieriger Millionäre ersetzt, die Arbeit entmenschlicht und zu einer Art Ware degradiert.

Die Parallelen zwischen der konservativen und der marxistischen Kritik am Kapitalismus sind offensichtlich. Beide hielten sie die Industriegesellschaft für innerlich instabil und dies häufig aus denselben Gründen. Nur wenn Deutschland zu einer Agrargesellschaft zurückkehre, so argumentierten diese konservativen Theoretiker, könne die von den Marxisten angestrebte innenpolitische Revolution verhindert werden. Diese konservativen Volkswirtschaftler entsprachen nicht nur Marx' innenpolitischer Analyse (die Marx selbst von den britischen Konservativen vor ihm übernommen hatte), sie nahmen auch Lenins internationale Analyse vorweg. Eine gleichzeitige Industrialisierung in allen westlichen Staaten würde den zwischenstaatlichen Konflikt unumgänglich machen, sagten sie. Alle westlichen Staaten mit ihren schnell anwachsenden Bevölkerungszahlen suchten ein wirtschaftliches Gleichgewicht durch die Industrialisierung und den Export von Industrieprodukten. Alle betonten sie die Industrie und opferten dabei die Landwirtschaft; demzufolge waren alle in zunehmendem Maße vom Außenhandel abhängig. Naturgemäß würden die Industriestaaten immer energischer um fremde Märkte und Ernährungsgüter kämpfen. In dem unvermeidbaren Konflikt würde sich Deutschland in einer außergewöhnlich ungünstigen Lage befinden, besonders gegenüber Großbritannien, das eine Inselbasis, eine Flotte und ein riesiges, geschütztes Koloniensystem besaß. Kurzum, die Aufgabe der Landwirtschaft würde nicht nur das Verderben von Deutschlands besten kulturellen Traditionen bedeuten und das Land zu einer unwürdigen, unbeständigen Gesellschaft machen, sondern sie mußte auch eine starke Gefährdung des Überlebens der Nation in einer zunehmend vom Konkurrenzkampf geprägten internationalen Arena zur Folge haben.

Solch ein zusammenhängender und umfassender Komplex antimodernistischer Ideen, der von einer Gruppe angesehener Agrarökonomen legitimiert und in den ländlichen Kreisen verbreitet wurde, trug dazu bei, die konservative Partei, von alters her die Sprecherin der Junker, in eine Massenpartei mit einer nationalen Ideologie zu verwandeln. Wie ernst die konservativen politischen Führer diese antimodernistische Ideologie nahmen, bleibt eine Frage. Schließlich war ihr Hauptverbündeter in den Wahlkämpfen eben doch die Schwerindustrie. Bismarck selbst war vielleicht typisch für diese Mentalität. Auch er wollte zweifellos zweigleisig fahren. Er wünschte die Modernisierung oder sah in ihr etwas Unvermeidbares, und es gab nur wenige politische Führer, die mehr zu ihrer Verwirklichung getan haben als er. Aber so wie jeder feinfühlige Konservative, oder hier vielleicht Liberale, verabscheute er viele modernistische Werte und fürchtete ihre Konsequenzen. Er wollte deshalb ein Deutschland, das zugleich mächtig und modern war, in dem aber die traditionellen Eliten und Werte ihren Platz behalten sollten. Eine konservative Massenpartei würde zumindest etwas von der Macht und den Werten der traditionellen Eliten bewahren und somit das Tempo des jähen Wandels zügeln.

Unglücklicherweise führte aber der Weg, den die Konservativen gewählt hatten, um ihre politische Basis zu gründen, zu einem faustischen Kompromiß mit den dämonischen Kräften, die sie fürchteten, zu einem Kompromiß, der ihrer Werte unwürdig war und der sich für ihre Interessen als fatal erweisen sollte. Denn die antimodernistische Ideologie war nicht nur antibritisch sondern auch antisemitisch. Zugegeben, die eben genannten Nationalökonomen vermieden den rohen Antisemitismus. Aber selbst sie sahen in den Juden ausgesprochen ansteckende Bazillenträger des selbstsüchtigen Geistes des industriellen Kapitalismus. Weniger anspruchsvolle Agrarier wandten sich der antisemitischen Demagogie zu. Und für diejenigen, die einen Zusatz von pseudowissenschaftlicher Modernität zu ihrem Konservativismus brauchten, waren Gobineaus rassistische Doktrinen – eingeführt und vermarktet von Richard Wagner – immer zur Hand. Aber auch in seiner rational anspruchsvollsten Form war der Antisemitismus durch seine plausible Verbindung mit ihrer ganzen antimodernistischen Ideologie doch ein politisches Werkzeug, auf das die konservativen Eliten bei ihrer Suche nach einer Massenbasis nicht leicht verzichten konnten. Reiche Juden, wie Bleichröder, waren nur zu gute Beispiele für diejenigen, die dem Wandel ablehnend gegenüberstanden. Die Konservativen spielten natürlich ein Spiel, das ebenso gefährlich wie unwürdig war. Denn indem sie den Antisemitismus legitimierten und verschärften, ermutigten sie die Kräfte im Volk, die nicht nur gegen die Juden gerichtet waren, sondern gegen das ganze Establishment des Kaiserreichs.

Es ist interessant zu beobachten, wie der alternde Bleichröder, von der zunehmenden Bösartigkeit der antisemitischen Presse gequält, diesen Punkt Wilhelm I. klarmachte. Bleichröder war besonders darüber erzürnt, daß sich ein Hofgeistlicher, Stöcker, unter den antisemitischen Agitatoren immer stärker hervortat. Bleichröder erbat seines Monarchen »... hohen väterlichen Schutz für mich selbst, aber nicht nur für mich selbst, sondern für eine ganze Klasse loyaler Untertanen Ihrer Majestät, die mit Sicherheit keine unnützen Untertanen des Staates sind«.[6]) Stöcker, so sagte Bleichröder, verwandle »den bitteren Kampf gegen die Juden (in) einen gesellschaftlichen Kampf gegen das Eigentum an sich«. »Mein Name ... wird nicht nur als Zielscheibe der Verfolgung zitiert, sondern auch als Musterexemplar für alles Kapital, des Aktienmarktes, der Prosperität und allen Übels entehrt.«[7]) Diese von den konservativen christlichen Kreisen geduldete antisemitische Agitation sei schlimmer als die Sozialdemokratie, sagte Bleichröder. Die Massen würden in den Tiefenschichten aufgewühlt und »eine, die ganze Gesellschaft bedrohende, schreckliche gesellschaftliche Revolution«[8]) entfesseln. Diese Revolution würde zu allem hin noch von verbitterten Juden aus dem Mittelstand unterstützt, die sich aus den Bindungen ihrer traditionellen konservativen Loyalität gelöst hätten.

Wie wir heute wissen (Wilhelm I. aber nicht wußte), sollten die folgenden Ereignisse Bleichröders prophetische

6) Fritz Stern, *Gold and Iron, Bismarck, Bleichröder and the Building of the German Empire* (New York: Knopf, 1977) S. 513

7) Ibid., S. 513

8) Ibid., S. 514

Worte in tragischer Weise bestätigen. Der Gerechtigkeit halber muß jedoch gesagt werden, daß sich im Kaiserreich niemand die Verbrechen der Nazis vorstellen konnte. Selbst der Gebrauch, den die Konservativen von den Antisemiten machten, war niemals uneingeschränkt, und er wandelte sich je nach den politischen Umständen. Zudem war verbale Gewalttätigkeit ein allgemeines Merkmal der Politik im Kaiserreich. Außerdem blieb Bleichröder trotz der Beschimpfung eine reiche, mächtige, unantastbare Persönlichkeit. In dieser Hinsicht ging es den Juden besser als den Katholiken, die zu Opfern aktiver legaler Verfolgung wurden. Es bedurfte eines entbehrungsreichen Krieges, eines entwürdigenden Friedens, einer ruinösen Inflation und einer entsetzlichen Depression, bis eine politische Bewegung, die sich dem aktiven Antisemitismus verschrieben hatte, an die Macht kam. Aber der Weg war von den agrarischen Konservativen geebnet worden, die von der Landwirtschaftskrise Ende der zwanziger Jahre in ihrer Existenz bedroht wurden. Durch ihre Unterstützung der Nazis hofften sie, ein erneuertes Reich beherrschen zu können. Als die Nazis an die Macht kamen, verloren die konservativen Eliten allerdings bald die Kontrolle über die Mächte, die sie an die Macht gebracht hatten. Wie Dahrendorf in überzeugender Weise dargelegt und Bleichröder vorausgesehen hatte, hat niemand die traditionelle deutsche Gesellschaft stärker zerstört als Hitler. Wahrscheinlich hat auch keiner die traditionellen Eliten mehr gehaßt als er.

Rauschnings Buch *»Die Revolution des Nihilismus«*, im Winter 1937/38 geschrieben, ist vielleicht das klassische Dokument des konservativen Erwachens. Dieser baltische Patrizier hatte in Hitlers demagogischer Begabung das Instrument zur Wiederherstellung und Verjüngung der traditionellen Ordnung gesehen. Aber Hitlers dämonische Energie sollte niemals die rationale Ordnung oder die etablierten Privilegien einer traditionellen Gesellschaft wiederherstellen. Hitler verkörperte die genaue Antithese zu solch einer Gesellschaft. Was Rauschning früh erkannte, entdeckte die aristokratische Armee später. Die Verschwörung der Offiziere im Jahr 1944 war der Höhepunkt dieses Erwachens. Die Blüte des preußischen Junkertums verdarb in den Händen der Gestapo.

Die ganze Geschichte von Deutschlands traditionellen Eliten und ihres Antisemitismus kann als eine weitere Episode des modernen faustischen Dramas gesehen werden. Sie verdeutlicht nicht so sehr die atavistische Umkehr zu ererbtem Rassismus, sondern eine beständige Beschäftigung mit der Macht. Sie zeigt, könnte man sagen, mehr den Einfluß Machiavellis als den Wagners. Aber wie es so oft geschieht, wenn die alten moralischen Grundsätze für neue Macht verkauft werden, sind jene Eliten, die es eigentlich besser hätten wissen müssen, im allgemeinen die prominentesten Opfer. Die Deutschen sind jedoch wahrscheinlich nicht die letzten, die diese Erfahrung machen werden.

Was trägt nun diese Erörterung über den Antisemitismus zu unserer Untersuchung des Deutschen Problems bei? Zunächst verdient das Phänomen »Antisemitismus« eine eingehendere und genauere Analyse, als ihm oftmals zuteil wird. Für unsere Zwecke können zumindest drei unterschiedliche Kategorien abgeleitet werden. Da wäre zunächst das, was man einen »objektiven« Antisemitismus nennen könnte. Die Juden der Zeit Bismarcks bildeten eine mächtige, zusammenhängende und sichtbare Minderheit. Viele ihrer herausragenden Mitglieder waren in der öffentlichen Meinung eng mit der starken Vorherrschaft Preußens über Deutschland und mit dem, was diese Hegemonie nach sich zog, verbunden: schnelle wirtschaftliche Modernisierung in unsympathischen Bahnen und Verlust, ja sogar Verfolgung jener Lebensarten, regionaler Eigenheiten, kulturelle und religiöse Werte, die sich widersetzten. »Objektiv« war auch die Reaktion der alten Eliten auf die provozierende Vulgarität und den gesellschaftlichen Aufstieg des neuen Reichtums. Selbst wenn wir für die Neureichen eintreten, können wir billigerweise nicht den etablierteren deutschen Klassen das Recht verweigern, ihre eigenen Werte vorzuziehen und ihre Verdrängung übelzunehmen.

Die zweite Kategorie könnte »gesellschaftlicher« Antisemitismus genannt werden. Er ist der typische Snobismus der gehobenen Klasse und besonders des Mittelstandes gegenüber dem aufsteigenden Juden. Er unterscheidet sich von dem »objektiven« Antisemitismus dadurch, daß er eine nicht rational geklärte, automatische Reaktion auf Vorurteile und nicht auf einzelne Personen ist. Wenn man Bleichröder als einen umständlichen, komischen oder finsteren Neuling nicht mochte, mag das recht objektiv gewesen sein. Eine Ablehnung aller Juden, weil sie automatisch kleine Bleichröder seien, bedeutete dies nicht. Anscheinend gleiten viele, die die erste Reaktion zeigen, in die zweite. Die Fähigkeit und Neigung zu verallgemeinern wird zudem als das grundlegende Unterscheidungsmerkmal angesehen, durch das sich die menschliche Intelligenz von der der Tiere unterscheidet. Es ist eine recht gemischte Gnade. Gesellschaften und der einzelne Mensch müssen es immer wieder neu lernen, gegen Verallgemeinerungen anzugehen, die die lebendige wirkliche Welt der Besonderheiten verzerren. Antisemitismus ist nur einer der zahllosen Mißbräuche der Abstraktion, durch die sich die Gesellschaften selbst ärmer machen und verbittern. Aber dieser »gesellschaftliche« Antisemitismus war im deutschen Kaiserreich nicht schlimmer als anderswo in Europa auch. Und er hat mit Sicherheit die Juden nicht davon abgehalten, in Deutschland und Österreich gehobene Positionen in Wirtschaft und Gesellschaft, sogar in der Politik, einzunehmen, wie die Prominenz der Juden im kaiserlichen Berlin und Wien sehr deutlich beweist.

Häßlich, wie dieser »gesellschaftliche« Antisemitismus

sehr wohl gewesen sein mag, unterschied er sich doch sehr von der dritten Kategorie – dem »politischen« Antisemitismus. Diesen könnte man als den bewußten Gebrauch des stereotypisierten Juden bezeichnen, der als ein gehaßtes Symbol diente, um die Unzufriedenheit in der Gesellschaft anzuheizen – sei es zum Zweck des Angriffs auf das Establishment oder vielleicht auch um die Angriffe von ihm wegzulenken. Diesen politisierten und manipulierten Antisemitismus in seiner populistischen Form erfuhr Deutschland in den siebziger Jahren des 19. Jahrhunderts. Er erreichte in den achtziger Jahren einen gewissen Höhepunkt, als die Konservativen mit ihm liebäugelten. Und natürlich gelangte er unter den Nazis zu seinem wahnwitzigen Gipfel.

Was sollen diese Kategorien deutlich machen? Selbst in dieser peinlichen und verräterischen Sphäre kann die aggressive Kriminalität der Nazizeit nicht durch eine eigengesetzliche Entwicklung der kulturellen Mängel Deutschlands plausibel erklärt werden. Es ist nicht so, daß der Antisemitismus von Bismarck bis Hitler ständig zunahm bis zu dem Punkt, an dem er das deutsche politische Leben beherrschte. Denn unsere verschiedenen Möglichkeiten des Antisemitismus sind untereinander nicht austauschbar; keine mußte zwangsläufig aus der anderen hervorgehen. Es ist möglich, einige Juden wirklich nicht zu mögen, und dies aus guten Gründen, ohne jedoch alle Juden generell abzulehnen. Und ein Vorurteil gegen die Juden im allgemeinen muß nicht politisiert werden – ganz zu schweigen davon, es zum Kernpunkt einer politischen Massenbewegung umzufunktionieren.

Antisemitismus der dritten Art existierte in Deutschland natürlich seit den Kaiserzeiten. Und er erreichte wegen seiner Verwandtschaft mit der antikapitalistischen Ideologie der Konservativen ein gewisses Ansehen. Aber er war auch bei den Konservativen keine vorherrschende Kraft, und ganz bestimmt nicht bei den anderen politischen Gruppierungen. Sicher, Hitler machte ihn zum Kernstück seiner eigenen antimodernistischen Ideologie. Aber es ist fraglich, ob es dieser Antisemitismus war, der dem Hitlerschen Ideologie-Gebräu seinen Hauptanreiz bei den Deutschen in ihrer Gesamtheit verlieh. Eines ist sicher: erst als Krieg, Demütigung und mehrfache Wirtschaftskatastrophen das normale Gefüge des deutschen Staates zusammenbrechen ließen, war der Weg frei für einen Abenteurer wie Hitler. Jene Konservativen, die in Hitler eine manipulierbare volkstümliche Kraft sahen und die ihm zur Macht halfen, hatten sich an diese scheußliche Form der Demagogie gewöhnt. Der Antisemitismus war zwar ein Teil ihrer ganzen Politik, aber kaum ihre treibende Leidenschaft; vielmehr waren Selbstbehauptung und Macht Grundkräfte ihres Handelns und Denkens. In einer Welt, in der es keinen festen Halt mehr gab, zeigten sie Bereitschaft, mit dem Teufel selbst einen Pakt zu schließen. Damit entehrten sie nicht nur sich selbst und ihre Klasse, sondern auch das Deutschland, das Bismarck geschaffen hatte, zerstörten sie damit.

Die deutsche idealistische Tradition und ihre politischen Konsequenzen

Seit dem Krieg hat eine renommierte Schule von Historikern und Soziologen versucht, den Schlüssel zum deutschen Problem in der weiten Verbreitung einer starken idealistischen Tradition in der deutschen Philosophie zu suchen. So schreibt beispielsweise der angesehene deutsche Zeitgeschichtler Karl Dietrich Bracher:

»Geschichte und Niedergang der Politikwissenschaft in Deutschland sind nicht zu denken ohne die Prägung der älteren Staatslehre und ihre Konfrontation mit westlicher Tradition ... gewiß enthält die Frage nach der Relation von Staatsbegriff und Demokratie einen Schlüssel zum Verständnis speziell der deutschen Entwicklung: der Politik wie der politischen Wissenschaft. Ist es nicht bezeichnend, daß dieselbe Frage auf englische, amerikanische, selbst französische Verhältnisse bezogen keinen vergleichbaren Erkenntniswert besitzt, weil dort die Vorstellung vom Staat als souverän ordnender Einheit *jenseits* der gesellschaftlichen und politischen Gruppen nicht vorhanden war oder durch erfolgreiche Revolution abgebaut worden ist.«[9])

Dieser deutsche Staatsbegriff war, fährt Bracher fort, »im tiefsten Grunde unpolitisch, so wie die Idee der Überparteilichkeit eine unpolitische Verkennung des Wesens und der Funktion des Staates bedeutete, sofern sie nicht einfach ideologische Verkleidung war«.[10])

Im selben Stil meint der bekannte zeitgenössische deutsche Soziologe, Ralf Dahrendorf, diese »Hegelsche Gestalt des Staates hat vielmehr politisches Denken und politische Praxis in Deutschland bis auf den heutigen Tag in vielen Formen geprägt. Durch Lassalle ist sie ... in das Reisegepäck der Arbeiterbewegung geraten«.[11]) Dahrendorf sieht in dieser Hegelschen Tradition die Erklärung oder zumindest den Ausdruck einer unglücklichen »deutschen Sehnsucht nach Synthese«, eine Sehnsucht, die zeigt, daß »alle Institutionen der deutschen Gesellschaft durch den Versuch gekennzeichnet sind, Konflikten auszuweichen oder diese in höheren Instanzen und Institutionen aufzuheben ... Was die Konsequenzen dieser Haltung sind, zeigt die Geschichte der letzten hundert Jahre.«[12])

Auf den ersten Blick scheint es schwer, solchen Ansich-

9) Karl Dietrich Bracher: *Das deutsche Dilemma, Leidenswege der politischen Emanzipation*, München, Piper, 1971, S. 14

11) Ralf Dahrendorf: *Gesellschaft und Demokratie in Deutschland*, München, Piper, 1965, S. 230

12) Ibid. S. 241

ten zu widersprechen, besonders wenn sie von zwei so intelligenten Analytikern der deutschen Politik vertreten werden, von Männern, deren moralische Aufrichtigkeit und guter Wille aus jeder Seite ihrer Schriften sprechen. Darüber hinaus scheint es schwierig zu behaupten, die Geschichte des deutschen Staates zeige ein Übermaß an Demokratie oder einen Mangel an Autoritarismus. Trotzdem leidet dieser ganze Versuch, auch wenn er in seinen Zielsetzungen lobenswert und zweifellos in seiner Wirkung nützlich ist, an einem grundlegenden Fehler: Seine Reaktion auf die idealistische Tradition ist übertrieben, und infolgedessen ist seine Beurteilung der deutschen politischen Kultur ernsthaft verzerrt. In Wirklichkeit stellt die Unterdrükkung der politischen Tradition des Idealismus eine der schädlichsten Nachwirkungen der Kriege Deutschlands dar, ein Eliminierungsvorgang, der damit begründet wurde, daß diese Tradition »deutsch« sei. Meiner Meinung nach bietet diese Tradition aber nach wie vor den besten Rahmen für ein Verständnis der heutigen Lage.

In der Tat postulieren beide, Bracher und Dahrendorf, eine »liberale« oder »angelsächsische« Theorie des Staates und stellen sie gerne der idealistischen Hegelschen oder »deutschen« Theorie gegenüber. Wie sinnvoll ist diese Unterscheidung und was trägt sie zum Verständnis des deutschen Problems bei?

Selbst eine summarische Antwort erfordert einen recht ausgedehnten Ausflug in die politische Philosophie. Hinter den beiden Staatsideen Idealismus und Liberalismus liegen zwei gegensätzliche Ausgangspunkte zur Definition der Freiheit. In einer Terminologie, die Isaiah Berlin in seinem berühmten Aufsatz popularisiert hat, betont die idealistische Tradition einen »positiven« Begriff der Freiheit, während die Betonung der liberalen Tradition »negativer« Natur ist. Welches ist der Charakter dieser beiden Ansätze und wie formt er ihr Bild des Staates?

Die idealistische Tradition ist in ihrem Verständnis der Freiheit »positiv«, weil sie die gesellschaftlichen und wirtschaftlichen Voraussetzungen der Freiheit betont. Freiheit, d. h. Selbstverwirklichung, braucht nach dieser Theorie eine günstige Umgebung, eine »gute Gesellschaft«. Um frei zu sein, muß der einzelne Mensch in einem »Staat« leben, d. h. in einer rational organisierten Gemeinschaft, die ihm den nötigen Rahmen zur Entwicklung seiner Freiheit liefert. Der Staat ist in diesem Sinne das Ideal, die politische Gemeinschaft, wie sie sein sollte, um die menschlichen Anlagen zur Entfaltung zu bringen, und nicht notwendigerweise die politische Gesellschaft, wie sie in Wirklichkeit bestehen mag. Demzufolge ist die »Idee« des Staates die Norm oder die Möglichkeit, an der die konkreten Gestaltungsformen einer Gesellschaft zu jedem Augenblick in der Geschichte gemessen werden können. Hinter dieser Vorstellung von Staat und Freiheit steht ein grundlegender Glaube an eine ideale Form, die ein geeignetes Entwicklungsmuster für beide ist, für den einzelnen Menschen wie für die Gesellschaft. Der idealistische Philosoph versteht in der Bestimmung dieser idealen Form und im Streben danach die Hauptaufgabe im Leben sowohl der einzelnen Menschen als auch der Gemeinschaft als ganzer. Der einzelne und die Gesellschaften sind im Leben erfolgreich, wenn sie eine zweckmäßige Version des menschlichen Ideals erreichen. Die Frage, wie die vermutlich universellen Elemente dieses menschlichen Ideals mit den wechselnden besonderen Umständen in Einklang gebracht werden können, ist seit Plato und Aristoteles das klassische Problem für diese Tradition gewesen. Seit Hegel haben sich die modernen Vertreter des Idealismus darum bemüht, in der Geschichte die Antwort auf die Frage zu finden, wie sich menschliche und gesellschaftliche Ideale »entwickelt« haben, um die Gemeinschaft in immer vernünftigerer Art und Weise zu gestalten. Zusammenfassend läßt sich sagen, daß die Freiheit in dieser idealistischen Perspektive nicht nur das Fehlen unmittelbaren Zwangs ist, sondern auch das Erreichen eines gewissen Maßes an individueller und gemeinschaftlicher Entwicklung im Rahmen der Möglichkeiten eines besonderen geschichtlichen Zusammenhangs.

Die negative oder »liberale« Tradition geht im Gegensatz dazu von einer weitaus beschränkteren Definition der Freiheit aus. Freiheit ist hier einfach nur das Fehlen äußerer Eingriffe. Abstrakt kann man sagen: Je mehr der Staat in das freie Wirken des einzelnen eingreift, desto weniger Freiheit bleibt diesem. Je mehr Gesetze, desto weniger Freiheit. Hinter diesem Verständnis von Freiheit verbirgt sich eine andere Vorstellung von dem einzelnen Menschen. Während der Idealist sich damit beschäftigt, wie der einzelne sich entwickeln kann, neigt der Liberale dazu, den einzelnen als bereits geformt anzusehen. Das Problem des Menschen besteht weniger darin, sich zu entwickeln, als vielmehr, das zu schützen, was er bereits errungen hat. Diese Tradition konzentriert sich nicht auf die Frage, wie die Gemeinschaft zur Entwicklung des einzelnen beitragen kann, sondern vielmehr auf das Problem, wie es kommt, daß der Staat sie so leicht unterdrücken kann. Für Theoretiker dieser Tradition besteht die Hauptfrage darin, wie man einen Weg findet, um die Regierung zu kontrollieren, ohne ihr eine angemessene Legitimitätsbasis zu verweigern. Liberale Schriftsteller haben von alters her den Begriff eines »Gesellschaftsvertrages« verwendet. Die Autorität ist legitim, wenn Menschen aus vernünftigem Eigeninteresse übereinkommen, ein bürgerliches Gemeinwesen aufzubauen. Aus praktischen Gründen muß der Regierung etwas von der Freiheit geopfert werden, um den Rest genießen zu können. Die Frage bleibt dabei immer, wer entscheidet, wieviel Freiheit aufgegeben wird und wieviel bleibt? Hobbes' klassische Analyse kam zu einer unangenehmen Schlußfolgerung, die die Liberalen seitdem quält. Da der

»natürliche« Zustand der Menschheit »der Krieg aller gegen alle« ist, so fand er, bedürfe es zur Aufrechterhaltung der Ordnung einer absoluten obersten Regierungsmacht. Locke, der andere klassische Vertreter dieser liberalen Tradition, vermied Hobbes' Schlußfolgerung, indem er ihre Voraussetzung umdrehte. Für ihn war eher die Harmonie als der Krieg das Normale, außer dort, wo unnatürliche Monopolisierung politischer Macht wie in Monarchien oder privilegierten Aristokratien die Möglichkeit zur Ausbeutung bot. Demnach, so folgerte Locke, könnte die oberste Staatsgewalt sehr wohl auf eine Mehrheit des »Volkes« übertragen werden. Lockes liberales politisches Ideal war, kurz gesagt, eine politische Version des Laissez-faire-Gedankens des freien Marktes.

Bracher und besonders Dahrendorf übernehmen diese grobe Unterscheidung zwischen idealistischen und liberalen Freiheitsvorstellungen und übertragen sie auf zwei gegensätzliche Modelle des politischen Verhaltens. In ihren Augen hat der deutsche Idealismus durch seine Betonung der moralischen Identität der Ziele des einzelnen und der Gemeinschaft das Prestige des deutschen Staates in gefährlicher Weise erhöht. Darüber hinaus ist die bei den Idealisten unterschwellig vorhandene Vorstellung von der »besten« Lösung der Konflikte, die von der Anwendung des geschulten Verstandes entdeckt werden muß, eine Ermutigung für die Bürger, »apolitisch« zu sein – in Demut unterwürfig gegenüber der autoritären Technokratie. Im Gegensatz dazu habe der Staat in Gesellschaften, die dem liberalen Modell entsprechen, ihrer Meinung nach nichts von diesem aufgeblasenen Prestige gehabt. Statt von staatlichen Experten zu erwarten, sie müßten ideale Lösungen finden, machen die Bürger einzeln und in Gruppen ihre Interessen auf dem politischen Marktplatz mit Nachdruck geltend, und dies im Konkurrenzkampf untereinander. Dahrendorf sagt, daß in diesen gesunderen Gesellschaften der Gedanke an ein gemeinsames, vom Staat zu bewahrendes Gemeinwohl auf gewisse »Spielregeln« beschränkt sei. Diese Spielregeln seien dazu da, ernste Schäden einzuschränken, die eine Interessengruppe einer anderen zufügen könnte. Liberale Politik in einer solchen Gesellschaft ist wie Sport. Rivalisierende Teams wetteifern hart in einem Rahmen formaler Regeln und allgemeiner sportlicher Fairneß.

Die allgemeine Schlußfolgerung dieser Art Analyse ist mehr oder weniger selbstverständlich: Deutschland hat einen ausgeprägten Hang zu autoritären und totalitären Regierungsformen gehabt, zum Teil zumindest deshalb, weil seine politische Landschaft eher die idealistische als die liberale Vorstellung von Freiheit widerspiegelt. Dank ihres Idealismus sind die Deutschen wesensmäßig »apolitisch« und beugen sich der technokratischen Autorität; sie vertragen weder Konflikt noch Konkurrenzkampf und neigen dazu, ihren Staat mit übermäßig viel moralischem Prestige auszustatten. Aus den entgegengesetzten Gründen sind die Briten und Amerikaner gesunde Verfechter der Freiheit des einzelnen. Wie verhält es sich nun mit dieser Sicht der Dinge?

Die These kann auf drei ziemlich zentralen Feldern in Frage gestellt werden. Zuerst, in philosophischer Sicht, ist die Unterscheidung zwischen positiver und negativer Freiheit so einfältig wie die Kritik am Idealismus ganz allgemein. Zweitens, aus historischer Sicht, ist es nicht selbstverständlich, daß eine Tradition deutsch und die andere britisch genannt werden kann. Und schließlich haben die theoretischen, einander gegenübergestellten Modelle liberaler oder idealistischer Gesellschaftsformen mit der tatsächlichen Wirklichkeit der deutschen oder britischen Gesellschaft nur wenig zu tun.

Zunächst zum philosophischen Argument: Die Enge der liberalen Kritik am Idealismus hat ihren Ursprung in der Enge des liberalen Freiheitsbegriffes selbst. Die liberale

Ansicht ist nicht so sehr falsch als vielmehr unvollständig, und zwar aufgrund ihrer unzulänglichen Vorstellung von Freiheit. Offensichtlich kann keine Gesellschaft als frei bezeichnet werden, die dem einzelnen keine gesicherte Sphäre persönlicher Freiheit mit einem vernünftigen Spielraum für persönliches Handeln einräumt. Modernes idealistisches Denken hat diese Notwendigkeit der Bewegungsfreiheit in der Tat als Rechtfertigung für das persönliche Eigentum benutzt. Um frei zu sein, braucht der einzelne eine gewisse Sphäre, innerhalb der er, grob gesagt, tun und lassen kann, was er will. Aber wenn solche negativen Rechte, die den Bürger vor dem Eingreifen des Staates schützen, für die Freiheit wesentliche Bedeutung haben, sind sie in sich selbst nicht ausreichend, um sie zu sichern. Eigentumsrechte haben keinen großen Wert in einer Gesellschaft, die ins Chaos gestürzt ist oder in der ein Großteil der Bevölkerung unwissend, ungesund, unterernährt oder ausgebeutet ist. Die negativen Rechte der Liberalen können in den außerordentlich komplexen und verwundbaren Gesellschaften, in denen der moderne Mensch lebt, aus sich selbst heraus keine angemessene Definition der Freiheit erstellen.

Ähnlich unvollständig ist das liberale Gesellschaftsmodell mit seiner Begeisterung für ungehemmten Zusammenprall privater Interessen in einem »freien Markt«. Selbstverständlich verlangt die Freiheit eine offene Gesellschaft, in der die Interessen ihre Forderungen ungehindert darlegen können. Aber keine demokratische Gesellschaft wird lange überleben, wenn das egoistische Geltendmachen privater Interessen nicht durch eine Art Konsens über die gemeinsame Identität und das Gemeinwohl begrenzt wird. Dieser Konsens muß darüber hinaus als Basis für eine aktive öffentliche Gewalt dienen, die in der Lage ist, mit den vielen Herausforderungen, die die moderne Welt an das Fortbestehen der humanistischen Werte stellt, erfolgreich fertig zu werden. Noch einmal, keine Gesellschaft wird einen akzeptablen Konsens erreichen, ohne gegenseitiges Wissen und Verständnis, die aus dem Zusammentreffen der Interessengruppen erwachsen. Aber ohne einen aktiven und kreativen öffentlichen Vermittler wird die moderne Gesellschaft bald den schlimmsten Befürchtungen ähneln, die Hobbes bewegten, als er vom Krieg aller gegen alle sprach. Deshalb noch einmal: die liberale Theorie ist nicht so sehr falsch als vielmehr unvollständig.

Es ist verblüffend, wie viele Nachkriegsschriften über demokratische politische und gesellschaftliche Institutionen diese recht allgemeingültigen Beobachtungen der politischen Philosophie außer acht gelassen haben. Natürlich nirgendwo ungeheuerlicher als in der Nachkriegsliteratur über Deutschland. Die Deutschen selbst scheinen entschlossen, den Reichtum ihrer eigenen philosophischen Tradition zugunsten einer recht kärglichen Version, die sie für britisch oder amerikanisch halten, zu verwerfen. Auf diese Weise tun sie nicht nur der politischen Philosophie Gewalt an, sondern auch der Geschichte. Denn es bedeutet eine Verleumdung der britischen philosophischen Kultur, sie mit solch einer unfruchtbaren liberalen Tradition gleichzusetzen. Wäre der Idealismus etwas ausschließlich Deutsches und der Liberalismus etwas rein Britisches, wäre Nietzsches Spruch vollauf gerechtfertigt: »Das ist keine philosophische Rasse – diese Engländer . . .«[13]) Tatsächlich aber durchdringt der Idealismus das politische Denken der Briten und findet dort in der Tat einige seiner hervorragendsten Ausdrucksformen. In der Neuzeit erstreckt sich eine britische idealistische Tradition von Hooker über Burke und Coleridge, beeinflußte mehrere viktorianische Persönlichkeiten wie John Stuart Mill, Disraeli, Gladstone

13) Friedrich Nietzsche – Werke 1967 (Abtl. 6) *Jenseits von Gut und Böse*, S. 203

und erfährt ihre umfassendste philosophische Aussage bei den britischen »Neo-Hegelianern« des ausgehenden 19. und frühen 20. Jahrhunderts. Diese ehrwürdigen, klugen Männer – Greene, Bradley und Bosanquet, um nur die berühmtesten zu nennen – beherrschten die offizielle britische Philosophie, bis ihr Einfluß – zum Teil aufgrund der Kriegspropaganda gegen die »deutschen« Ideen – allmählich von dem logischen Positivismus von Russell, Wittgenstein, Popper und Ayer verdrängt wurde. Obwohl niemand es leugnen kann, daß der britische logische Positivismus aus dem altehrwürdigen britischen Nominalismus entstanden ist, kann es sich um keine sehr gute Geistesgeschichte handeln, wenn man behauptet, dies allein sei Großbritanniens einzige gewichtige philosophische Tradition. Persönlichkeiten wie Greene, Bradley und Bosanquet scheinen nicht weniger in der britischen Kultur verwurzelt als die Wiener Emigranten, die soviel dazu beigetragen haben, den logischen Positivismus wieder zum Leben zu erwecken.

Sollte irgend jemand die Bedeutung der idealistischen Tradition in anderen europäischen Ländern anzweifeln, möge er doch an Croce in Italien oder Bergson in Frankreich denken. Tatsächlich spiegeln auch die politischen Ideen General de Gaulles seine grundlegend idealistischen Ansichten auf Schritt und Tritt wider. Das gleiche kann man vom amerikanischen politischen Denken sagen. John Devey war trotz seiner großen Leistung kaum der einzige amerikanische Philosoph. Eine lange amerikanische idealistische Tradition führt über das 19. Jahrhundert zurück bis zum puritanischen und anglikanischen Denken der Kolonialzeit. John Kennedys berühmter Ausruf bei seinem Amtsantritt: »Frag nicht, was dein Land für dich tun kann, sondern was du für dein Land tun kannst!« zeigt, wie sehr unsere heutigen Gedanken von der idealistischen Tradition geprägt sind.

Kurzum, politischer Idealismus ist keine rein deutsche

Spezialität, die von vernünftigeren Nachbarn gemieden wurde. Vielmehr ist er Teil des allgemeinen Aufbruchs der Romantik, die sich im kulturellen Leben des letzten Jahrhunderts ausgebreitet und die sich bis in unser jetziges gehalten hat. Großbritannien – das Land von Burke, Blake, Wordsworth, Coleridge, Shelley, Ruskin und Disraeli – war kaum unschuldig an der Romantik oder am politischen Idealismus.

Was für das britische Denken gilt, gilt ebenso für die britische Politik. Das liberale Modell einer durch kollektiven Idealismus entschärften Streitsucht beschreibt natürlich nicht die Art und Weise, in der angelsächsische Gesellschaften wirklich funktionieren – weder heute noch in der Vergangenheit. Keine vernünftige Darstellung des amerikanischen oder britischen Systems kann zunächst einmal das moralische Ansehen leugnen, das mit dem Amt des Präsidenten oder des Premierministers verbunden ist – ein Ansehen, das von dem Anspruch ausgeht, ihre Ämter verkörperten tatsächlich einen »allgemeinen Willen«. Diese Amtsinhaber sind keine reinen »Schiedsrichter«, die über die Regeln des politischen Spiels wachen, sie sind vielmehr die maßgeblichen Persönlichkeiten bei der Formulierung und Vertretung des Gemeinwohls. Ihre Aufgabe besteht erklärtermaßen darin, die ganze Öffentlichkeit zu vertreten im Unterschied zu den Teilinteressen von Industrie und Landwirtschaft, von den Arbeitern und selbst von denen des Gesetzgebers. Sollten sie dabei versagen, verlieren sie ihr Ansehen und ihre moralische Autorität. Kurzum, »angelsächsische« Politik bedeutet nicht nur einen offenen Wettbewerb von Sonderinteressen ohne jegliche vermittelnde staatliche Autorität, die eine positive Politik gestalten könnte. Es ist in der Tat so, daß jede Gesellschaft, die solch einem liberalen Modell nahekommt, in zunehmendem Maße unregierbar wird. Die Erfahrung aus der Geschichte zeigt, daß das Laissez-faire-Prinzip – denn das scheint das liberale Modell zu sein – nur unter ganz besonderen Umständen überleben kann. Entweder spiegelt es die Vorherrschaft bestimmter Interessen wider, die den Markt als Mittel dazu benutzen, ihre eigene politische und wirtschaftliche Vormachtstellung zu organisieren, oder es eignet sich für eine Zeit außergewöhnlichen Überflusses, in der die steigenden Erwartungen noch nicht die wachsenden Ressourcen eingeholt haben.

Ironischerweise paßt das liberale Modell in mancherlei Hinsicht auf das Kaiserliche Deutschland, während es ihm nicht gelingt, die Gesellschaften zu beschreiben, von denen es angeblich erweckt und beseelt worden ist. Es fehlte Deutschland niemals an Gruppen, die bereit waren, ihre speziellen Interessen mit der Entschiedenheit zu vertreten, die eine liberale Gesellschaft angeblich fordert. Wo zum Beispiel war denn der »apolitische« Deutsche, als es um Zollgesetze, soziale Wohlfahrt, die Flotte oder die Armee ging? Natürlich ermutigte Bismarcks politische Strategie bewußt all diese Gruppen, so viel zu fordern wie möglich. Als Folge davon wurde er die einzige Stelle, an der die Anhäufung der verschiedenen Interessen in eine Art vernünftiger, gemeinwohlorientierter Politik umgemünzt wurde. So konnte er, und nicht das Parlament, beanspruchen, das Gemeinwohl legitimerweise zu verkörpern. Das gelang ihm nur zu gut. Demzufolge ging die Initiative für die gesamtstaatliche Politik von einer autoritären Exekutive aus – und das nicht, weil im Parlament zu wenig blutrünstige Streitsucht auftrat, sondern weil es zuviel davon gab. Der Reichstag blieb erfolglos, nicht weil seine Abgeordneten immer das allgemeine Wohl zum Nachteil der besonderen Interessen im Auge hatten, sondern weil es den Parteien nur selten gelang, sich über das nachdrückliche Verfechten eigennütziger Interessen zu erheben. Demzufolge konnten die deutschen Parlamente nie als Basis für eine effektivere Regierung dienen, weder zur Zeit Bethmanns noch während der Weimarer Regierungszeit. Dies war, so könnte man sagen, Bismarcks »liberales« Vermächtnis.

Obwohl ich nicht behaupten möchte, ich wäre den Argumenten von so klugen Autoren wie Bracher und Dahrendorf ganz gerecht geworden, glaube ich doch, ihren Hauptpunkt erfaßt zu haben. Wie kommt es, daß ihre liberale Kritik, die so offensichtliche Mängel aufweist, eine derart herausragende Position in der Nachkriegsliteratur über Deutschland eingenommen hat?

Die Erklärung läßt sich kaum auf einen Mangel an Intelligenz oder Wissen zurückführen. Ich vermute, sie liegt in einer verständlichen Überreaktion auf die Greueltaten der Nazis durch eine Generation, die so sehr unter ihnen gelitten hat. Für eine Gesellschaft, die sich vom Trauma und der Schande des Totalitarismus erholt, erschien der Liberalismus trotz all seiner Mängel weit sicherer als der Idealismus mit seinem positiven Freiheitsverständnis. Der Idealismus liefert ein politisches Rezept, das bewußt danach strebt, über eine besondere Vision Einmütigkeit zu erzielen. Das Ideal, die praktische Definition des »guten Lebens«, muß entdeckt und deutlich zum Ausdruck gebracht werden. Aber die Ergebnisse der Suche können natürlich sowohl schlecht als auch gut sein. Wie Stalin und Hitler deutlich gezeigt haben, kann die idealistische Rhetorik so ins Gegenteil verdreht werden, daß sie den pervertiertesten Vorstellungen von Freiheit dient. Eine Gesellschaft kann auch ihre Bestimmung darin finden, ihre Nachbarn auszuplündern, die Welt zu beherrschen oder ihre Juden zu ermorden. Nach ihrer Erfahrung mit den Nazis mag es den Deutschen vergeben werden, wenn sie im negativen Skeptizismus den sichersten Schutz der Freiheit erkennen.

Aber trotz ihrer guten Absichten birgt diese neo-liberale Ansicht ihre eigenen Gefahren. Denn mit ihrem Vorurteil gegenüber substantiellen Visionen sucht sie ständig nach einem Ersatz in Gestalt irgendeiner politischen Maschinerie, irgendeines Gebäudes von Gepflogenheiten und Verfahren, die eine freie Gesellschaft garantieren sollen ohne Rücksicht auf die tatsächliche Qualität dieser Gesellschaft. Offensichtlich sind gesellschaftliche und politische Strukturen äußerst wichtig. Aber sie reichen nicht aus, um eine würdige Gesellschaft zu gewährleisten. Gesellschaften können sich nicht ohne Gefahr darum drücken, gemeinsame vernünftige Ziele zu finden, ebenso wie der einzelne es nicht ohne Gefahr vermeiden kann, ein vernünftiges Ziel und einen Plan für sein privates Leben zu suchen. Die Fragen danach, was ein »gutes Leben« sei und wie man es zu leben habe, können nicht einfach durch eine »wertfreie« gesellschaftliche Wissenschaft beiseite geschoben werden, die irgendeinen magischen politischen Mechanismus verhökert, der Freiheit ohne philosophische Anstrengung oder moralische Disziplin garantiert. Entzweiender Eigennutz, der eine Gesellschaft brüchig werden läßt, ist dann der ganz natürliche Zustand einer Gesellschaft, die kein größeres gemeinsames Ziel hat. Zeitweiliger Überfluß mag den Tag der Erkenntnis kurzfristig hinausschieben, aber früher oder später wird es zur Krise kommen. Es ist besser, der Herausforderung ins Auge zu sehen, als zu behaupten, sie existiere nicht. Denn kein gesellschaftlicher Apparat kann lange ohne eine kreative politische Vorstellung gedeihen. Die neo-liberale Tradition versucht, diese Vorstellung durch ihre Version des freien Marktes zu ersetzen. Das ist ein vergebliches Unterfangen, und es ist einer der Vorteile der idealistischen Tradition, daß sie dies besser weiß. Statt ihre schlecht informierten Angriffe auf die idealistische Schule – egal ob deutsch oder englisch – unaufhörlich zu wiederholen, täten die modernen Analytiker besser daran, diese Schule ernsthaft zu studieren. Sie ist aufs ganze gesehen viel reicher als der logische Positivismus.

Zusammenfassung: die Zähmung der Macht

Dieses Kapitel wurde mit der Feststellung begonnen, daß ich von vornherein auf jeglichen Ehrgeiz verzichten möchte, eine umfassende Theorie zur deutschen Gesellschaft und Kultur zu entwickeln. Meine eigenen Bemerkungen sollen nicht eigentlich eine allgemeine Theorie darstellen, sondern vielmehr zur Skepsis gegenüber den konventionellen Theorien zur deutschen politischen Kultur anregen. Da nun die Nachkriegsära zu Ende geht, sollten diejenigen, die diese Theorien formuliert haben, vielleicht einen Schritt zurücktreten und sich aus einigem Abstand erneut mit dem Problem befassen.

Für mich hat das Studium der modernen deutschen Gesellschaft zwei wesentliche Erfahrungen gebracht. Keine von beiden ist besonders neu. Die erste ist die Erkenntnis von der Brüchigkeit aller modernen Gesellschaften und von der Bedeutung dessen, was man das faustische Thema des Verstehens dieser Brüchigkeit nennen könnte. Die zweite ist die Gefahr der »Überbeanspruchung« des internationalen Systems.

Jede moderne Gesellschaft hat darum gekämpft, eine sonst leicht selbstzerstörerische Jagd nach Macht und Reichtum durch eine Vorstellung von einer ausgeglichenen, legitimen und guten Gesellschaftsordnung zu disziplinieren – eine Vorstellung, die sowohl eine internationale als auch eine nationale Dimension haben muß. Die moralischen Fragen, die hier mitwirken, sind kaum neu. Der Kampf zwischen Wille und Vernunft beschäftigte das westliche Denken von Anfang an. Von Bedeutung ist vielleicht, daß die zwei ehrgeizigsten Einzelwerke des deutschen schöpferischen Genius im 19. Jahrhundert, Goethes *»Faust«* und Wagners *»Ring«*, beide den Kampf zwischen Macht und natürlicher Ordnung darstellen.

Immer wenn eine Gesellschaft sich schnell modernisiert,

wird der faustische Drang sehr stark. Die moderne Technik erlaubt nicht nur eine bisher unvorstellbare Kontrolle über die Natur, sondern sie verändert auch gleichzeitig den Maßstab der menschlichen Verhältnisse ganz radikal. Unstrukturierte verstädterte Gesellschaften bieten für die Manipulation durch neue Techniken der Massenmedien eine große Gelegenheit. Und der ungleiche technische Fortschritt in den verschiedenen Ländern schafft noch nie dagewesene Möglichkeiten zur Manipulation fremder Völker. Demzufolge ist die moderne Macht nicht nur an Intensität und Ausmaß größer, sondern sie ist auch leichter imstande, sich selbst von den direkten menschlichen Beziehungen abzusondern, die sogar die erniedrigendste formelle Herrschaftsordnung konditionieren können.

Trotz der Verehrung, die Goethe erfuhr, haben die Einsichten der deutschen Kunst nicht vermocht, die Katastrophen deutscher Politik zu verhindern. Aber, um es noch einmal zu sagen, diese Katastrophen können nicht in überzeugender Weise als das Resultat irgendeiner eigengesetzlichen Entwicklung einer inneren Schwäche der deutschen Kultur verstanden werden. Natürlich gab es Schwächen, in Deutschland ebenso wie anderswo auch. Aber der Zusammenbruch war viel eher die Konsequenz des starken Drukkes, dem die Gesellschaft durch ihre außenpolitischen Probleme ausgesetzt war. Dieser Druck scheint weniger Deutschlands besonderer Fehler, als vielmehr die unausweichliche Folge des Zusammenbruchs des Maßes in dem System als ganzem. Der Imperialismus, der zum Ersten Weltkrieg führte, war selbst die Folge immer größer werdender Forderungen, die den schwindenden Ressourcen gegenüberstanden, eine Kombination, die das internationale System über die Möglichkeiten einer friedlichen Einigung hinaus belastete. Deutschland, der späte Ankömmling, wurde zum Hauptbrennpunkt der Spannung. Zweifellos war die deutsche Diplomatie recht ungeschickt, besonders in der Ära Bülow. Aber auch der besten Diplomatie der Welt wäre es wahrscheinlich nicht gelungen, eine Konfrontation Deutschlands mit den älteren Mächten zu vermeiden. Denn die etablierteren Mächte zeigten einen Drang zur Macht, der nicht weniger heftig als der Deutschlands war. Alle europäischen Länder waren von einer zunehmenden Spannung zwischen grenzenlosen Erwartungen und vernünftiger Ordnung geplagt. In einer solchen Welt erwiesen sich die Deutschen als außergewöhnlich verwundbar. Der Nachzügler Deutschland wurde zum »Aggressor« abgestempelt. Ohne Zweifel war der deutsche Mittelstand in der Zeit nach Bismarck durch einen engstirnigeren Nationalismus gekennzeichnet als die entsprechenden britischen und französischen Mittelschichten, die die Zeit gehabt hatten, auf der Grundlage ihrer nationalen Macht gelassener und sicherer zu werden. Aber es kann den Deutschen, die vor ihrer Einigung hinreichendere Erfahrungen gesammelt hatten, weder vorgeworfen werden, daß sie sich einen Nationalstaat wünschten, noch daß sie sich darum sorgten, daß diese Nachbarn ihren Nationalstaat nicht akzeptieren würden. Und wenn die Deutschen den Eindruck erweckten, krankhaft auf Macht fixiert zu sein, waren sie in der Tat auf allen Seiten für ihre mächtigsten militärischen Feinde offen und darüber hinaus besonders leicht durch eine Seeblockade zu verwunden. Der Erste Weltkrieg hat das sehr deutlich gezeigt. Die militärischen Befürchtungen der Deutschen mögen sich selbst erfüllt haben, aber sie waren gewiß nicht unbegründet.

Nachdem der »Große Krieg« erst einmal begonnen hatte, wurde der militärische Kampf immer hoffnungsloser; die Belastung brachte den deutschen Staat zum Einsturz und machte den Weg frei für die Herrschaft von Abenteurern. Während der ganzen Weimarer Zeit hat der Staat seine Stabilität nicht zurück erlangen können. Tatsächlich wurde der Druck des Krieges durch Inflation und

Wirtschaftskrise sogar noch verstärkt. Unter Hitler wurde der deutsche Staat schließlich zum Berserker.

Um eine oben gezogene Schlußfolgerung zu wiederholen: Es ist schwer, sich der recht traditionalistischen leninistischen Auffassung zu entziehen, daß das internationale Problem des deutschen Kaiserreichs weniger aus seinen besonderen innenpolitischen Eigenschaften entsprang als aus dem Zeitpunkt seiner Entwicklung. Wir können daraus lernen, daß die Deutschen nicht außergewöhnlich verdorben sind, sondern eher, daß selbst eine fest verwurzelte Kultur schnell zur Barbarei hinabsinken kann – im Innern wie nach außen –, wenn sie unter starken, anhaltenden Druck gesetzt wird. Es ist ohne Zweifel gut, wenn die Deutschen sich mit ihrer Vergangenheit beschäftigen und sich immer wieder schämen. Bei uns übrigen sollte die Untersuchung der Greueltaten Deutschlands aber eher Demut als Überheblichkeit hervorrufen. Dahin kann ohne die Gnade Gottes jeder von uns geraten. Und in der Tat, wenn wir nicht aufpassen, kann so etwas genauso in der Zukunft geschehen.

7. Kapitel

Das Deutsche Problem nach 1945

Alte Optionen und das Nachkriegssystem

Was ist aus dem Deutschen Problem seit 1945 geworden? Sowohl für die Deutschen als auch für ihre Nachbarn scheinen viele der traditionellen Probleme gelöst. Kein Nachbarland ist seither von deutscher Aggression bedroht worden. Im Inneren hat sich in jedem Teil Deutschlands eine politische Umwandlung vollzogen. Die Bundesrepublik Deutschland ist ein standfestes liberales Land geworden und die Deutsche Demokratische Republik ist zu einem militanten kommunistischen Staat geworden. Keiner der beiden deutschen Reststaaten wurde mit internationaler Isolation, dem Kernproblem des Deutschen Reiches, konfrontiert – also mit der Unfähigkeit, sich in eine regionale oder weltweite wirtschaftliche und politische Ordnung einzufügen. Statt dessen sind beide deutschen Nachkriegsstaaten in das bipolare System der Supermächte integriert worden. Tatsächlich sind beide Staaten die Schöpfungen dieses bipolaren Systems. Wieviel Kontinuität gibt es dann zwischen dem Deutschen Problem der Vergangenheit und der deutschen Lage seit 1945?

Ein Unterschied ist deutlich zu erkennen. Heute gibt es statt des einen deutschen Staates wie zu Hitlers Zeiten zwei Staaten – mit Österreich sind es sogar drei. Diese erzwungene Teilung erschien so drastisch und unerträglich, daß in den Augen vieler Analytiker die Wiedervereinigung Deutschlands Hauptproblem darstellte. Keine Lösung schien jedoch gangbar. Denn wie unnatürlich diese Teilung anfangs erschienen sein mag, die Zerstückelung Deutschlands war das logische Ergebnis der Teilung Europas in eine westliche und eine östliche Sphäre. Der Kalte Krieg zwischen den Supermächten ließ die zeitweiligen militärischen Grenzlinien schnell zu starren wirtschaftlichen und politischen Grenzen erstarren. Und Deutschlands Nachbarn hielten die Teilung des Landes für einen Segen. In der Tat waren die Deutschen, auch wenn ihnen die Teilung sicherlich aufgezwungen worden ist, keine ganz unwilligen Mithelfer; das gilt auch für die Zeit der Teilung selbst. Im Westen baute die Regierung Adenauer einen liberalen kapitalistischen Wohlfahrtsstaat nach den Vorstellungen seiner Christlich-Demokratischen Partei. Im Osten baute Ulbrichts kommunistische Elite unter schwereren Bedingungen die ihr erstrebenswert scheinende Version einer disziplinierten sozialistischen Utopie. Ebenso wie man von Bismarck sagte, er habe seine Ziele auf ein kleindeutsches Reich begrenzt, um seinen Zusammenhalt mittels der preußischen Vormachtstellung zu bewahren, könnte man von Adenauer und Ulbricht behaupten, sie hätten ihre kleineren, besser integrierten und in ihren Augen attraktiven Staaten einer geeinten Nation vorgezogen. Es hat den Anschein, als sei nach Hitlers Katastrophe für die alte deutsche Regel *»Cuius regio, eius religio«* ein Ersatz gefunden worden.

Jedenfalls hat eine Chance zur Wiedervereinigung wahrscheinlich niemals wirklich bestanden. Von keiner der beiden Supermächte konnte man erwarten, daß sie ihren Teil Deutschlands der anderen überlassen würde. Und trotz beachtlicher Winkelzüge in den frühen Nachkriegsjahren war keine der beiden – nachdem Hitler gerade knapp besiegt war – wirklich erpicht auf ein wiedervereintes neutrales Deutschland, das mit all seinem Potential ideologisch und militärisch ungebunden gewesen wäre. Darüber hinaus hätte wahrscheinlich keine der beiden Supermächte ohne den Beitrag ihres deutschen Teilstaates in ihrem Teil Europas ein stabiles System aufbauen können. Und die Deutschen, zumindest die im Westen, genossen bald die Vorteile der Zugehörigkeit zu einem größeren und relativ stabilen System. Kurzum, von der Idee eines wiedervereinten, neutralistischen Deutschlands mit all seinen Unsicherheitsfaktoren ging weder für die Sieger über Deutschland noch für die Deutschen selbst ein großer praktischer Anreiz aus.

Ist das traditionelle Deutsche Problem nun durch die verfestigte Teilung gelöst?

Die Frage scheint am wichtigsten für die Bundesrepublik Deutschland, das größere Fragment des alten Deutschlands und im Weltmaßstab immer noch eine große Macht. In vielerlei Hinsicht hat Deutschland in Gestalt der Bundesrepublik trotz der schwerwiegenden politischen Hypotheken einen besseren Platz in der internationalen Ordnung gefunden als zur Zeit der kaiserlichen oder der nationalsozialistischen Herrschaft. Vor allem auf wirtschaftlichem Gebiet war die Bundesrepublik erfolgreich. Anfangs wurde Westdeutschlands Wirtschaft direkt von den Alliierten kontrolliert. Eine Strömung im frühen amerikanischen Denken verkörperte der sogenannte Morgenthau-Plan. Vorbehaltlose Rache verbunden mit den Befürchtungen vor Überproduktion ließen die völlige Demontage der deutschen Industrie vorsehen. Aber gemäßigtere Stimmen setzten sich durch und erachteten die deutsche wirtschaftliche Erholung für wesentlich, ein Ziel, dem immer mehr Bedeutung beigemessen wurde, als die wirtschaftliche Erholung Europas stagnierte und der Kalte Krieg immer schärfer wurde. Westdeutschland wurde voll in den Marshall-Plan einbezogen. Darüber hinaus verlieh die alliierte Währungsreform von 1948, unterstützt von einer Politik des knappen Geldes und ausgeglichener Haushalte, Deutschland eine stabile und seit 1949 auch noch unterbewertete Währung, alles in allem eine gute Basis für die Förderung des Exports und für Investitionen im Inland. Der politische Wiederaufbau ging Hand in Hand mit dem wirtschaftlichen. 1949 errichteten die Alliierten in aller Form die Bundesrepublik und hoben die noch verbliebenen wirtschaftlichen Einschränkungen allmählich auf. Der Korea-Krieg veranlaßte die Vereinigten Staaten, eine großangelegte Wiederbewaffnung des Westens in Gang zu setzen und zu finanzieren, in die schließlich auch die Bundesrepublik einbezogen wurde. Beachtliche direkte amerikanische Hilfe heizte einen starken Boom im Westen an. Von allen europäischen Ländern erwies sich Deutschland am fähigsten, daraus Gewinn zu ziehen. Daher rührt Deutschlands »Wunder« der fünfziger Jahre.

Eine Vielzahl von Faktoren wirkte sich zugunsten Deutschlands aus. Europas industrieller Wiederaufbau bot der traditionellen deutschen Investitionsgüterindustrie große Möglichkeiten; Möglichkeiten, die man mit der gewohnten Tüchtigkeit nutzte, obschon man bemüht war, die alten Kartelle zu vermeiden. Die Banken spielten weiterhin eine bedeutende Rolle bei der Förderung und Rationalisierung der industriellen Entwicklung. Die Löhne waren relativ niedrig, die Spareinlagen und die Erträge der Kapitalgesellschaften hoch, und die Mittel wurden wirksam in industrielle Investitionen geleitet. Eine kluge Kombination wirtschaftspolitischer und sozialpolitischer Maßnahmen, verbunden mit denen im Bereich der Faktoren Arbeit und Management, schuf eine außergewöhnlich stabile Version des Wohlfahrtskapitalismus. Ironischerweise profitierten die Deutschen nicht nur von ihrem aufs Kaiserreich zurückgehenden Erbe einer exportorientierten Investitionsgüterindustrie, sondern auch von der Vorliebe der Nazis für eine autarke industrielle Struktur. Demzufolge konnte Nachkriegsdeutschland nun leicht auf den Export ausgerichtet werden und war dabei weniger auf industrielle Importe angewiesen als seine westlichen Konkurrenten. Und obwohl der Verlust des Ostens Westdeutschland seiner großen eigenen Nahrungsmittel- und Rohstoffquelle beraubte, schaffte es das von den Vereinigten Staaten aufgebaute Nachkriegssystem, daß die Grundstoffe auf den Weltmärkten reichlich und billig vorhanden waren. Die kostspielige deutsche Landwirtschaft verschwand zum Glück in dem Maße, in dem sich die terms of trade ständig immer mehr zugunsten der Industrie entwickelten. Der Verlust des Ostens begünstigte auch den westdeutschen Arbeitsmarkt. Während des ganzen fünfziger Jahrzehnts hielt ein ständiger Strom bemerkenswert fähiger, motivierter und anpassungsfähiger Flüchtlingskräfte westwärts an. So bereichert, war der Bestand an westdeutscher Arbeitskraft reichlich, diszipliniert und relativ billig. Niedrige Löhne, verbunden mit konservativer Währungspolitik und ausgeglichenen Haushalten, gaben der Inflation keine Chance und trugen dazu bei, daß die deutschen Exportpreise ausgesprochen konkurrenzfähig blieben.

Tatsächlich gestaltete das »Wunder« der fünfziger Jahre die Wirtschaft Nachkriegsdeutschlands erneut in der Form der Jahre vor 1914. Deutschland wurde eine auf die Schwerindustrie ausgerichtete Exportmaschine. Der Hauptunterschied lag in dem Verschwinden der kostspieligen ostelbischen Landwirtschaft. So stellt die heutige Bundesrepublik ein recht extremes Bild der traditionellen kleindeutschen oder weltpolitischen Lösung dar, ohne jede Hoffnung, irgendwelche Autarkie bezüglich der Rohstoffe oder der Märkte zu erreichen. Dies war freilich eine Wirtschaftsstruktur, von der die traditionelle Analyse überzeugt war, daß sie Deutschland in gefährlicher Weise anfällig machen würde – besonders in Spannungsperioden, in denen der Zugang zu Rohstoffen und Märkten verweigert werden konnte. Früher meinte man, daß diejenigen, die Weltmacht besaßen, diese einsetzen würden, sobald Deutschlands wirtschaftliche Rivalität ihr Wohlergehen bedrohte. Genauso interpretierten schließlich viele Deutsche den Ersten Weltkrieg.

Warum ist die Bundesrepublik von keiner dieser Schwierigkeiten betroffen? Eine allgemeine Antwort liegt auf der Hand. Westdeutschland ist, anders als das Zweite oder Dritte Reich, fest in ein weltweites wirtschaftliches und politisches System integriert. Das amerikanische Weltsystem gab Deutschland das, was das britische ihm nicht bieten wollte – einen akzeptierten und gesicherten Platz innerhalb der internationalen Ordnung. Dank der Vereinigten Staaten hat Deutschland nicht nur militärischen Schutz gegenüber Rußland genießen können, sondern auch sicheren Zugang zu den Rohstoffen und Märkten in aller Welt. Amerikas Preis schien darüber hinaus nicht ungebührlich hoch. Seit den frühen Nachkriegsjahren mußte die Bundesrepublik keine nennenswerte Einmischung in ihre inneren Regierungsangelegenheiten hinnehmen. Ganz gewiß untergräbt keine weitverbreitete Abneigung im Volk das Ansehen des politischen Systems. Und die Westdeutschen genießen einen Lebensstandard, der zu den höchsten in der Welt zählt.

Warum aber war der amerikanische Preis so niedrig? Ein Großteil des Verdienstes gebührt sicherlich der amerikanischen politischen Führung. Die Hegemonie der Amerikaner in Europa war intelligent, wohlwollend und vertrauensvoll. Zugegeben, die Einsicht war von dem außerordentlich lang anhaltenden Nachkriegsboom ermutigt worden. Fast jedes Land konnte ein nie dagewesenes Wachstum genießen, und so blieb der Konkurrenzkampf innerhalb eines offenen Systems freundlich. Ironischerweise gelang es allein den Briten nicht, an die allgemeine Prosperität Anschluß zu finden.

Deutschlands Nachkriegswohlstand gründete sich allerdings nicht nur auf das Weltsystem der Vereinigten Staaten. Denn innerhalb dieses Systems, doch potentiell getrennt davon, war auch die Europäische Wirtschaftsgemeinschaft (EWG) entstanden. Die europäischen Staaten haben es zugelassen, daß ihre Wirtschaft hochgradig interdependent wurde. Ein kompliziertes politisches System bemüht sich, die gegenseitige Abhängigkeit zu regeln und Europas gemeinsamen Interessen in der Welt Geltung zu verschaffen. Die daraus hervorgegangene konföderative paneuropäische Wirtschaft hat Europa einen Binnenmarkt beschert, der groß genug ist, um Industrien zu fördern, die mit den Amerikanern konkurrieren können. Die EWG-Politik hat ferner versucht, Europas lebenswichtige Versorgung zu sichern. Die Agrarpolitik der Gemeinschaft hat Europa im Bereich der Ernährung in die Nähe der Autarkie gebracht. Die Assoziationspolitik hat sich bemüht, Rohstoffe und Märkte im Mittelmeerraum, im Nahen Osten und in Afrika zu sichern. Tatsächlich verkörpert diese kontinentale Koalition eine zeitgemäße Version Pan-Europas, die auf der deutsch-französischen Freundschaft aufgebaut ist. Sie bringt Deutschland vielen Zielen der traditionellen kontinentalen Option näher.

Aus dieser Sicht ist es interessant, noch einmal an den beachtlichen Konflikt zu erinnern, den der Gemeinsame Markt anfangs bei den politischen Kräften der Bundesrepublik hervorgerufen hat. Ihr Kampf wies viele Aspekte der alten Kontroverse zwischen *Kontinental-* und *Welt*politik auf. Nicht nur bei den in der Opposition befindlichen Sozialdemokraten, sondern auch bei Teilen der bürgerlichen Parteien wurden Bedenken laut.

Dieses Thema entzweite die beiden führenden Christdemokraten der Aufschwungperiode in der Nachkriegszeit, Bundeskanzler Konrad Adenauer und Bundeswirtschaftsminister Ludwig Erhard. Beide waren selbstverständlich getreue Verfechter des atlantischen Bündnisses mit den Vereinigten Staaten. Aber innerhalb des Rahmens dieser amerikanischen Beziehung befürwortete Adenauer die

EWG und maß der deutsch-französischen Annäherung als dem politischen Kern der EWG große Bedeutung bei. Im Gegensatz dazu war Erhard ein Anhänger der lockeren Europäischen Freihandelszone (EFTA), die von den Briten verfochten wurde. Erhard wurde von bedeutenden Teilen der organisierten Industrie und des Handels sowie von den großen Gewerkschaften unterstützt. Als liberaler Protestant konnte er sich nicht für eine besondere politische Bindung an Frankreich mit seinen *dirigistischen* und katholischen Traditionen begeistern. Er hätte es lieber gesehen, wenn Deutschland eine direkte Sonderbeziehung zu Großbritannien und den Vereinigten Staaten angestrebt hätte, ohne Behinderung durch spezielle Bindungen der Europäer untereinander. Er war auch über die Aussicht einer in kontinentaler Dimension eingeschränkten deutschen Industrie besorgt. Im Grunde seines Herzens war Erhard beides, mehr internationalistisch und entschiedener national – der übliche Vertreter der kleindeutschen Lösung. Im Gegensatz dazu drängte Adenauer, obwohl er besonders wegen der militärischen Sicherheit sehr auf das atlantische Bündnis bedacht war, auch auf ein eng integriertes europäisches System, das sich um Frankreich und Deutschland herum entwickeln sollte. Adenauer war ein rheinischer Katholik und deshalb mehr europäisch und weniger über Europa hinaus »nach draußen blickend«, aber auch weniger ausgesprochen deutsch innerhalb des europäischen Rahmens. Seine Politik war in der Tat eine Version »Mitteleuropas«.

Adenauer schien sich durchzusetzen. Deutschland verschmähte die EFTA und ging zusammen mit Frankreich in die EWG. Jeglicher Konflikt, der aus Adenauers atlantischen und europäischen Loyalitäten hervorgehen konnte, wurde von den Amerikanern selbst zerstreut, die – von der Vorstellung eines föderativen Europa benebelt – Adenauer gegen seinen mehr atlantischen Rivalen unterstützten. Daß Adenauer 1959 nicht als Bundeskanzler zurücktreten wollte, könnte auch ein Indiz für die fundamentale Bedeutung dieser Auseinandersetzung gewesen sein. Erhard wäre sonst schon 1959 Kanzler geworden. Ihr Streit hielt weiter während der frühen sechziger Jahre an. Adenauer strebte weitere deutsch-französische Abmachungen mit de Gaulle an, eine Partnerschaft, die Erhard und seine Freunde nach besten Kräften lahmzulegen versuchten. Dieses Mal wurden sie in ihren Anstrengungen von den Amerikanern unterstützt, die mittlerweile ganz allgemein von der Aussicht auf ein unabhängiges Europa und besonders von Adenauer desillusioniert waren. Schließlich zwangen im Jahr 1963 eine Vielzahl innenpolitischer Querelen, amerikanischer Widerstand und das hohe Alter Adenauer zum Rücktritt. Erhard wurde sein Nachfolger. Die Beziehungen zu Frankreich kühlten merklich ab. 1966 wurde Erhard durch eine Kombination von Kräften aus seinem Amt verdrängt, die zum großen Teil beim »gaullistischen« Flügel innerhalb der Christlichen Demokraten ihren Rückhalt hatten – bei den Verfechtern Europas im allgemeinen und engerer Beziehung zu Frankreich im besonderen.

Dies alles zeigt nicht nur die weiterhin bestehende Bedeutung der traditionellen Möglichkeiten der deutschen Politik, sondern auch die Abneigung des westdeutschen Nachkriegsstaats, sich einseitig für eine Option auf Kosten der anderen zu entscheiden. So blieb die Bundesrepublik eine Exportmaschine innerhalb eines weltweiten wirtschaftlichen Systems, das von der amerikanischen Wirtschafts- und Militärmacht aufgebaut worden war und nach wie vor aufrechterhalten wird. Gleichzeitig gehört Westdeutschland einem eng miteinander verbundenen europäischen System an, das stark genug ist, um mit den Amerikanern zu konkurrieren, und vielleicht eine Möglichkeit für ein alternatives System darstellt, falls das amerikanische Imperium auseinanderfallen sollte. Die westdeutsche Außenpolitik hat sich bemüht, jeder definitiven Entscheidung zwischen diesen neuen Versionen der traditionellen Optionen aus dem Weg zu gehen. Was man gemeinhin als die Abneigung Deutschlands bezeichnet, sich zwischen den Vereinigten Staaten und Frankreich zu entscheiden, ist tatsächlich auch Deutschlands Unwillen, sich zwischen den zwei traditionellen Strategien zur Lösung seiner historischen Probleme zu entscheiden. Nur das Zerfallen des amerikanischen liberalen Imperiums oder des europäischen Gemeinsamen Marktes könnte die Deutschen zu einer eindeutigeren Entscheidung zwingen. Es ist daher verständlich, daß Westdeutschland es viel lieber hat, beide Möglichkeiten unbegrenzt auszunutzen.

Zugegeben, Westdeutschlands Vorteile haben ihren Preis. Die Eingliederung der Bundesrepublik in den Westen kostete die Integration der Deutschen Demokratischen Republik in den Osten; so ist die Teilung des Landes zementiert worden. Sich mit Ostdeutschland zu arrangieren, war notgedrungen ein wichtiges Anliegen der bundesdeutschen Außenpolitik. Tatsächlich hat die Bundesrepublik eine Integration in das atlantische und in das europäische System angestrebt – was für sich schon eine große Aufgabe ist –, gleichzeitig auch noch die Möglichkeit einer Wiedervereinigung zu bewahren versucht. Selbst ein Bismarck hätte große Mühe, diese drei Ziele zu vereinen. Die westdeutschen Staatsmänner haben jedes dieser Ziele verfolgt, aber eben nur so weit, als es die anderen nicht ausschloß. So war Deutschlands Außenpolitik, ähnlich wie die Großbritanniens, in der Tat von »drei Kreisen« bestimmt.

Der dritte Kreis (oder die dritte Linie) der Politik ist mehr als einfach die Wiedervereinigung, und er ist auch schwieriger zu bestimmen als die atlantische oder die europäische Bindung. Er wäre wohl am besten als »nationale« Option zu beschreiben. Sein Hauptziel ist zweifellos eine letztendliche Wiedervereinigung mit dem Osten, aber es spielen auch andere, schwerer greifbare Dimensionen mit hinein. Der Begriff »national« sollte nicht mißverstanden werden. Die vermeintlich »föderativen« Möglichkeiten der kontinentalen oder europäischen Integration sind auch »national«, und sie sind es zu Recht. Sie suchen jedoch nach deutscher Sicherheit und Erfüllung durch verstärkte und systematische Zusammenarbeit innerhalb einer bestimmten Staatengruppe oder eines bestimmten Staatensystems. Im Gegensatz dazu eröffnet die hier als national bezeichnete Option eine eigenständige und kühnere Auslotung von diplomatischen Gelegenheiten, die sich der Bundesrepublik bieten könnten. Sie beinhaltet eine Grundeinstellung, die stärkere Vorbehalte gegen die europäischen und amerikanischen Beziehungen hegt und diese geschickt manipuliert. Sie bedeutet beispielsweise ein größeres Interesse an Sonderbeziehungen mit den Russen und den osteuropäischen Staaten, ohne den Vereinigten Staaten als dem Sprachrohr des Westens die Initiative zu überlassen oder darauf zu warten, daß die schwerfälligen Außenpolitik-Maschinerien »Europas« eine gemeinsame Politik formulieren und betreiben. Sie beinhaltet auch energische Initiativen zur Erforschung wirtschaftlicher und politischer Möglichkeiten in der Dritten Welt. Kurzum, sie bedeutet aufzutreten wie die anderen Großmächte.

Bis zu einer gewissen Grenze sind die Spannungen zwischen der nationalen Politik zur Steigerung der Souveränität und der föderativen Politik zur Verstärkung der Interdependenz miteinander vereinbar. Die Aktivitäten können sich in der Tat oft ergänzen. De Gaulle pflegte häufig zu bemerken: Staaten gehen Bündnisse ein, um ihre Souveränität zu bewahren, nicht um sie aufzugeben. Das Argument gilt praktisch für internationale Zusammenschlüsse generell, den Staatenbund mit eingeschlossen. Souveränität bedeutet konkret die Kontrolle über das Umfeld, in dem die Nation leben muß. So wie die anderen westlichen Staaten nimmt Westdeutschland an dem europäischen und amerikanischen System teil, um seinen Einfluß auf das internationale Umfeld und auf den eigenen Binnenbereich zu steigern.

In diesem Sinne bleibt auch die föderative Politik im Grunde national. Und ähnlich kann die nationale Politik die föderative Politik wirksam ergänzen. Ein starker Staat kann an einem Staatenbund viel zuversichtlicher teilhaben als ein schwacher. Darüber hinaus kann es sich kein Nationalstaat leisten – am wenigsten einer mit der Erfahrung, die das moderne Deutschland gemacht hat –, die Brüchigkeit aller internationalen Abmachungen zu vergessen.

In der realen Welt ist die föderative Zusammenarbeit kein Verzicht auf nationale Selbstbestimmung, sondern eine Technik, sie zu steigern. Mit den offensichtlichen Spannungen zwischen nationaler und föderativer Politik verbindet sich eben auch eine weniger offensichtliche, aber noch bedeutungsvollere Komplementarität. Demzufolge ist die nationale Möglichkeit der Bundesrepublik Deutschland nicht unbedingt eine düstere und versteckte Seite ihrer Außenpolitik, sondern ein natürlicher Aspekt der Außenpolitik jeder unabhängigen Großmacht.

Bonn und der Osten

Der nationale Aspekt der deutschen Außenpolitik beschäftigt sich unausweichlich, wenn nicht ausschließlich, mit der Wiedervereinigung, insofern mit den Beziehungen zwischen der Bundesrepublik und ihrem östlichen Gegenstück, der Deutschen Demokratischen Republik. Es gibt einige sehr deutliche Ähnlichkeiten zwischen der Stellung Ostdeutschlands in dem sowjetischen System und der Westdeutschlands in dem des Westens. In beiden Fällen hat die führende Supermacht eine Regierungsform dirigiert, allerdings unter der Mitwirkung einer deutschen

Elite, die eine ihren Idealen entsprechende Gesellschaft aufbaute. Ebenso wie sein westdeutsches Gegenstück wurde Ostdeutschland zu einer Exportmaschine. Seine Beteiligung an einem wirtschaftlichen und politischen Hegemonialsystem hat auch der DDR militärische Sicherheit und Zugang zu Rohstoffen und Märkten eröffnet. Zugegeben, der wirtschaftliche und politische Preis Rußlands ist höher gewesen als der Amerikas. Dennoch war Ostdeutschland recht erfolgreich bei dem Bestreben, seinen historischen wirtschaftlichen Standard wiederzuerlangen, sehr erfolgreich sogar im Vergleich mit seinen östlichen Nachbarn. Nur im Vergleich mit ihrem westlichen Gegenstück und mit anderen westeuropäischen Staaten schien die wirtschaftliche Position der DDR wenig beneidenswert. Daher die Mauer, die Unterdrückung, die russischen Truppen und die damit verbundenen inhärenten Grenzen für den Fortschritt der Entspannung in Europa. Aber unter dem Panzer seines gegenwärtigen Kontrollarsenals hinlänglich abgesichert, scheint Ostdeutschland ein stabiler, wenn auch unattraktiver Staat zu sein. Vielleicht gibt der Marxismus seinen Eliten moralischen Rückhalt und zuversichtliche langfristige Hoffnungen. Der eindrucksvolle wirtschaftliche Fortschritt nährt trotz aller Hindernisse Erwartungen auf weniger schwerwiegende Unterschiede im Lebensstandard und gibt deshalb auf der anderen Seite Anlaß zur Hoffnung auf ein entspannteres Verhältnis zum Westen. Die Hoffnungen können leicht übertrieben werden. Wirtschaftliche Parität wird es so schnell nicht geben, und die Verwundbarkeit des östlichen Regimes ist nicht auf die Wirtschaft beschränkt. Aussichten auf »normale« Beziehungen sind deshalb begrenzt, selbst wenn in den letzten Jahren einige der rauheren und gefährlicheren Reibungsflächen verringert worden sind.

Bei dem Versuch, die Wiedervereinigungslinie mit ihren atlantischen und europäischen Bezugskreisen in Verbindung zu bringen, hat die westdeutsche Politik im Hinblick auf den Osten eine Reihe von unterschiedlichen Phasen durchlaufen. Grob gesagt war die westdeutsche Politik unter Adenauer in den fünfziger Jahren von der vorherrschenden amerikanischen Strategie der »Verhandlungen aus einer Position der Stärke« bestimmt. Das bedeutete im wesentlichen eine Politik der Konsolidierung im Westen und der Unbeweglichkeit gegenüber dem Osten. Die Bundesrepublik weigerte sich sogar, die nach dem Krieg erfolgten Grenzverschiebungen zu Polen und zur Tschechoslowakei hin anzuerkennen, ganz zu schweigen von der Legitimität des ostdeutschen Staates. Adenauers Politik gegenüber dem Osten wurde wie seine Politik gegenüber dem Westen innerhalb der Bundesrepublik stark angegriffen. Tatsächlich befürchteten einige, die in der CDU selbst in Opposition zu Adenauers europäischem Föderalismus standen, daß diese Politik die Chance für eine Wiedervereinigung verbauen würde. Doch wie stark ihre nationalistischen Gefühle auch gewesen sein mögen, die liberalen Kapitalisten um Erhard sahen sich davon abgehalten, eine kühnere Wiedervereinigungspolitik zu befürworten, und zwar sowohl aufgrund ihrer Treue zum amerikanischen Bündnis als auch aus ihrer Antipathie dem Kommunismus gegenüber. Diese jede Bewegung blockierenden Beschränkungen sollten in der Ostpolitik der CDU nach Adenauers Abschied deutlich werden. Die Sozialisten, anfangs unter der Führung von Kurt Schumacher, hatten Adenauers Politik gegenüber dem Osten allerdings von Anfang an abgelehnt.

Schumacher war die dritte bedeutende Persönlichkeit in der Zeit des Wiederaufbaus. Wenn Erhard die atlantische Möglichkeit vertrat und Adenauer die europäische, war Schumacher der eindeutige Nationalist. Seine sozialistischen Überzeugungen veranlaßten ihn keinesfalls, mit dem ostdeutschen Regime zu sympathisieren, ganz zu schweigen von einer Sympathie zu dessen russischen Schirmherren. Er wollte vielmehr ein wiedervereinigtes sozialdemokratisches Deutschland, das losgelöst war von beiden Supermächten und sich an seinem eigenen Block ähnlich gesinnter Staaten in »Mitteleuropa« halten sollte. Wenn Adenauer zu einer, an Frankreich orientierten, kontinentalen Politik neigte, so befürwortete Schumacher eine sozialistische, vielleicht mehr nach Osteuropa hin ausgerichtete Version Mitteleuropas. Da Schumachers Ziele für die Amerikaner, die Russen, die anderen Europäer und wahrscheinlich auch für die Mehrheit der Deutschen unannehmbar waren, behielt Adenauers unnachgiebige Politik gegenüber dem Osten während der Jahre des Kalten Krieges leicht die Oberhand. Aber als sich die Supermächte der Entspannung zuwandten, schien Adenauers »harter Kurs« seinen amerikanischen und europäischen Verbündeten zunehmend anachronistisch. Beide, die Vereinigten Staaten und die Sowjetunion, wünschten aus Angst vor einer atomaren Konfrontation ihre jeweilige europäische Sphäre durch gegenseitige Anerkennung legitimiert und stabilisiert zu sehen. Das geteilte Deutschland war das Haupthindernis dabei. Demzufolge mußte jede Supermacht ihr Deutschland überreden, das andere anzuerkennen und praktisch der Wiedervereinigung abzuschwören. Für Westdeutschland mit seiner großen Zahl von Flüchtlingen war es aber schwer, sich in die Entspannung zu finden.

Nicht nur die Amerikaner drängten Deutschland zum Einlenken, sondern auch die anderen Westeuropäer, besonders die Franzosen. De Gaulle hatte seine eigenen Vorstellungen von Entspannung. Er meinte, der Kalte Krieg sollte nicht mit der Festigung der Supermacht-Blöcke in Europa enden, sondern mit ihrer Auflösung. Das gaullistische Rezept sah vor, daß Amerikaner und Russen sich nicht länger in der Mitte Deutschlands feindlich gegenüberstehen, sondern damit beginnen sollten, sich auf die

Randpositionen, von denen sie herkamen, zurückzuziehen. Dann würde ein europäisches System mit einem eigenen Gravitationszentrum erwachsen. De Gaulle räumte ein, daß dies ein langwieriger Wandlungsprozeß wäre, der von »Detente, über Entente zu Zusammenarbeit« führen würde. Auf lange Sicht, so überlegte er, würden sich die Russen vielleicht selbst in ein europäisches System integrieren lassen, wenn innenpolitische und asiatische Probleme ihre Macht im Westen fesselten. Auf jeden Fall, so glaubte de Gaulle, sollten die europäischen Länder die Entspannung dazu nutzen, ihre Freiheit zu erlangen, aber nicht, um ihre Abhängigkeit zu zementieren. Das »Management« der Entspannung durfte deshalb nicht allein den Supermächten überlassen werden. Die europäischen Staaten sollten ihre eigenen Bindungen mit den Russen und den anderen osteuropäischen Staaten schmieden. Nur so hätten die Westeuropäer die Möglichkeit, sich selbst aus den fremden Hegemonien zu befreien und ihren Einfluß im Osten wieder aufzubauen.

Die französische Diplomatie drängte den Deutschen diese Gedanken auf. Die Wiedervereinigung konnte laut de Gaulle nur in dem von ihm angestrebten autonomen Europa stattfinden. Solange Europa zwischen den beiden Supermächten aufgeteilt war, sei eine deutsche Wiedervereinigung unmöglich. In der Tat bot de Gaulles Vorstellung der Bundesrepublik die nationale Wiedervereinigung innerhalb einer gallischen Version der historischen kontinentalen Möglichkeit an. Aber Deutschland würde seine Bindungen an die Amerikaner verringern müssen. Zwei Kreise waren genug.

Was auch immer Adenauer an diesem gallisch-germanischen Pan-Europa angezogen haben mag, er sollte nicht lange genug an der Macht bleiben, um es weiterzuverfolgen. Statt dessen begann Erhards Außenminister, Gerhard Schröder – proamerikanisch und antifranzösisch –, mit seiner eigenen Politik gegenüber dem Osten, die ganz offensichtlich darauf abzielte, durch dierekte Beziehungen mit den anderen osteuropäischen Staaten den russischen Einfluß zu unterminieren. Die gleiche Einstellung kennzeichnete die aktivere Ostpolitik der Großen Koalition, die auf Erhard folgte. Die Deutschen schienen in der Tat einige der gaullistischen Vorstellungen herausgepickt zu haben, womit sie bald selbst die Franzosen beunruhigten. De Gaulle hatte sich eine gemeinsame europäische Politik vorgestellt, bei der Frankreich als Vermittler zwischen Deutschland und dem Osten auftreten sollte. Doch es war wenig erstaunlich, daß die Deutschen nach Adenauer die Bevormundung durch die Franzosen zurückwiesen und selbst die Initiative ergriffen. Die Argwöhnischen meinten, die Deutschen würden nur darauf hoffen, ihre wirtschaftliche Macht nicht nur dazu einsetzen zu können, um die Russen aus Osteuropa hinauszukomplimentieren, sondern auch um die anderen Westeuropäer draußen zu halten. Was auch immer an solchen Befürchtungen berechtigt sein mag, der Einmarsch Rußlands in die Tschechoslowakei im Jahr 1968, für den die Franzosen anscheinend die Deutschen verantwortlich machten, dämpfte zweifellos die Erwartungen, die die Deutschen zuvor gehegt haben mögen. Aber die deutsche diplomatische Offensive erwachte trotz der Tschechoslowakei bald wieder zu neuem Leben. Als dann die Sozialdemokraten an die Macht kamen und Willy Brandt Kanzler wurde, fand sich die Bundesrepublik auch formal mit der europäischen Ordnung der Nachkriegszeit ab.

Brandt war, wenn überhaupt, stärker als seine Vorgänger um die Wiedervereinigung besorgt. In mancherlei Hinsicht war er der Erbe der frühen Politik Schumachers. Aber Brandts Nationalismus war gemäßigter und realistischer. Die Wiedervereinigung von Ost- und Westdeutschland zu einem ungeteilten Nationalstaat war in seinen Augen in der nahen Zukunft unmöglich. Nachdem die deutsche Nation unter Hitler ein verhängnisvolles einheitsstaatliches Zwischenspiel erlebt hatte, war sie nun dazu gezwungen, ihren Bund nach der vor-bismarckschen Formel des Westfälischen Friedens fortzuführen. Aber in Brandts Augen war selbst eine so begrenzte Form der Wiedervereinigung ein großer Fortschritt gegenüber einem Deutschland, das zwischen zwei sich feindlich gesinnten und von Fremden beherrschten Blöcken aufgeteilt war. Eine Verlängerung dieses Status quo riskierte besonders nach dem Bau der Mauer den Verlust des deutschen Nationalbewußtseins überhaupt.

Brandts Strategie ging von der Annahme aus, daß Deutschland den Status quo zunächst anerkennen mußte, bevor es ihn ändern könnte. So mußte die Bundesrepublik die Nachkriegsveränderungen formal anerkennen, einschließlich eines getrennten ostdeutschen Staates. Aber wie de Gaulle hatte auch Brandt eine weiterreichende und dynamische Vorstellung von Europas Zukunft. Die Entspannung zwischen den Supermächten könnte seiner Meinung nach in eine »europäische Friedensordnung« umgeformt werden – eine lockerere pan-europäische Konstruktion, die die starre Blockbildung aus der Nachkriegszeit ablösen sollte. Man würde die neue Ordnung in Etappen aufbauen müssen. Die Entspannung mußte zuerst in einem europäischen Sicherheitssystem verfestigt werden – einem geregelten Nebeneinander, das sich auf Verträge über Gewaltverzicht und Rüstungsbegrenzung in Mitteleuropa stützen sollte. Nach Brandts Auffassung sollten sowohl die Vereinigten Staaten als auch Rußland in dieses neue System miteinbezogen werden; demzufolge sah seine Friedensordnung, anders als die de Gaulles, ein Fortbestehen der militärischen Vormachtstellung der Supermächte in Europa vor. Die militärischen Blöcke würden bestehen bleiben, aber ihre Beziehungen sollten durch ein sie beide miteinschließendes Sicherheitssystem gefestigt und entspannt werden. Diese neue Stabilität würde, so hoffte Brandt, eine pan-europäische Organisierung des Miteinanders erlauben. Wirtschaftliche, technologische und kulturelle Zusammenarbeit unter den europäischen Staaten würde eine paneuropäische Infrastruktur wiederherstellen und allmählich eine »europäische Friedensordnung« oder »europäische Friedensunion« schaffen. Die Menschen würden sich freier bewegen können; die Grenzen würden ihre Bedeutung verlieren; und schließlich würde auch eine Art konföderative gesamtdeutsche Konstruktion möglich sein.

Während der Amtszeit Brandts verstärkte die Bundesrepublik ihre diplomatische Offensive in Richtung Osten. Verträge, die die nach dem Kriege gezogenen Grenzen anerkannten, Gewaltverzichtsklauseln enthielten und Zusammenarbeit vereinbarten, wurden 1972 mit der Sowjetunion, der Tschechoslowakei, Polen und Ostdeutschland unterzeichnet und ratifiziert. Bonn anerkannte die Nachkriegsgrenzen, behielt sich aber das Recht vor, auf eine friedliche Änderung hinzuarbeiten, und erkannte in der Tat die Deutsche Demokratische Republik als einen unabhängigen Staat in einer einzigen deutschen Nation an. Von Bonn unterstützt, unterzeichneten die Vier Mächte ein neues Abkommen zur Regelung des Status von Berlin und zur Regulierung der ständig quälenden Fragen der Zugangswege. In der Annahme, die deutschen Fragen seien somit geregelt, schien der Weg frei für Verhandlungen über gegenseitige und ausgeglichene Truppenreduzierungen (MBFR), die man 1972 in Wien auch tatsächlich aufnahm.

Desgleichen war der Weg frei für das von Rußland gehegte Ziel einer Europäischen Sicherheitskonferenz. So traf sich 1975 ganz Europa in Helsinki zu einer großen Konferenz, die einen Schlußstrich unter den Zweiten Weltkrieg ziehen sollte. Der dort ausgearbeitete Vertrag bot für jeden etwas. Die Supermächte feierten ihre Verständigung.

Sowohl das gaullistische Verständnis von Entspannung als auch Brandts europäische Friedensordnung fanden Ausdruck in vielfältigen Beteuerungen der nationalen Souveränität und in verschiedenen pan-europäischen Vereinbarungen zur Förderung der Menschenrechte, der Informationsfreiheit, der Freiheit zu reisen und auszuwandern.

Der Konferenz von Helsinki folgte eine Zeit der Ernüchterung. Einige der Erwartungen, die man gehegt hatte, waren ganz offensichtlich töricht.

Die beiden Supermächte scheinen von der europäischen Entspannung eine Festigung ihres eigenen Blocks und eine Auflösung des gegnerischen Bündnisses erwartet zu haben. Aber die Entspannung konnte die internen Probleme des jeweiligen Blockes nicht lösen, von denen die meisten nur wenig mit Subversion durch das andere Lager zu tun hatten. Polens wirtschaftliche Probleme waren kein Werk des CIA, ebensowenig wie die wirtschaftlichen, sozialen und politischen Probleme Portugals, Spaniens, Italiens oder Großbritanniens von Moskau verursacht worden waren. Was Brandts große Strategie betrifft, hatte bis 1978 keine Seite über die Reduzierung der Truppen ernsthaft verhandelt – weil das auf jeden Fall eine ziemlich unwahrscheinliche und auch wohl gar nicht wünschbare Maßnahme wäre. Statt dessen vermehrten fast alle Konferenzteilnehmer nach Helsinki ihre konventionelle Rüstung; selbst die strategische Entspannung zwischen den Supermächten blieb ungewiß.

Und trotz der Hoffnungen und Versprechungen von Helsinki, ungeachtet auch der folgenden Konzentration der amerikanischen Politik auf die »Menschenrechte«, hatte man den östlichen Staaten die freie Meinungsäußerung und Bewegungsfreiheit kaum zugänglich machen können. Die östlichen Regierungen bewegten sich höchstens sehr langsam in Richtung eines liberaleren politischen Klimas mit der ständigen Gefahr, die Instabilität könne zu größeren Rückschlägen führen. Die wirtschaftlichen Bindungen wurden nicht in dem anfänglich sehr schnellen Tempo weiter verstärkt. Als der Devisenerlös der kommunistischen Staaten nicht mit ihrem Importhunger mithalten konnte, wurde der Glanz des Osthandels immer schwächer. Auf innerdeutscher Ebene existierten nach wie vor die alten Probleme, auch wenn manches besser geworden war. Ostdeutschland blieb weiterhin zu unstabil, um seine Grenzen nach Westen hin zu öffnen oder um seinen innenpolitischen Druck nachhaltig zu lockern. Die weiterhin bestehende ideologische Feindseligkeit blieb ein entscheidender Stützpfeiler für die Legitimität der ostdeutschen Regierung und schien der westdeutschen Regierung in der Tat auch wichtiger. Kurzum, die mit Rußland verbündete DDR blieb zu stark, als daß ihr Zusammenbruch erwartet werden konnte, zu gut geschützt, als daß man sie erobern konnte, und immer noch zu schwach für eine Zusammenarbeit. Westdeutschlands große diplomatische Offensive schien ihre Möglichkeiten erschöpft zu haben.

Mit dem Stillstand in der Ostpolitik in der zweiten Hälfte der siebziger Jahre hatte Westdeutschland seine Möglichkeiten im Rahmen der Nachkriegsordnung erkundet. Die Grenzlinien der drei Kreise waren vollständig abgeschritten worden. Die Bundesrepublik blieb weiterhin in das atlantische und das europäische Bündnis integriert, und es war wahrscheinlich alles Denkbare getan worden, um die Verbindungen mit dem Osten zu fördern. Jedes Gebiet wurde so weit wie möglich weiterentwickelt, ohne jedoch Entwicklungen in der anderen zu verbauen. Die zukünftige Evolution der Lage Deutschlands mußte auf eine weitere Entwicklung in der Nachkriegsordnung generell warten. Die ganze Zeit über hat die Bundesrepublik es peinlichst vermieden, die Zentralelemente dieser Ordnung zu stören. Westdeutschland hat sich bloß bemüht, das beste aus seiner Lage zu machen, wobei es sich unterhalb der Grenze bewegte, deren Überschreiten die beiden Supermächte herausgefordert oder die europäische Gemeinschaft preisgegeben hätte. Und trotz ihrer diplomatischen Enttäuschungen hielt die Prosperität der Bundesrepublik an. So kam es, daß die äußeren Zwänge, die gegen eine kühnere und entschlossenere deutsche Politik wirkten, durch eine starke Abneigung verstärkt wurden, eine Ordnung zu stören, die sich als so bequem erwiesen hatte.

Die Frage, ob der allgemeine Trend der internationalen Ereignisse weiterhin eine so bequeme und schwebende Unentschlossenheit erlauben würde, wurde jedoch in den späten siebziger Jahren zum Hauptproblem für Deutschlands Zukunft.

8. Kapitel

Deutschland in einer pluralistischeren Welt

Die Erosion des Nachkriegssystems

Die Außenpolitik der Bundesrepublik beruht auf drei vorgegebenen Bedingungen: erstens, der russischen Vormachtstellung über Osteuropa, einschließlich Ostdeutschland; zweitens, auf dem amerikanischen »Weltsystem«, das Westeuropa, Japan und den größten Teil der ehemaligen Kolonialgebiete umfaßt; und schließlich, drittens, auf einem westeuropäischen Block innerhalb des amerikanischen Systems. In allen drei Fällen haben sich die Deutschen immer angepaßt, oftmals ihren Beitrag geleistet, aber niemals den Herausforderer gespielt. Und ihr sichtbarer Lohn ist ein Wohlstand, wie sie ihn nie zuvor in ihrer Geschichte erlebt haben. Ist es denkbar, daß sich diese vorgegebenen Faktoren ändern? Und welcher Art wären die dann zu erwartenden Konsequenzen für Deutschland?

Mehr als jede andere größere Nation spiegelt das heutige Deutschland die internationale Ordnung der Nachkriegszeit wider. Ein geteiltes Deutschland in einem geteilten Europa ist das unmittelbare Ergebnis der bipolaren Welt. Entwicklungen, die von dieser bipolaren Welt wegführen, könnten die Möglichkeiten der deutschen Politik natürlich grundlegend ändern. Aber auch wenn die Experten das Ende der Bipolarität bereits seit langem voraussagen, ist sie in vielen wesentlichen Punkten nach wie vor gegeben. In vielerlei Hinsicht hat die Entspannung die Bipolarität tatsächlich gefestigt. In Wirklichkeit haben die Supermächte bei der Bewahrung der Grundzüge des Nachkriegsstatusquo gemeinsame Sache gemacht, besonders in Europa. Aber ein Zusammenbruch der Entspannung würde die Bipolarität höchstwahrscheinlich noch nachhaltiger stärken. Auch wenn ein erneuter Kalter Krieg es einer Supermacht vielleicht ermöglichen könnte, die andere aus Europa zu verdrängen, ist die Wahrscheinlichkeit größer, daß eine neue weltweite Konfrontation in einer atomaren Welt viel eher die Supermächte in ihren jeweiligen europäischen Hegemonialsphären, und da ganz besonders in ihrem jeweiligen Teil Deutschlands, stärken würde. Deshalb wird es wohl kaum zu einem Ende der Bipolarität durch den Sieg einer Supermacht über die andere kommen. Der Anstoß für ein Ende der Bipolarität geht eher von Veränderungen innerhalb der beiden Lager aus als von Entwicklungen zwischen ihnen.

Solche Veränderungen sind im Westen ausgeprägter als im Osten. Rußlands politische, wirtschaftliche und militärische Macht läßt die anderen Ostblockstaaten klein erscheinen, und seine politische Kultur bildet kein großes Hindernis für plumpe militärische Interventionen in anderen Staaten. Sieht man einmal von einer denkbaren inneren Umwälzung ab, die das ändern könnte, so scheint die russische Entschlossenheit und Stärke mehr als angemessen, den Ostblock trotz seiner offensichtlichen Spannungen zusammenzuhalten.

Amerikas westliche Sphäre ist im Gegensatz dazu weit ausgeglichener. Die westeuropäischen Staaten sind, auch wenn sie keine Supermächte sind, trotzdem bevölkerungsreiche Staaten mit hochentwickelten Volkswirtschaften, mit enormem Wohlstand, weltweiten Verbindungen und beachtlicher militärischer Tüchtigkeit. Großbritannien und Frankreich haben ihre eigenen, technisch vollendeten Atomwaffen entwickelt. Mehrere andere westeuropäische Staaten könnten diese auch sehr leicht haben. In einer Hinsicht stellt der »Westen« ein weit stärkeres System dar, das weniger durch Macht, dafür aber von zahllosen natürlichen Bindungen der Interdependenz untereinander zusammengehalten wird. Aber aus demselben Grund kann man sich auf keine übermäßig starke Macht verlassen, die das westliche oder »panatlantische« System zusammenhalten könnte, falls seine Mitglieder ernsthaft voneinander enttäuscht wären. Darüber hinaus ist auch nicht sicher, daß die Vereinigten Staaten auf unbegrenzte Zeit ihre eigene Rolle als Hegemonialmacht weiterspielen wollen.

Das amerikanische Nachkriegssystem stellt eine außergewöhnliche historische Errungenschaft dar. Durch dieses System haben die westlichen kapitalistischen Staaten drei Jahrzehnte einer nie zuvor erlebten Sicherheit genießen können; es legte den Grundstein für einen der längsten wirtschaftlichen Aufschwünge in der Neuzeit. Aber diese »Pax Americana« gründete sich von Anfang an auf zwei recht ungewöhnliche politische Bedingungen. Die übrige Welt war außergewöhnlich schwach, und die Vereinigten Staaten waren außergewöhnlich zuversichtlich.

Der Krieg hatte den größten Teil Europas demoralisiert, verschandelt und in Schutt und Asche zurückgelassen. Darüber bedeutete der Zusammenbruch Europas eine tödliche Schwächung der alten Kolonialordnung. So konnten die Vereinigten Staaten außerhalb des sowjetischen Lagers ihre großen Ambitionen ungehindert verfolgen. Nachdem Europas autarker Nationalismus und Kolonialismus beseitigt worden waren, sollte die »Pax Americana« den liberalen Traum des vergangenen Jahrhunderts in moderner Form wiedererwecken. Zunächst sollte eine atlantische, dann eine »panatlantische« oder »trilaterale« Gemeinschaft die fortgeschrittenen kapitalistischen Nationen in harmonischer gegenseitiger Abhängigkeit zusammenführen. Gleichzeitig sollte die »Dritte Welt« »entwickelt« werden, um ihren Platz in einem liberalen Weltsystem einzunehmen.

Für ein Land wie die Vereinigten Staaten bedeuteten diese ambitiösen Ziele, daß es sich in ungewöhnlich zuversichtlicher Stimmung befand. Während Großbritannien und Deutschland durch eine unausgeglichene Wirtschaftsstruktur in eine Weltmachtrolle gezwungen worden waren, blieben die Vereinigten Staaten eine riesige, sichere und autarke Kontinentalmacht. Die Begeisterung der Vereinigten Staaten für eine Weltmachtstellung entsprang eher überschwenglichem Ehrgeiz als wirklichen Bedürfnissen.

Diese beiden besonderen Nachkriegsbedingungen, die europäische Schwäche und der amerikanische Ehrgeiz, waren eine historische einmalige Konstellation und mußten nicht unbedingt von Dauer sein. So konnte man erwarten, daß die öffentliche Meinung in Amerika der Anmaßung und der Belastung durch eine Weltmachtstellung überdrüssig werden würde und daß ein wirtschaftlich erholtes Europa oder eine »sich entwickelnde« Dritte Welt sich der fortwährenden Bevormundung durch die Amerikaner widersetzen würden. Man konnt erwarten, daß solche Entwicklungen sich wechselseitig bedingten und verstärkten, ganz besonders in einer Zeit allgemeiner wirtschaftlicher Krisen.

Alle modernen Weltmachtsysteme weisen wohl in jedem Fall eine ihnen innewohnende Tendenz der Selbstzerstörung auf; hauptsächlich, weil die Aufrechterhaltung dieser Position die Hegemonialmacht letztendlich auslaugen kann. Großbritanniens Erfahrung läßt einen Zusammenhang zwischen der Bürde einer Weltmachtstellung und dem einheimischen Niedergang vermuten. Große Rüstungsaufwendungen und eine fortwährende Beschäftigung mit außenpolitischen Problemen können die innenpolitische Basis imperialer Macht allmählich aushöhlen und damit zu Hause die antiimperialistischen Kräfte auf den Plan bringen. Sollten andere Mächte die Weltmacht herausfordern oder den Versuch unternehmen, sie aus ihrer Stellung zu verdrängen, steigen die Kosten für die Aufrechterhaltung des Systems. Eine schwerere Belastung der Weltmacht erfordert auch eine höhere Besteuerung des Imperiums zur Finanzierung der von der Hegemonialmacht geleisteten Dienste. Die Steuern können unterschiedlich aussehen – unmittelbare militärische Beiträge der Verbündeten oder wirtschaftliche Zugeständnisse wie beispielsweise künstliche Wechselkurse, Handelsvorteile oder verstärkter Kauf militärischen Geräts. Diese Forderungen können zu steigendem Widerstand bei den Verbündeten führen, einem Widerstand, der dann wiederum die Kosten der Führungsmacht erhöhen und die Versuchung herausfordert, sich aus der Vormachtstellung zurückzuziehen. Der Rückzug aus der Hegemonie bedeutet nicht unbedingt »Isolationismus« – ein vermindertes Interesse an der übrigen Welt. Wahrscheinlicher ist, daß die Hegemonialmacht beginnt, sich mehr und mehr um ihre eigenen besonderen nationalen Interessen zu kümmern, und immer weniger als Verwalter einer internationalen Ordnung auftritt.

Diese abstrakten Überlegungen haben einen unmittelbaren Bezug zu Ereignissen des letzten Jahrzehnts. Anzeichen für eine Schwächung des imperialen Wollens in den Vereinigten Staaten sind seit den sechziger Jahren zu erkennen, als Vietnam die moralischen, militärischen und wirtschaftlichen Kosten der »Pax Americana« deutlich machte. Heute drücken zunehmende Forderungen im Inland, sowohl für öffentliche Leistungen als auch für private Investitionen, auf den nach wie vor sehr großen Anteil des Volkseinkommens, der in das immer noch große imperiale Militärestablishment fließt. Es scheint, als ob sich die amerikanische Wirtschaftspolitik in zunehmendem Maße den innenpolitischen Prioritäten zuwendet. Analytiker der Geschäftswelt und des Arbeitsmarktes sind über den hohen Anteil amerikanischen Kapitals besorgt, der ins Ausland geht, desgleichen über die verglichen mit Europa und Japan anhaltend niedrige Investitionsrate in den Vereinigten Staaten und über die langfristigen Auswirkungen der Weitergabe von technischem Know-how. Ganz allgemein scheint die amerikanische öffentliche Meinung skeptischer gegenüber den Vorteilen und der Zweckmäßigkeit von Auslandsinvestitionen der amerikanischen multinationalen Unternehmen. Die heimischen wirtschaftlichen Interessen werden immer anspruchsvoller in ihren Forderungen nach Schutz vor ausländischer Konkurrenz. Diese innenpolitischen Sorgen und Kräfte haben auf der anderen Seite das Verhalten der Vereinigten Staaten in internationalen Währungsfragen sehr stark beeinflußt. Seit 1971 haben die amerikanischen Regierungen den Versuch aufgegeben, die einheimische Wirtschaft im Interesse eines stabilen internationalen Währungssystems zu zügeln. Die Europäer sehen, ungeachtet der gelehrten Entschuldigungen der amerikanischen Wirtschaftsexperten, in dem Währungssystem der Jahre nach 1971 aus den später näher zu erläuternden Gründen eine besonders ausbeuterische Form der Besteuerung durch eine Weltmacht, eine Verstärkung des amerikanischen nationalen Interesses auf Kosten des internationalen Systems als ganzem.

In dem Maß, wie die Kosten des amerikanischen Schutzes gestiegen zu sein scheinen, hat sich seine Wirksamkeit vermindert. Die strategische Parität zwischen den USA und der UdSSR läßt die amerikanische militärische Schutzherrschaft weniger zuverlässig erscheinen. Die Entspannung, Vietnam und der Konflikt im Nahen Osten, all das hat zänkisch ausgetragene Gegensätze zwischen den Vereinigten Staaten und ihren verschiedenen Verbündeten hervorgerufen. Und seit dem Ölembargo kann Europa den leichten Zugang zu billigen Lieferungen und den Märkten in den Entwicklungsländern nicht mehr als selbstverständlich ansehen. Eine anspruchsvollere und unabhängigere Dritte

Welt schröpft den Wohlstand der westlichen Staaten und erhöht den Konkurrenzkampf unter den Industrienationen. Wenn in einem Weltmachtsystem die Sicherheit immer teurer, gleichzeitig aber immer unsicherer wird, fangen die stärkeren Staaten an, Abstand zu nehmen und sich um ihre eigenen Belange zu kümmern. Wieder wird die internationale Ordnung verstärkt darwinistisch. Und es ist nicht erstaunlich, daß sich die politischen Fiktionen zwischen den Vereinigten Staaten, Europa und Japan immer mehr verschärft haben.

Wenn zahlreiche Anzeichen auf eine Auflösung des amerikanischen Nachkriegssystems hindeuten, sollte niemand davon überrascht sein. Seit den sechziger Jahren sind die transatlantischen Beziehungen ein einziger langer Kampf um ein neues Verhältnis zwischen Europa und den Vereinigten Staaten gewesen. Eine normale wirtschaftliche Erholung von dem Krieg mußte Westeuropas politisches und wirtschaftliches Gewicht in dem transatlantischen Kräfteverhältnis stärken; von seinen größeren Staaten konnte man erwarten, daß sie sich immer mehr gegen die amerikanischen Hegemonialregelungen wehren würden, die sie damals so leicht akzeptiert hatten. Antihegemoniale Ideologien zur Mobilisierung des Widerstandes sind immer leicht zu finden. Und obwohl eine integrierte westliche liberale Ordnung rein theoretisch auch ohne eine so überwältigende amerikanische Hegemonie aufrechterhalten werden könnte, hat man noch keine Einigung über die Modalitäten erreicht. Konflikte und Ernüchterung haben sich eher vermehrt als vermindert. Demzufolge ist der Zusammenhalt zwischen Europa und Amerika bedingter und selektiver geworden. Viele glauben oder hoffen, daß sich das panatlantische System schließlich den neuen Bedingungen anpassen und die gegenwärtige Spannungsperiode überstehen wird. Das mag auch möglich sein, denn fast jeder wünscht es. Aber noch wachsen die gegenseitigen Spannungen, besonders auf wirtschaftlicher Ebene, und in der nahen Zukunft spricht nichts dafür, daß es besser wird.

Die Formen der europäischen Entfremdung nehmen vielerlei Gestalt an. Von Zeit zu Zeit flackern direkte diplomatische Konflikte auf. Aber bedeutender sind vielleicht innenpolitische Veränderungen, die eng mit der wirtschaftlichen Unzufriedenheit Europas zusammenhängen. Wenn es den politischen Führern und Parteien, die versuchen, den amerikanischen Kapitalismus mit dem Wohlfahrtsstaat in Einklang zu bringen, auch weiterhin nicht gelingen sollte, Wachstum und Sicherheit der Arbeitsplätze zu bewahren oder die Inflation in den Griff zu bekommen, werden radikalere Regierungen ans Ruder kommen. In diesem Trend sollte man nicht einen eigengesetzlichen Drang zum Radikalismus sehen, sondern die Konsequenz einer allgemeinen Untergrabung der westlichen wirtschaftlichen und gesellschaftlichen Stabilität in den Jahren der »Stagflation«. Die Regierungen der westlichen Staaten sehen sich immer mehr außerstande, ihre nationale wirtschaftliche Umwelt zu formen, um der Inflation und Arbeitslosigkeit entgegenzutreten.

Die ganze moderne Geschichte hindurch waren natürlich die meisten Staaten nicht in der Lage, wirtschaftliche Verschiebungen zu bereinigen. Aber in der Nachkriegszeit hat sich eine aufgeklärte Öffentlichkeit in der Annahme gewiegt, daß Regierungen, die über die Wirtschaftstheorien Lord Keynes' verfügen, die nationale wirtschaftliche Umwelt so weit beeinflussen können, daß eine periodische Wiederkehr der Krisen vermieden werden kann. Die jüngste Vergangenheit hat jedoch überall im Westen eine nachhaltige und zunehmend zerstörerische Inflation gebracht, die in den letzten paar Jahren von einer zähen Arbeitslosigkeit begleitet wurde. Modische Analysen schieben die Schuld für die Inflation auf übersteigerte innenpolitische und internationale Erwartungen, die die Produktivität übersteigen – unverantwortliche Lohnforderungen, hemmungsloser Konsum oder die sich über alles hinwegsetzenden Ambitionen der Ölförderer. Die Wurzeln der gegenwärtigen monetären Malaise liegen jedoch weiter zurück als Ölkrise oder europäische Lohnexplosionen der späten sechziger Jahre. Bereits 1965 startete zum Beispiel die französische Regierung einen Großangriff auf die amerikanischen internationalen Währungsdefizite und nannte sie »inflationär«. Die französische Analyse des Inflationsmechanismus war immer schwieriger zu widerlegen. Die Goldwährung mit ihren unangemessenen Sanktionen gegen die amerikanischen Defizite hat sich zweifellos als von Natur aus unsicher und inflationär erwiesen. Aber ein umfassender Blick muß auch deutlich machen, daß die amerikanischen Währungsdefizite natürliche Nebenprodukte des wirtschaftlichen und politischen Gesamtsystems sind. Keine konkrete Analyse der amerikanischen Defizite in den fünfziger Jahren bis hin zur Mitte der sechziger Jahre kann darüber hinwegsehen, wie sehr diese von den Kosten der amerikanischen Auslandshilfe, von militärischen Verpflichtungen oder von Firmen-Investitionen herrührten. Dieser Abfluß, so könnte man schlicht sagen, war für die Aufrechterhaltung des bestehenden internationalen wirtschaftlichen und politischen Systems lebenswichtig. Die Defizite entstanden, weil die Vereinigten Staaten – selbst nach der wirtschaftlichen Erholung Europas – für ihre Dienste als Weltmacht nicht angemessen entschädigt wurden.

Kurzum, das gestörte internationale Währungsgleichgewicht konnte, wie Frankreich bemerkte, kaum eine andere Wirkung haben, als die Inflation anzuheizen, und es entsprang nicht allein der Anhäufung von Maßlosigkeit in den einzelnen Ländern, sondern auch aus einer grundlegenden Unausgewogenheit des Systems – aus dem fehlenden Gleichgewicht zwischen den wirtschaftlichen Ressourcen und der politischen Verantwortung Europas und der Vereinigten Staaten.

Seit 1971 sind Berechnungen über das internationale Währungsgleichgewicht sowohl durch das Floaten des Dollars als auch durch die ungeheuere Anhäufung von amerikanischen Auslandsschulden verfälscht worden. Letztere sind mit Hilfe des Eurodollarmarktes in ein System gebracht worden – eine große, schwer faßbare Menge flüssigen Kapitals, die nun wiederum die steigenden Schulden mehrerer anderer Staaten finanziert. In einem ganz grundlegenden Aspekt ist das neue Währungssystem ganz das alte geblieben: nichts zwingt zum Zahlungsbilanzausgleich. Sanktionen wirtschaftlicher oder politischer Natur reichen nicht aus, die größeren Staaten, ob sie nun Defizite oder Überschüsse haben, dazu zu bringen, für eine Politik zu optieren, die zum Gleichgewicht führen würde. Besonders die Amerikaner machen immer noch so viele Schulden, wie sie wollen. Denn solange der Dollar die einzige mögliche Reservewährung der Welt bleibt, können die Amerikaner damit rechnen, daß andere einen großen Teil ihres Defizits finanzieren, indem sie Dollars in Reserve halten. Sollten sie dies einmal nicht mehr tun, und sollte der Dollar fallen, wird ihre riesige und verhältnismäßig autarke Wirtschaft es den Vereinigten Staaten erlauben, sich gegen die inflationären Folgen einer Abwertung abzuschotten. Bei so geringen Importen und Exporten im Vergleich zu unserem Bruttosozialprodukt berührt eine Abwertung die inneramerikanischen Preise weit weniger als in einem durchschnittlichen europäischen Land. Unter diesen Umständen ging die »Wertberichtigung«, soweit sie tatsächlich stattgefunden hat, auf Kosten der europäischen Wettbewerbsfähigkeit. Denn in dem Maß, in dem der Dollar an Wert verliert, werden die amerikanischen Erzeugnisse immer attraktiver. Die Wirkung war beachtlich. 1971 wurden 14,1 Prozent aller in den Vereinigten Staaten produzierten

Güter exportiert. 1974 lag die Zahl bei etwa 24 Prozent, und es blieb bis 1977 fast bei dieser Zahl.

Diese Form der »Wertberichtigung« konnte den Europäern kaum gefallen, besonders zu einer Zeit allgemeiner wirtschaftlicher Stagnation. Auch konnte man in der nahen Zukunft nur schwer auf Besserung hoffen. Denn trotz des großen Exportanstiegs wurde das Handelsdefizit der Vereinigten Staaten in den siebziger Jahren durch einen zunehmenden Durst nach importiertem Öl stark vergrößert. Die amerikanischen Ölimporte stiegen von 1,5 Milliarden Dollar im Jahr 1960 auf 2,8 Mill. 1970, auf 34,2 Mill. 1976 und auf etwa 40 Milliarden Dollar im Jahr 1977. In den Augen der Europäer hat die Verschwendungssucht der Amerikaner, nachdem sie zunächst auf dem Ölmarkt Bedingungen geschaffen hatten, die eine Vervierfachung des Preises ermöglichten, die Europäer dazu verdammt, sich zwischen überbewerteten Währungen und der Inflation zu entscheiden.

Da das Öl in Dollars bezahlt wird und weil Saudi-Arabien ein militärisches Protektorat der Amerikaner ist, gibt es nichts, was die Amerikaner daran hindert, soviel Öl, wie sie wollen, zu importieren. Die hieraus resultierenden »Petrodollars« fließen entweder zurück in die Vereinigten Staaten oder sie finden ihren Weg nach Europa, wo sie das alte Dilemma verursachen.

Da die Handels- und Währungsströme immer schwerer vorhersehbar und zugleich verstärkt politisiert sind, werden überall nationalistische Stimmen laut, die nach offenem Protektionismus rufen. Das gilt nicht zuletzt für die Vereinigten Staaten. Der neue Protektionismus der siebziger Jahre spiegelt ein grundlegendes Paradox des amerikanischen Nachkriegssystems wider. Je mehr sich das System in Richtung einer immer engeren Interdependenz entwikkelt hat, um so instabiler ist es geworden. Die Liberalisierung von Handel und Investitionen, gesteigert und bedingt durch das Anwachsen der multinationalen Unternehmen, hat die nationalen Regierungen allmählich jener keynesianischen Werkzeuge beraubt, die ihre Wirtschaften kontrollieren sollten. Daher die Angst, daß die alten bösen Tage des unkontrollierbaren Kapitalismus zurückgekehrt sind. Sowohl aufgrund des freien Warenhandels als auch bedingt durch die gewaltigen und schnellen internationalen Kapitalbewegungen funktioniert die nationale Währungs- und Finanzpolitik der einzelnen Länder nicht mehr richtig. Daher rührt der nahezu auf der ganzen Welt verbreitete Drang, sich in den Protektionismus zurückzuziehen. Sollten diese depressiven und unsicheren Bedingungen anhalten, werden jene radikalen neuen Kräfte stärker werden, die entschlossen sind, der Kontrolle des Staates wieder Geltung zu verschaffen. Um überleben zu können, werden die gegenwärtigen Regierungen und Parteien gezwungen sein, mit den nationalistischen Kräften im Gleichschritt zu marschieren. Niemand sollte natürlich meinen, daß der neue Nationalismus notwendigerweise nur von links kommt. Unabhängig von seiner politischen Basis wird er von der Notwendigkeit unterstützt und getrieben, die Kontrollen über das einheimische Wirtschaftsleben wiederzuerlangen, das für den Durchschnittsbürger unerträglich geworden ist. Die nationalen Systeme werden in steigendem Maß dazu tendieren, sich aus der Weltwirtschaft zu lösen, die Wohlstand und Stabilität im Inneren des Landes ständig bedroht. So wie Chamberlain und Roosevelt in den dreißiger Jahren, ganz zu schweigen von Hitler, werden die politischen Führer dann eine größere Autarkie einem unregierbaren Internationalismus vorziehen. Eine solche Entwicklung deutet auf ein stärker protektionistisches europäisches System hin, das sich von der Version des für die letzten Jahre so charakteristischen liberalen internationalen Kapitalismus relativ weit entfernen würde. Kurzum, bei einem Anhalten des gegenwärtigen Trends werden nationalistische Zentrifugalkräfte in zunehmendem Maße das amerikanische Nachkriegssystem bedrohen, das gilt selbst auch für seinen transatlantischen Kern.

Deutschland in einer unruhigen Welt: Wirtschaftliche Konsequenzen

Auf welche Weise berührt nun diese weltweite Kräfteentwicklung Westdeutschland? Aufgrund der Tatsache, daß die Nachkriegsweltordnung für die Bundesrepublik ausgesprochen günstig war, ist Bonn in vielerlei Hinsicht zum Hauptverbündeten der Vereinigten Staaten bei der Aufrechterhaltung dieser Ordnung geworden. Und bisher hat das allgemeine wirtschaftliche Unbehagen Westdeutschland wahrscheinlich weniger befallen als jede andere größere europäische Wirtschaftsmacht. Trotzdem sind die Deutschen sehr beunruhigt, und die politischen Reibungen zwischen der deutschen und amerikanischen Regierung haben während der späten siebziger Jahre ständig zugenommen. Die Deutschen haben ihre tiefe Verwundbarkeit nicht vergessen. Und trotz des sehr langen Wohlstandes nach dem Krieg fürchten sie immer deren Verlust.

Zunächst sei darauf hingewiesen, daß Deutschlands wirtschaftliche Entwicklung nach dem Krieg gar nicht so sorglos vor sich ging, wie man manchmal denkt. Auch wenn das amerikanische Sicherheitssystem und der lange Nachkriegsboom außerordentlich günstige Bedingungen geschaffen haben, war der Erfolg für Europas Wirtschaften nicht automatisch die Folge, wie man am Schicksal Großbritanniens, Deutschlands historischem Erzrivalen, sehen kann. Die westdeutsche Wirtschaft bewegte sich aus einem desolaten Zustand am Ende des Krieges über einen mühsamen Wiederaufbau bis hin zum »Wirtschaftswunder« der fünfziger Jahre. Aus den oben erwähnten Gründen war die

Bundesrepublik ausgesprochen prädestiniert dazu, von dem durch die wirtschaftliche Erholung Europas im allgemeinen und durch den Korea-Krieg im besonderen hervorgerufenen Aufschwung zu profitieren.

Der deutsche wirtschaftliche Aufstieg begann Mitte der sechziger Jahre ein erstes Mal nachzulassen. Eine Flaute in der internationalen Wirtschaft machte deutlich, daß viele deutsche Firmen recht nachlässig geworden waren. Darüber hinaus machte sich ein Mangel an Arbeitskräften bemerkbar, seit die Berliner Mauer im Jahre 1961 die Masseneinwanderung aus dem Osten beendet hatte. Die Zeit der weniger anpassungsfähigen Gastarbeiter begann. Trotzdem war Deutschlands Rezession Ende der 60er Jahre so gut wie überstanden. Die Gewerkschaften leisteten ihren Beitrag dazu, daß die Löhne niedrig gehalten werden konnten, und die Firmen kehrten zu höheren Gewinnspannen und konkurrenzfähigeren Weltmarktpreisen zurück. Eine strikte Regierungspolitik trug dazu bei, die deutsche Inflationsrate weit unter der anderer größerer Exportländer zu halten. Wieder einmal wurde die deutsche Mark eine unterbewertete Währung. Eine Politik des knappen Geldes und der Arbeitsdisziplin hatte Deutschland erneut einen wesentlichen Vorteil auf den Weltmärkten verschafft.

Der Beginn der siebziger Jahre brachte jedoch neue Schwierigkeiten. Die Wahlen der Jahre 1969 und 1972 führten zu Willy Brandts Koalition aus Sozialdemokraten und Freien Demokraten, zu einer Regierung, die sich eine großzügigere Arbeits- und Sozialpolitik zum Ziel gesetzt hatte. Als die Unternehmergewinne zurückgingen, verlangten die Gewerkschaften noch größere Lohnerhöhungen, einschließlich eines Ausgleichs für die Zurückhaltung in den Jahren der Rezession. So stiegen 1970 die Durchschnittsmonatsgehälter um mehr als 15 Prozent – die höchste Zuwachsrate seit dem Korea-Krieg. In vielen Industriezweigen ließen verkürzte Arbeitszeiten und höhere Sozialleistungen die Arbeitskosten um mehr als 20 Prozent ansteigen.

Zur gleichen Zeit, als die höheren Löhne die Konkurrenzfähigkeit zu unterminieren drohten, zwang starker internationaler Druck zu einer Aufwertung der deutschen Mark. Offizielle Aufwertungen gegenüber dem Dollar wurden in den Jahren 1969, 1971 und 1973 durchgeführt. Aus Deutschlands Handelsüberschuß mit der Europäischen Gemeinschaft von 1,823 Milliarden Mark im Jahr 1970 wurde 1972 ein Defizit von 3,169 Milliarden Mark.

Das Jahr 1973 brachte die Energiekrise, die die Weltwirtschaft und viele Exportmärkte Deutschlands erschütterte. Paradoxerweise wurde Westdeutschland weniger betroffen als die meisten anderen europäischen Länder. Da die Bundesrepublik noch über riesige Kohlereserven verfügte, war sie weniger vom Öl abhängig. Außerdem war Deutschlands auf den Export orientierte Investitionsgüterindustrie in vielen neureichen Ölstaaten – wie dem Iran – ein Hauptgewinner; denn diese nutzten ihre höheren Einnahmen dazu, Industrien und die Infrastruktur aufzubauen. Trotzdem waren die Aussichten nicht gut, daß Deutschlands Wohlstand eine langanhaltende wirtschaftliche und politische Krise bei seinen Nachbarn überstehen würde, denn die Länder des Gemeinsamen Marktes absorbieren mehr als die Hälfte des bundesrepublikanischen Exports. Und insofern die Ölkrise auf das allmähliche Auseinanderfallen des amerikanischen Weltsystems hindeutete, erinnerte sie die Deutschen an ihre eigene Abhängigkeit und Verwundbarkeit.

So hat im weiteren Verlauf der siebziger Jahre eine Art kleinerer Vertrauenskrise die deutsche Wirtschaft betroffen. Aber wegen ihrer gewaltigen Geldreserven, dank des ausgezeichneten Handelsüberschusses, der geringen Inflationsrate und ganz allgemein wegen beeindruckender nationaler Statistiken neigen Ausländer dazu, die Furcht der

Bundesrepublik für übertrieben zu halten. Viele ausländische Fachleute, besonders in den Vereinigten Staaten, beschuldigen die Deutschen der Bettelei bei ihren Nachbarn. Der riesige Handelsüberschuß scheint für Deutschlands Partner wie eine Beleidigung. Westdeutschland sollte, so wird gesagt, seine für den Binnenmarkt arbeitende Wirtschaft ankurbeln, um die Importe zu erhöhen und so zur Erholung im restlichen System beizutragen.

Wie immer es auch um die Korrektheit von Deutschlands kurzfristiger Politik bestellt sein mag, die Angst vor der Zukunft ist nicht unbegründet. Obwohl es immer schwer ist, die relative »Produktivität« zu messen, scheint die Deutschlands doch abzufallen. Zahlreiche entmutigende Faktoren werden häufig angeführt. Deutschlands Arbeitsmarktsituation ist weniger vielversprechend als zuvor. Nachdem der Mauerbau den Flüchtlingsstrom gestoppt hatte, wurden neue Arbeitskräfte zunehmend von nichtdeutschen Einwanderern gestellt. Seit 1973 beschäftigte Westdeutschland 2,6 Millionen nichtdeutsche Arbeiter, das sind fast 10 Prozent der gesamten Arbeiterschaft. Mitte der 79er Jahre fing man an, in den sozialen Kosten dieser eingewanderten Arbeitskräfte eine große Belastung für die Finanzen und die Kultur zu sehen. In einem sozialdemokratischen Wohlfahrtsstaat konnte man den ausländischen Arbeitern nicht gleiche staatliche Sozialleistungen und Ausbildungsvorteile verweigern. Aber Ausbildungs- und Wohnungseinrichtungen wurden in zunehmendem Maße überbeansprucht. Später in den siebziger Jahren belastete schwere Arbeitslosigkeit die finanziellen Mittel des Wohlfahrtssystems.

Man wurde sich immer mehr einig darüber, daß die Zahl der ausländischen Arbeiter allmählich reduziert werden mußte. Die Einwanderung kam zum Stillstand, und die Firmen nutzten die Zeit der Rezession, ihre ausländischen Arbeiter im großen Maßstab abzufinden. Ende 1975 war die

Zahl der ausländischen Arbeiter auf 2,04 Millionen zurückgegangen – das sind 21 Prozent weniger gegenüber dem Höchststand von 1973. Fachleute sehen für 1980 eine sich bei 1,6 Millionen einpendelnde Zahl voraus.

Man kann als naheliegende Folge erwarten, daß Arbeitskräfte zunehmend knapper werden und der Druck, die Löhne zu erhöhen, steigt. Die deutschen Löhne sind natürlich schon sehr hoch. In der Tat sind sie seit 1970 in astronomische Höhen gestiegen, besonders wenn man die vergleichsweisen Inflationsraten und die Wechselkursänderungen mitberücksichtigt. Während die Forderungen der Arbeiter in der Rezession Mitte der siebziger Jahre wieder verhältnismäßig zurückhaltend geworden waren, fürchten die Unternehmer nun wieder eine militante Haltung. Auf jeden Fall sind die Zahlen bereits weit mehr gestiegen als bei Deutschlands Hauptkonkurrenten (siehe Tabelle 3).

Tabelle 3
Lohnkosten je Produktionseinheit in der Industrie
(in US-Dollar, 1967 = 100)

	Dtschl.	USA	Japan	Frankr.	Italien	Niederl.	G. B.
1960	78,1	97,7	82,7	81,7	76,5	65,4	85,7
1970	124,6	116,5	106,0	98,9	119,2	108,4	106,0
1976	249,3	156,9	180,7	188,5	213,2	k. A.	180,7

Quelle: U. S. Department of Commerce,
International Economic Indicators, Dezember 1977, S. 86

Wenn höhere Lohnkosten nicht mit Hilfe höherer Preise überwälzt werden können, tendieren sie offenbar dazu, die Gewinne der Firmen zu schmälern. Aber die deutschen Firmen wurden durch die antiinflationäre Tendenz der Regierungspolitik und vor allem durch die ungeheuer stark aufgewertete DM an Preiserhöhungen gehindert. Von September 1969 bis März 1978 stieg die DM in ihrem Wert um etwa 81 Prozent gegenüber dem Dollar, 25 Prozent gegenüber dem Yen, 63 Prozent gegenüber dem französischen Franc, 145 Prozent gegenüber dem britischen Pfund und 164 Prozent gegenüber der Lira. Die deutschen Exporte litten aber nicht dementsprechend deutlich. Warum nicht?

Die konventionelle Wirtschaftsweisheit sagt, daß Deutschlands relativ geringe Inflationsrate, die eine Aufwertung der Währung fördert, auch dazu beiträgt, die Preise konkurrenzfähig zu halten. Und Produkte von der Art der Investitionsgüter sind angeblich nicht so preisempfindlich. Eine andere Erklärung ist in den Kreisen der deutschen Geschäftswelt jedoch auch häufig zu hören. Die deutschen Exporteure haben schon immer auf die Masse gesetzt – besonders in der Schwerindustrie, wo die Masse eng mit dem Gewinn zusammenhängt. Als das Geld aufgewertet wurde, wurde die Masse durch niedrigere Preiserhöhungen aufrechterhalten. Demzufolge sind die Gewinne in vielen großen deutschen exportierenden Firmen seit den sechziger Jahren jäh zurückgegangen. Die wirtschaftliche Erholung seit 1975 hat die allgemeinen Ertragszahlen der Industrie noch nicht auf die Wachstumsrate der sechziger Jahre zurückgebracht. Darüber hinaus wird die Besserung der Gewinnposition wahrscheinlich zu hoch eingeschätzt, weil der ständige Anstieg der Investitionsgüterpreise der letzten Jahre eine Unterbewertung der Wiederbeschaffungskosten in konventionellen Zahlen bedeutet.

Geringe Gewinne und möglicher Mangel an Arbeitskräften entmutigen natürlich inländische Investitionen, die in einem dicht bevölkerten Land sowieso durch eine wachsende Empfindlichkeit gegenüber den Umweltschutzkosten gehemmt werden. Entmutigende Aussichten im Inland, verbunden mit einer im Wert steigenden Währung, begünstigen Investitionen im Ausland. Letztere mögen zwar die Gewinne der deutschen Firmen steigern, aber eine schwache Investitionsbereitschaft im Inland schadet der

Produktivität nur noch mehr. Und wenn die Kosten in Deutschland steigen, scheint die deutsche industrielle Basis dazu verurteilt zu zerfallen, wenn die »Hochleistungstechnik« die Schwerindustrie nicht ersetzt. Daher rührt die von den Deutschen oftmals gehörte Klage, ihre Wirtschaft sei »reif« geworden und sie trete nun Großbritanniens Weg nach unten an.

Dieses entmutigende »Reifwerden« hat vor dem Hintergrund einer weltweiten Rezession und einer entsprechenden Stagnation im internationalen Handel stattgefunden. Die Deutschen mußten neuen Märkten nachjagen, da die traditionellen Märkte in Europa besonders schwer getroffen wurden, und auch wegen all der Probleme ihrer im Wert steigenden Währung. Ihr Erfolg war beeindruckend; zunächst beim Osthandel, dann in den ölproduzierenden oder anderen ihre Industrialisierung betreibenden Ländern der Dritten Welt. Aber dieser Erfolg wird zu einem Großteil durch ihre immer prekärer werdende finanzielle Basis abgeschwächt. Die deutschen Exportzahlen versetzen die Welt wie zu Claphams Zeiten nach wie vor in Erstaunen. Aber ein Ergebnis dessen ist heute, daß viele ihrer neuen Kunden ein unbequemes großes Schuldenpaket bei ihnen haben. Tatsächlich hat Westdeutschland seine angehäuften Geldüberschüsse zur Finanzierung der Arbeitsplatzsicherung in seinen Exportindustrien genutzt. Sollten die Schulden einiger bedeutenderer Kunden die äußersten Klugheitsgrenzen erreichen, wird der eindrucksvolle Balanceakt der letzten Jahre ein Ende haben.

Schließlich deckt ein etwas genaueres Hinsehen auch trotz des Anscheins, die deutsche Zahlungsbilanz sei nahezu die beste in der Welt, einige langfristige Gefahren auf. Denn Wirtschaft und Gesellschaft haben sich nun auf einen starken Devisenabfluß, auf Dienstleistungen, Überweisungen an die Familien der eingewanderten Arbeiter, auf langfristige Kapitalanlagen und den Tourismus eingestellt.

Sollte der ausgleichende Handelsüberschuß anfangen zu schwanken, könnten die Gesamtzahlungen sich überraschend ins Negative wenden. Das »gute Temperieren« der deutschen Zahlungsbilanz kann schwieriger werden, als manche modernen Kritiker der deutschen Politik offensichtlich glauben. Auf jeden Fall werden wir es wohl bald erleben können. Angespornt von den Vereinigten Staaten hat die deutsche Regierung jene bescheidenen Gewohnheiten allmählich aufgegeben, auf die sich ihre geringe Inflation stützte. Von 1970 bis 1977 stieg das jährliche Defizit der westdeutschen Bundesregierung von DM 1,4 Milliarden auf DM 21 Milliarden. Für 1978 hatte man ein Defizit von DM 28 Milliarden vorausgesagt, dies entspricht 3 Prozent des Bruttosozialprodukts. Zählt man andere Defizite des öffentlichen Sektors hinzu, kommt man auf ein wahrscheinliches Defizit von DM 52 Milliarden, das sind 4 Prozent des zu erwartenden Bruttosozialprodukts. Die vergleichbare Zahl für das Defizit im öffentlichen Sektor der Vereinigten Staaten wird voraussichtlich etwas mehr als 1 Prozent betragen.

Zusammenfassend läßt sich sagen, daß die wohlhabenden Deutschen bei all den Unsicherheiten ihres innenpolitischen und internationalen Umfeldes immer besorgter werden. Jede Analyse ihrer wirtschaftlichen Zukunft ist unweigerlich nur eine Mutmaßung. Trotzdem hat die allgemeine Flaute des westlichen Systems die Deutschen mehr befallen, als nach außen hin deutlich wird. Eine lange Zeit wirtschaftlicher Stagnation in einem auseinanderfallenden wirtschaftlichen und politischen Weltsystem würde sie in gefährlicher Weise entblößt vorfinden. Deutschland, das niemals ein Empire gewonnen hat, kann seine bequeme Nachkriegsrolle verlieren. Da wundert es nicht, daß Deutsche mit einem guten Gedächtnis nervös werden.

Deutschlands Möglichkeiten für die Zukunft

Welche Zukunft hat Deutschland, wenn das Nachkriegssystem weiter auseinanderfällt? Ein so wohlhabendes und verwundbares Land hat einen verständlichen Drang, das System abzustützen. Modische transatlantische Auffassungen fordern eine noch engere Partnerschaft mit den Vereinigten Staaten – eine »Bigemonie« – oder ein »trilaterales« Direktorat mit den Vereinigten Staaten und Japan. Man kann verstehen, warum die Vereinigten Staaten an der Förderung eines solchen Arrangements interessiert sein könnten – der neuesten Version des multilateralen Hokuspokus, mit dem wir die Nachkriegszeit regiert haben. Aber Deutschlands wirtschaftliches Interesse ist weniger klar. Die allgemeine europäisch-amerikanische Handelskonkurrenz ist bereits erörtert worden. Die deutsche Mark und der japanische Yen sind die Hauptopfer der amerikanischen Wechselkurspolitik. Der deutsche Handel wird wahrscheinlich seine Zukunft in »hoher Technologie« finden, in dem Maße wie die deutsche Wirtschaft »reifer« wird. Auf diesem Gebiet sind die Amerikaner noch führend, und die verschiedenen andauernden Streitigkeiten über den Verkauf von Kernreaktoren lassen vermuten, daß eine gegenseitige Einigung schwierig sein wird. Kurzum, ein immer schärfer werdender wirtschaftlicher Konkurrenzkampf verspricht nichts Gutes für eine spezielle deutsch-amerikanische Partnerschaft. Wahrscheinlicher ist es, daß eine »Bigemonie« höchstens dazu dient, die Deutschen von einer offenen europäischen Politik abzubringen.

Wie die atlantische wirft aber auch die europäische Option für die Deutschen große Schwierigkeiten auf. Auch wenn sie ihre transatlantischen Bindungen lockern, können die Deutschen die enge Beziehung zwischen ihrem Wohlstand und dem europäischen Markt nicht einfach ignorieren. Die Bundesrepublik wird es nicht leicht haben, in einer anhaltenden europäischen Depression zu gedeihen. Auch kann sich die Bundesrepublik nicht so einfach gegen die politischen Trends bei ihren Nachbarn isolieren. Was würde bei wachsender Spannung zwischen den Vereinigten Staaten und dem übrigen Europa aus der kontinentalen Nachkriegsoption?

Theoretisch hätte ein Europa, das von den Vereinigten Staaten relativ losgelöst würde, sogar weit mehr Grund zusammenzuhalten. Ein vereintes, nach Süden hin weiter ausgedehntes europäisches System könnte sich als tragbarer Ersatz für das transatlantische Nachkriegssystem erweisen. Aber würde ein konföderatives Europa der zweifachen Belastung standhalten können – einmal dem Übergang zu nationalistischeren Regierungen, vielleicht sogar unterschiedlicher ideologischer Fundierung, und zum anderen der Entfremdung von den Vereinigten Staaten? Niemand kann über Fragen, die auf so vielen hypothetischen Annahmen ruhen, mit großer Sicherheit sprechen. Einige allgemeine analytische Bemerkungen über die europäische Solidarität scheinen jedoch am Platz.

Käme eine Reihe radikaler Regierungen an die Macht, könnte die ideologische Verschiedenheit den Zusammenhalt Europas leicht bedrohen. Die europäische Koalition, die rund um den Gemeinsamen Markt aufgebaut ist, hätte Schwierigkeiten, deutliche Abweichungen von den liberalen Wirtschaftspraktiken zu verkraften. Eine linksgerichtete oder neo-gaullistische französische Regierung beispielsweise würde sich wahrscheinlich außerstande sehen, die multinationalen Firmen zu kontrollieren und gleichzeitig in der Europäischen Gemeinschaft zu bleiben. Die Versuchung, auf eigene Faust zu handeln und autarkische Kontrollen einzuführen, wäre groß, besonders für eine neue Regierung mit radikalen Zielsetzungen. Probleme der gegenseitigen Anpassung würden die Künste der europäischen Diplomatie ernsthaft belasten.

Die Europäer waren auch immer durch ihre unterschiedlichen Vorstellungen hinsichtlich der Abhängigkeit von den Vereinigten Staaten geteilt. Von den europäischen Staaten ist Deutschland nicht nur der wirtschaftlich erfolgreichste innerhalb des Nachkriegssystems, sondern wohl auch der störanfälligste, falls er zusammenbricht. Darüber hinaus hält sich Westdeutschland für den Staat, der von dem amerikanischen militärischen Schutz am stärksten abhängt. Demzufolge waren die Westdeutschen weit weniger als die Franzosen bereit, die amerikanische Hegemonie auf mancherlei Gebieten herauszufordern. Aber die Deutschen waren in ihrer standhaften atlantischen Loyalität selten allein. So könnte, selbst wenn die meisten europäischen Staaten zu einem unabhängigeren europäischen System tendieren, die europäische Einheit immer noch an einer harten Politik gegenüber den Vereinigten Staaten zerbrechen.

Bei derartig vielen Gegensätzen über die besonderen nationalen Interessen und Bedingungen, zuzüglich all der Komplikationen aufgrund unterschiedlicher Richtung und durch unterschiedliche Tempos der Veränderungen in den verschiedenen Staaten, wird es schwer sein, den Zusammenhalt Europas in wirklich schwierigen Zeiten zu bewahren. Unter solchen Voraussetzungen könnte Europa vielleicht nur zusammengehalten werden, wenn eine Macht in der Lage wäre, die Vorherrschaft zu übernehmen. Könnte die Bundesrepublik zur Bewahrung ihrer kontinentalen Option dazu gezwungen sein, sich um die aktive Hegemonie innerhalb der Europäischen Gemeinschaft zu bewerben? Wenn ja, wären Deutschlands Aussichten ungewiß. Die Fähigkeit, Europa seinen Willen aufzuzwingen, ist sehr begrenzt. Die Bundesrepublik hat die größte Bevölkerung, die stärkste Wirtschaft und den stärksten Handel. Aber Frankreich und selbst Großbritannien sind nicht viel kleiner, und sie haben diplomatische und militärische Trümpfe, die man den Deutschen verweigert hatte. Auch scheint Deutschlands Bereitschaft, den Preis für die Führung zu bezahlen, recht begrenzt. Einer heute durchaus verbreiteten Ansicht zufolge betrachten sich die Deutschen, trotz des großen Nutzens, den sie aus der Europäischen Gemeinschaft ziehen, in der Tat schon als Europas »Milchkuh«, als Geldgeber für jedermanns finanzielle Unmäßigkeit und gesellschaftliche Schwächen.

Natürlich kann man den möglichen Erfolg einer Hegemonialposition nicht unabhängig von der damit verbundenen Politik sehen und auch nicht unabhängig von dem allgemeinen Rahmen, innerhalb dessen sie ausgeübt werden soll. Ein Deutschland, das als Fürsprecher der »europäischen« und als Gegner der »atlantischen« Interessen auftreten würde, wäre als Führer vielleicht leichter zu akzeptieren als ein Deutschland, das von einer »Bigemonie« schwärmt und so den europäischen Sprecher amerikanischer Interessen spielen möchte. Natürlich beruhte die europäische Koalition immer auf einer deutsch-französischen Verständigung. Keiner konnte ohne die Einwilligung des anderen »die Führung übernehmen«. Aber bei einem schweren Zusammenstoß mit den Vereinigten Staaten könnten nicht einmal die beiden tonangebenden Staaten zusammen unbedingt ihren gemeinsamen Willen durchsetzen. Auf jeden Fall scheinen die französischen und deutschen Interessen nicht von wachsendem Einklang gekennzeichnet. Frankreich, zum Beispiel, hat sich lange Zeit weder bereit noch in der Lage gezeigt, feste Wechselkurse mit Deutschlands im Wert steigender Mark beizubehalten. Hinter diesem besonderen Versagen in der Partnerschaft liegen nicht nur unterschiedliche volkswirtschaftliche Interessen und Fähigkeiten, sondern auch gegensätzliche Vorstellungen von der internationalen Währungsordnung und schließlich von dem anzustrebenden Verhältnis Europas zu den Vereinigten Staaten. Um ein Europa zu führen, das Frankreich mit einschließt, müßte Deutschland wahrscheinlich »europäischer« werden oder Frankreich »atlantischer«. Aber wie antiamerikanisch würden Frankreich, Großbritannien oder die kleineren Mächte angesichts eines starken deutschen Dranges nach der Hegemonie in Europa bleiben? Viel hinge natürlich von der Art und Weise einer deutschen Führung ab. Weder die ferne noch die nähere Vergangenheit geben Anlaß zu leichtem Optimismus.

Wenn Deutschland Europa nicht führen kann, muß es unweigerlich versucht sein, eher ein nationales Spiel als ein europäisches zu spielen. Mit ihrer stark auf den Export von Investitionsgütern ausgerichteten Industrie hat die Bundesrepublik in den sich entwickelnden Industrien Osteuropas und der Dritten Welt beachtliche Erfolge erzielt. Durch Diversifizierung in dieser Richtung könnte Deutschland einen Ausweg sehen, seinen Wohlstand in relativer Unabhängigkeit von einem erschütterten europäischen oder atlantischen System zu erhalten. Aber, wie bereits erwähnt, sind diese Aussichten wohl recht günstig, aber doch auch begrenzt. Die sich entwickelnde Dritte Welt braucht teure Maschinen, aber vielen dieser Länder fehlen die finanziellen Mittel, sie zu bezahlen. Und sind diese Maschinen erst einmal aufgestellt und in Betrieb, dann erhebt sich die Frage nach der Reziprozität auf den deutschen Märkten. Natürlich könnte Deutschland auch zu einer »Rentiers«-Gesellschaft werden, die von fremdem, durch Industrieinvestitionen in anderen Ländern erzieltem Einkommen lebt. Aber bevor es zu einer solchen Entwicklung kommen könnte, müßte sich in Deutschland zuvor vieles ändern. Außerdem sind solche »Rentiers«-Reiche nur etwas für Starke, und den Deutschen fehlt es an militärischer Macht, um eine solche Weltmachtstellung aufrechtzuerhalten. Und es scheint eher wenig wahrscheinlich, daß die Deutschen für unbegrenzte Zeit auf ein ihnen wohlgesonnenes amerikanisches Imperium zählen können. Kurzum, auch wenn Deutschland unweigerlich versuchen wird, eine unabhängige weltwirtschaftliche Position weiterzuentwikkeln, wird das kaum eine wirtschaftliche Alternative zu »Europa« oder eine politische Alternative zu »Atlantika« sein können. Deutschland ist zu groß, um entweder eine Schweiz oder ein Schweden zu werden. Seine Produktionskosten sind auch bereits zu hoch, um ein Japan sein zu können. Doch seine Industrie arbeitet weiterhin auch zu gut, um ein Großbritannien zu werden.

Es bleibt der alte Traum von einer Partnerschaft mit Rußland. Aber die militärischen und politischen Risiken einer solchen Beziehung sind offensichtlich. Und es scheint unwahrscheinlich, daß sich Rußland noch einmal damit zufriedengeben würde, zum Hinterland für die deutsche Industrie zu werden. Selbstverständlich sind sowohl die Deutschen als auch die Russen heute von solch einem besonderen Verhältnis weit entfernt. Wie könnte sich ein solches Verhältnis entwickeln und worin läge seine Anziehungskraft für die Deutschen?

Angeblicher amerikanischer Überdruß mit der Bürde einer Weltmacht und das Aufkommen linker Kräfte in mehreren Staaten haben eine modische Schwermut hinsichtlich Europas Zukunft erzeugt. Gemäß dieser Ansicht machen die europäischen Gesellschaften gerade die Geburtswehen einer bequemen sozialdemokratischen Phase durch. Linksgerichtete Regierungen mit bedeutender oder sogar dominierender Teilnahme der Kommunisten könnten in Frankreich und Italien an die Macht kommen und vielleicht auch in Spanien und Portugal. Die Vereinigten Staaten würden sich immer mehr entfremden und zurückziehen. Der russische Einfluß würde zunehmen. Westdeutschland würde immer isolierter dastehen – aufgegeben von den Amerikanern, umgeben von einem andersdenkenden Westeuropa und bedroht von den Russen. Unter derartigen Umständen, so sagt man, würde die Bundesrepublik zusammen mit dem übrigen Westeuropa »finnlandisiert« werden, d. h., die europäischen Staaten würden sich irgendwie an die sowjetische militärische Vormachtstellung anpassen und ihre Wirtschaft an das sowjetische System anschließen.

Nicht alle würden auf diese Aussichten mit totaler Bestürzung reagieren. Für Deutsche mit einer abenteuerlichen Denkungsart könnte die »Finnlandisierung« als die beste Möglichkeit zur Wiedervereinigung und zum Wiederaufstieg erscheinen – vielversprechender als die Hoffnungen auf einen Zusammenbruch der Russen oder auf eine allmähliche Entwicklung des Ostens hin zum Liberalismus. Wären beide Teile Deutschlands in einem gemeinsamen System, würde die Teilung ihren ursprünglichen Sinn verlieren und wäre viel schwieriger aufrechtzuerhalten. Rußlands Hegemonie könnte leichter eingeschränkt werden, selbst wenn es zunächst so schiene, als ob sie triumphieren würde. Ein sozialistisches Europa vom Atlantik zum Ural wäre weit ausgeglichener als das gegenwärtige sowjetische System. Und Deutschland würde bei einer Wiedervereinigung – gleichgültig unter welchem System – sehr bald ein enormes Gewicht als Nationalstaat besitzen – selbst in einem von den Sowjets geführten System. Kurzum, die Bundesrepublik könnte angesichts des Zusammenbruchs ihrer atlantischen und europäischen Optionen den Weg zur Wiedervereinigung durch einen klaren Sieg der Sowjets in Europa finden. Mit einem wiedervereinten Deutschland, so ließe sich hoffen, könnten Westeuropa und die Sowjetunion ein neues, lebensfähiges System darstellen, das genügend ausgeglichen wäre, um eine Ausbeutung durch die Sowjets zu verhindern.

Die Hoffnung auf eine solche Entwicklung scheint aus denselben Gründen unrealistisch, aus denen sie auch verlockend scheint. Selbst wenn Westeuropa sich von den Vereinigten Staaten lösen würde, wäre es noch immer eine zu große und zu mächtige Staatengruppe, als daß es leicht von dem sowjetischen System aufgesogen werden könnte. Wie können die Sowjets in intime Wirtschaftsbeziehungen mit den dynamischen Gesellschaften Westeuropas treten? Vielleicht könnte ein weiterer europäischer Krieg die europäischen Staaten auf eine hinlänglich elende Abhängigkeit reduzieren. Aber solch ein europäischer Krieg scheint aus den üblichen atomaren Gründen äußerst unwahrscheinlich. Und sollte es dazu kommen, ist kaum zu erwarten, daß die Russen verschont blieben, wenn Europa zerstört wird. Auf jeden Fall hätte ein russisches System nicht nur große Mühe, Westeuropa ganz allgemein einzugliedern, sondern auch die größten Schwierigkeiten, einem wiedervereinigten Deutschland Gefälligkeiten zu erweisen. Es ist in der Tat so, daß es nur wenige Entwicklungen gibt, die dem Kreml ungelegener kämen, als eine freundlich gesonnene kommunistische Regierung in Bonn.

Als Abschluß dieser Spekulationen sei gesagt: In einem auseinanderfallenden Nachkriegssystem gibt es für Deutschland keinen vorgezeichneten Weg. Die alte europäische Option strotzt geradezu von Schwierigkeiten, selbst wenn sie vielleicht die vielversprechendste ist. Die Aussichten auf ein unabhängiges Deutschland scheinen sehr beschränkt. Und besondere Beziehungen zu der einen oder der anderen Supermacht sind aufgrund der wirtschaftlichen und politischen Gegebenheiten von Deutschlands Platz in der Welt wahrscheinlich zum Scheitern verurteilt.

Abschluß: Deutschland in einer auseinanderfallenden Weltordnung

Das Deutschland der Nachkriegszeit hat seine alten Sorgen also nicht verloren – selbst wenn sie nun in neuer Gestalt erscheinen. Beide deutsche Nachkriegsstaaten kommen der »Weltlösung« bzw. der »kleindeutschen« Lösung recht nahe. Beide sind den traditionellen Problemen dieser Option dadurch ausgewichen, daß sie an einem großen wirtschaftspolitischen System, das von einer Supermacht aufrechterhalten wird, teilnehmen. Beide sind mit den von diesen Systemen auferlegten Beschränkungen gut zurechtgekommen. Der Hauptpreis ist ihre Teilung gewesen.

Westdeutschland konnte sich in dem atlantischen System weit freier bewegen als Ostdeutschland in dem der Sowjets. Innerhalb des von den Amerikanern unterstützten Systems ist ein europäischer Block erwachsen, der der Bundesrepublik die Möglichkeit gibt, zusammen mit ihren Nachbarn eine pan-europäische Version des alten kontinentalen Modells wiederaufleben zu lassen. Spannungen zwischen diesem europäischen Block und Amerikas Hegemonialordnung gab es von Anfang an, und sie sind in den letzten Jahren deutlicher und ernster geworden. Bisher ist es Deutschland gelungen, sich nicht zwischen diesen beiden westlichen Systemen entscheiden zu müssen – es wäre eine Zukunftsentscheidung nicht nur zwischen den Vereinigten Staaten und Frankreich oder den Vereinigten Staaten und Europa, sondern auch zwischen dem traditionellen Weltmodell und dem Kontinentalmodell.

Anstatt sich für eins zu entscheiden, hat Westdeutschland das Beste aus beiden gemacht. Tatsächlich hat Deutschland eine wichtige ausgleichende Rolle gespielt. Gäbe es nicht die Frage der Wiedervereinigung, so hätte Westdeutschland kaum einen Grund, die Nachkriegsordnung zu bemängeln. Bisher sind die deutschen Bemühungen, die Möglichkeiten einer Wiedervereinigung zu entwickeln, vorsichtig geblieben und im Einklang mit den in der Welt und auf dem Kontinent vertretenen Meinungen. Die Bundesrepublik hat das Nachkriegssystem auf keiner dieser Ebenen herausgefordert. Statt dessen hat Deutschland die atlantischen, europäischen und unabhängigen nationalen Interessen sorgfältig im Gleichgewicht gehalten. Obwohl sich die Prioritäten verlagert haben, ist Deutschland immer dann zurückgezuckt, wenn eine Politik die andere bedrohte. Es ist somit schwierig, in Deutschland eine dem Nachkriegssystem revisionistisch gegenüberstehende Macht zu sehen.

Die letzten Jahre haben die Nachkriegsordnung jedoch zunehmend belastet, besonders im Westen. Die zu erwartende Unrast eines wiederbelebten Europa, das immer noch unter der amerikanischen Bevormundung steht, wurde durch verschiedene andere Strömungen verstärkt. Ein ernster Einbruch in dem langen Nachkriegsboom hat zu einem neuen Klima verstärkten Konkurrenzkampfes unter den westlichen kapitalistischen Staaten geführt. Steigende Forderungen der Dritten Welt werden erhoben und gefährden die wirtschaftliche Sicherheit und den Wohlstand des Westens. Die amerikanische Bereitschaft und Fähigkeit, das System auch weiterhin zu sichern und zu »managen«, scheinen abgenommen zu haben, und das nicht nur aufgrund äußeren Widerstands, sondern auch bedingt durch nationalistische Gesinnungen innerhalb der Vereinigten Staaten. Alle diese Bedingungen trugen dazu bei, die europäischen Staaten zu einer aktiveren und unabhängigeren Politik zu treiben. Mit einem gewissen Wiederaufleben der alten geopolitischen Argumente über den Konkurrenzkampf zwischen den europäischen Staaten und den Vereinigten Staaten von Amerika muß man rechnen. Mit diesem Wiederaufleben sollte logischerweise eine Stärkung der Bande zwischen den europäischen Staaten sowie eine gewisse Loslösung Europas von den Vereinigten Staaten und ganz allgemein eine pluralistischere Welt einhergehen.

Daß die europäischen Staaten ihren eigenen Zusammenhalt durch solch eine Entwicklung aufrechterhalten können, ist jedoch alles andere als sicher. Unterschiedliche wirtschaftliche Interessen, ideologische Fixierung, innenpolitische Trends und Verhaltensweisen, atlantische Loyalitäten und militärische Abhängigkeit – all das läßt einen

Verfall wirksamer europäischer Zusammenarbeit leicht vorstellbar werden, selbst wenn die Gemeinsamkeit von Europas langfristigen Interessen allgemein eingesehen und anerkannt wird.

Zusammenfassend läßt sich sagen, daß Westdeutschland keine eindeutige Alternative hat, selbst wenn wachsende Spannungen die Aufrechterhaltung des Nachkriegs-Statusquo immer schwieriger erscheinen lassen. Jede seiner Optionen, ob atlantisch, europäisch oder nationalistisch, wäre mit schweren Hypotheken belastet. Kurzum, die Zukunft ist sehr unsicher; die nächsten dreißig Jahre werden kaum so ruhig werden wie die letzten. Unter zunehmendem Druck könnte auch die deutsche Politik immer unruhiger und harscher werden.

In der Nachkriegszeit haben die Deutschen eine Art Urlaub von ihren traditionellen Problemen genossen. Sollte diese Zeit zu Ende gehen und sollten die alten Probleme wiederkehren, was nicht unwahrscheinlich scheint, dann kann sich Westdeutschland kaum der Aufgabe entziehen, in der Entwicklung der atlantischen und europäischen Systeme eine entscheidende Rolle zu spielen. Die Deutschen werden einmal mehr ihr eigenes Geschick selbst in die Hand nehmen. In der Vergangenheit waren sie bei solchen Herausforderungen nicht besonders erfolgreich. Diesmal sind die Aussichten vielleicht etwas vielversprechender.

Theoretisch könnte eine gemeinsame europäische Lösung das alte wirtschaftliche Dilemma lösen, ohne Deutschland zu isolieren oder es in neue und womöglich schreckliche Abenteuer zu stürzen. Aber welche zukünftige Rolle Deutschland bei dem Bau einer europäischen Koalition tatsächlich spielen wird, ist ebenso unvorhersehbar wie wichtig. Deutschlands offensichtlichem europäischem Interesse stehen entgegen: die entmutigende Schwäche und Spaltung seiner Partner, die konkurrierenden Verlokkungen eines eigenen nationalen Wiederaufstiegs und der

Wiedervereinigung sowie vielleicht seine traditionelle kulturelle Innenorientierung, seine Unsicherheit und diplomatische Ungeschicklichkeit. Selbst seine Bewunderer müssen sich fragen, ob Deutschland dazu wirklich bereit ist. Wenn nicht, könnte es wieder versagen. Und Europa würde, anstatt zu einer neuen Weltmacht, zum Friedhof alter Staaten werden.

9. Kapitel

Die Lehren aus dem Deutschen Problem

Die deutschen Intellektuellen des letzten Jahrhunderts waren derartig von der Klassik besessen, daß die Historiker von einer griechischen »Tyrannei« über den deutschen Geist sprechen. Die Deutschen wurden nicht nur von der gemäßigten Schönheit Apolls, sondern auch von der wahnsinnigen Energie Dionysos' in Bann gehalten. Es war in der Tat des letzteren wilde, undisziplinierte Kraft, die in den nordischen Göttern wieder zum Leben erweckt wurde, jenen Göttern, die bei den Deutschen so beliebt waren. Ob bewußt oder unbewußt, die Deutschen scheinen aus ihrer Geschichte fast eine moderne griechische Tragödie gemacht zu haben. Die Hauptdarsteller scheinen nahezu mythische Gestalt anzunehmen. Bismarck war ein gequälter Gigant, vom Schicksal vorwärtsgetrieben, dessen unbezwingbarer Wille den Untergang, den er vorhersah, gebannt hat. Bethmann-Hollweg war der Urtyp des modernen bürokratischen Politikers – unermüdlich flickend, unendlich erfinderisch bei der Vermeidung des Unvermeidbaren, insgeheim verzweifelt und schließlich zu einem kosmischen Glücksspiel getrieben. Und Hitler war, bei aller Obszönität der nationalsozialistischen Politik, von einer schrecklichen elementaren Kraft besessen, die Deutschland ins Abenteuer und in den Ruin trieb, der schrecklich genug war, um zur mythischen Sage zu werden.

Wenn die deutsche Geschichte eine moderne Tragödie ist, was können wir daraus lernen? Gibt es einen schicksalhaften Fehler, der den Ruin erklärt und dadurch die moralische Ordnung der Welt bestätigt? Verdeutlicht das moderne Deutschland, wie de Gaulle von Napoleon sagte, die »tragische Rache des Maßes (und) nur Zorn der Vernunft«?

Die vorangegangenen Kapitel haben viele Aspekte der deutschen Tragödie untersucht. Ihre grobumrissene Schlußfolgerung scheint klar. Das Deutsche Problem rührt nicht irgendwie von einem besonderen deutschen »Charakter« her. Das Kaiserliche Deutschland war nicht einmalig aggressiv, nur einmalig unbequem. Was für Fehler und Ambitionen die Deutschen auch immer gehabt haben, diese wurden von den anderen bedeutenderen Nationen der Neuzeit zum Großteil geteilt. Aber anders als Großbritannien, Rußland oder die Vereinigten Staaten, litten die Deutschen an Raummangel, um ihre reichlich vorhandene Vitalität auszutoben. Darüber hinaus war die deutsche Vitalität aus geographischen Gründen eine unmittelbare Bedrohung für das übrige Europa. Das moderne Deutschland wurde eingekreist geboren. Unter diesen Umständen kann man die Lehre nicht einfach aus einer Analyse der deutschen Fehler herleiten, ganz gleichgültig, was man aus den Kriegen der Deutschen mit ihren Nachbarn lernen kann.

Die Deutschen unterschieden sich in der Tat nicht sehr von ihren britischen, französischen und russischen Nachbarn. Alle vier zeigten, nachdem sie moderne Nationalstaaten geworden waren, eine erstaunliche »aggressive« Vitalität, die ihre nationale Macht weit über die beschränkten Grenzen ihrer Heimatländer hinaustrug. Darüber hinaus zeigten die Deutschen viele den Amerikanern ähnliche Züge, vielleicht weil so viele Amerikaner deutsche Vorfahren haben. So wie die Vereinigten Staaten, erlebte Deutschland ein spätes und sehr schnelles Wachstum, gekennzeichnet vor allem durch eine außerordentliche Begabung für Großorganisationen. So wie die Amerikaner waren die Deutschen Nachzügler in der Weltpolitik, in ihrer neuen Macht oftmals arrogant, isoliert und unmäßig in ihren Ambitionen. Anders als die Amerikaner litten die Deutschen jedoch an einem Mangel an kontinentalem Hinterland. Auch fehlte ihnen das angelsächsische Talent zur Heuchelei, das zweifellos den relativ schwachen Erfolg ihrer Propaganda, nicht zuletzt bei den Historikern, erklärt. Weit folgenschwerer ist ihr Mangel an dem amerikanischen Talent zur Hegemonialmacht. Vielleicht boten die amerikanischen innenpolitischen Erfahrungen ein besseres Training für die Weltmachtstellung. Lange Zeit, bevor die vielsprachigen Vereinigten Staaten zur Weltmacht wurden, mußten ihre Eliten zu Hause lernen, wie man untergeordnete, aber stolze Menschen anpaßte. Jeder, der die Vereinigten Staaten regieren kann, kann wahrscheinlich auch die Welt regieren. Im Gegensatz dazu war die deutsche Gesellschaft effizienter und weniger aufreizend und bot somit auch weniger Übung für die Ausübung der Weltherrschaft.

Auf jeden Fall standen trotz all der Ähnlichkeit mit den anderen Großmächten fast alle von ihnen den Deutschen in den beiden entscheidenden Schlachten des Jahrhunderts gegenüber. Es ist deshalb nicht erstaunlich, daß die Deutschen ihre Schlachten verloren haben. Am Ende waren die Vereinigten Staaten und Rußland die eigentlichen Sieger. Die europäischen Großmächte, Großbritannien, Frankreich und Deutschland, erleben nun einen gemeinsamen Abstieg. So wie die Franzosen haben die Deutschen ihren Griff nach der Hegemonie auf dem Kontinent aufgeben müssen, und wie die Briten mußten sie ihre Hoffnung auf eine Weltmachtstellung begraben. In der heutigen Welt der Supermächte sind alle drei zu zweitrangigen Mächten geworden, reich und verwundbar. Trotzdem hat es sich gezeigt, daß Berichte über einen bevorstehenden Tod der europäischen Nationalstaaten verfrüht waren. Wie alternde Soprane weigern sie sich, in Pension zu gehen. Ihre Technik bleibt weiterhin beeindruckend, selbst wenn ihre Stimmen schwächer und ihr Repertoire kleiner geworden sind.

Darüber hinaus haben traditionelle Nationalstaaten in einer pluralistischer werdenden Welt in gewissem Maße wieder eine Zukunft. Technik und Regsamkeit mögen mehr gelten, Größe weniger. Auf jeden Fall ist Pan-Europa immer noch sehr lebendig – dabei ist sein Überleben in der Not in mancherlei Hinsicht ebenso beeindruckend wie seine Leistungen zu Zeiten des Wohlstandes. Kurzum, das deutsche Märchen ist wohl noch nicht zu Ende.

Bevor wir anfangen, über die Zukunft zu spekulieren, müssen wir uns noch damit befassen, was von der Vergangenheit zu sagen bleibt. Wenn Deutschland sich nicht so sehr von den anderen unterscheidet, wie lautet dann die Lehre der großen Kriege dieses Jahrhunderts? Meiner Meinung nach ist die Antwort für diejenigen, die sich mit der Natur und der Geschichte der Menschen befassen, nicht sehr überraschend: zunehmende nationale Ambitionen, die von sich über alles hinwegsetzenden Erwartungen schnell wachsender, aber unstabiler Gesellschaften genährt werden, machen einen internationalen Konflikt nahezu unvermeidbar.

Alle modernen Gesellschaften sind von dem faustischen Traum unbegrenzter Gewalt über die Natur berührt worden. Der moderne Mensch findet sich nicht mehr mit seinen Grenzen ab. So groß das Erreichte auch sein mag, die Ziele wachsen schneller. Und die Ziele werden darüber hinaus von der einen Gesellschaft zur nächsten weitergegeben. In Zeiten, in denen die Technik und die allgemeinen Bedingungen ein schnelles Wachstum erlauben, kann ein internationales System diese in aller Welt steigenden Erwartungen auffangen. Schwankt dieses Wachstum aber, wird das internationale Klima darwinistisch. Durchkreuzte innenpolitische Erwartungen suchen in der Macht Zuflucht, und die Konflikte sind dann immer schwerer in den Griff zu bekommen. Unter diesen Umständen erweist sich die Demokratie nicht als heilendes, sondern als erschwerendes Element. Kein Despot ist so anspruchsvoll wie ein mächtiges Volk, das seines neuerrungenen Wohlstandes beraubt wird.

Seit der Mitte des letzten Jahrhunderts hat die Welt drei lange Zyklen ungestümen Wachstums, gefolgt von anhaltenden Perioden der Einschränkung und wirtschaftlicher Engpässe erlebt. Versuche, die nationalen Volkswirtschaften bei diesen Schwankungen zu schützen, haben schließlich Probleme geschaffen, die für eine friedliche Verständigung unter den Staaten zu groß waren. Aus dieser Sicht wird die Tragödie Deutschlands zum Problem der modernen Gesellschaft an sich. Von all den großen modernen Nationen ist Deutschland die am leichtesten zu verwundende gewesen. Als der Druck auf das System so stark war, daß es zu einer Explosion kommen mußte, war Deutschland der Entzündungspunkt.

Wo stehen wir heute? Die Ähnlichkeiten zwischen unserer heutigen Lage und dieser weitgefaßten Analyse der Vergangenheit sind nur zu deutlich. Die jüngste Nachkriegszeit war eine nie zuvor erlebte Periode schnellen realen Wachstums und einer noch schnelleren Steigerung der Erwartungen. Unerfüllbare Ziele sind kein westlicher Luxus mehr. Neue Staaten schwelgen in neuem Wachstum und neuer Macht und träumen jene gefährlichen Träume, die einstmals nur dem Westen vorbehalten waren. Ihre unmäßigen Ziele stehen nun im Wettstreit mit den aufgeblähten Ansprüchen der alten. Unglücklicherweise ging das Wachstum zur gleichen Zeit zurück, zu der die Erwartungen gestiegen sind. Für die Weltwirtschaft ist nun eine Zeit gekommen, die eine anhaltende Periode der relativen Beschränkung zu werden scheint. Unsere derzeitige Inflation spiegelt eine Übergangsphase wider, in der sich noch nicht wieder zurückgeschraubte Erwartungen und schwindende Hilfsquellen gegenüberstehen. Unweigerlich ist dies eine Zeit für Manipulatoren – für geschickte Zaubermeister, deren Aufgabe aber immer aussichtsloser wird. Die Versuchung, sich die Mittel auf Kosten des internationalen Systems als ganzem zu verschaffen, wird immer zwingender. Daher rührt, wie wir gesehen haben, das ständige Anwachsen eines aggressiven Neomerkantilismus bei allen Staaten – nicht zuletzt bei den Vereinigten Staaten – und eine Verschlechterung des allgemeinen Klimas in den politischen und wirtschaftlichen Beziehungen der Staaten untereinander, besonders zwischen den Vereinigten Staaten, Europa und Japan.

Für den historischen Pessimisten ist das Ende nicht schwer abzusehen. Früher oder später wird sich die Spannung in Gewalt entladen. Ob dies nun in Form innenpolitischer Revolutionen oder eines altmodischen Krieges geschieht, und ob ein solcher Krieg zwischen dem Osten und dem Westen stattfindet, hängt zweifellos so wie alles von Zufällen und den Machenschaften der Politik ab.

Ist Deutschland immer noch ein bedeutender Punkt, an dem sich die Flammen entzünden könnten? Die Deutschen werden wahrscheinlich ihr möglichstes tun, um zu vermeiden, daß sie noch einmal ins Zentrum einer weltweiten Katastrophe geraten. Aber da sie geteilt sind und in der Mitte eines unruhigen Europas leben, könnte die Geschichte sie dennoch wieder ereilen. Zweifellos sollten sie sich mit ihrer Vergangenheit beschäftigen, um eine neuerliche Wiederholung zu vermeiden, soweit das in ihrer Macht liegt. Wie die vorangegangenen Kapitel erkennen lassen, sind es aber nicht nur die Deutschen, die sich mit dem Deutschen Problem befassen sollten. Denn nicht in Deutschland würden wir heute die unerhörtesten Beispiele von ehrgeizigen Zielen finden, die die Ressourcen übersteigen. Auch kann man nicht behaupten, daß es die Deutschen sind, deren arrogantes Versagen, sich einer neuen Welt anzupassen, das internationale System unerträglich belastet.

Bibliographisches Essay

Die folgende Bibliographie ist in keiner Weise ein umfassender Überblick über den gewaltigen Komplex an Literatur, die zu den Themen meiner verschiedenen Essays existiert. Sie ist vielmehr eine Aufzählung der Hauptquellen und Analysen, denen ich mich am meisten verpflichtet fühle. Wie bereits im ersten Kapitel gesagt, bringen meine Abhandlungen kein neues Material zur neueren deutschen Geschichte; statt dessen untersuchen sie bereits Bekanntes aus neuen Blickwinkeln. Bis zu einem gewissen Grade entspringen diese Perspektiven dem Abflauen der starken antideutschen Leidenschaften des Zweiten Weltkrieges. Vor allem aber ergeben sie sich aus dem Bemühen, aus einer Analyse der Vorkriegsgeschichte Hinweise auf mögliche Entwicklungen am Ende des Zeitalters der Bipolarität zu gewinnen. Im gewissem Sinne entspricht dieses Werk dem Aufruf in Geoffrey Barracloughs *»Tendenzen der Geschichte im 20. Jahrhundert«* (Übersetzung aus dem Englischen, München, Beck, 1967). Die Vergangenheit neu zu sehen, und zwar im Licht der Welt, die sich nach 1945 entwickelt hat. Zugegeben, mir fehlt Barracloughs Kenntnis der deutschen Geschichte, und ich neige vielleicht mehr als er dazu, die Kontinuitäten zwischen dem »modernen« Zeitalter vor 1945 und dem »zeitgenössischen« Zeitalter, das sich seither entwickelt hat, zu sehen. So wie die Entspannung, die Verstimmung zwischen Europa und den Vereinigten Staaten, und auch der Aufstieg der Dritten Welt das internationale System immer deutlicher »pluralistisch« werden lassen, erscheinen die grundlegenden Probleme des Staatensystems vor dem Zweiten Weltkrieg eher mehr als weniger wichtig. Dieses neue Klima kann uns darüber hinaus neue Einsichten in diese grundlegenden traditionellen Probleme verschaffen.

Ganz allgemein verpflichtet fühle ich mich Ludwig Dehios *»Deutsch- und Weltpolitik im 20. Jahrhundert«* (München, Oldenbourg, 1955) und *Gleichgewicht oder Hegemonie* (Krefeld, Scherpe Verl. 1948). Keiner macht besser als er deutlich, wie die historische Vorstellungskraft den verzerrenden Konventionen ihrer unmittelbaren Umgebung entfliehen kann. Etwas von dieser überlegenen Objektivität ist auch in Hajo Holborns Aufsatzsammlung *»Germany and Europe«* (Garden City, N. Y., Doubleday, 1970) zu spüren, die einen Einblick in einen außergewöhnlich großen Themenkreis vermittelt. Ein weiterer, sehr gründlicher und anregender Versuch, die deutsche Geschichte aus einem größeren Blickwinkel zu betrachten, ist Andreas Hillgrubers Aufsatz *»Kontinuität und Diskontinuität in der deutschen Außenpolitik von Bismarck bis Hitler«* (Düsseldorf, Droste, 1969). Trotz meiner unterschiedlichen Haltung gegenüber manchen seiner in diesem Werk erörterten Schlußfolgerungen, muß ich schließlich meine allgemeine Dankesschuld gegenüber A. J. P. Taylors bemerkenswerten Schriften über das moderne Deutschland bekunden, besonders seinem *»Origins of the Second World War«* (London, Hamilton, 1945) und *»Bismarck, the Man and the Statesman«* (London, Hamilton, 1955). Taylors häufige Rezensionen sind an sich schon eine nie versiegende Quelle neuer und scharfsinniger Analysen.

Das deutsche Kaiserreich: Politik und Diplomatie

Besonders hilfreich für mein Kapitel über Bismarck fand ich die folgenden Werke: A.J.P. Taylor, *»Bismarck, The Man and the Statesman«* (London, Hamilton, 1955); Alan Palmer, *»Bismarck – Eine Biographie«* (Übersetzung aus dem Englischen, Düsseldorf, Claassen, 1976); Erich Eyck, *»Bismarck und das Deutsche Reich«* (Erlenbach – Zürich und Stuttgart, Reutsch, 1955); Otto Pflanze, *»Bismarck and the Development of Modern Germany«* (Princeton, N.J., Princeton University Press, 1963); W.N. Medlicott, *»Bismarck and Modern Germany«* (London, English Universities Press, 1965) und W.M. Simon, *»Germany in the Age of Bismarck«* (London, Allen and Unwin, 1968).

Taylor betont besonders den Konservatismus und die preußische Ausrichtung der späteren Innen- und Außenpolitik Bismarcks. Eine Analyse, die Bismarck als das Genie sieht, dessen ungeschickte Nachfolger das Erbe nicht verwalten konnten, gibt Henry Kissingers, *»Bismarck, the White Revolutionary«, Daedalus* (Sommer 1968), S. 888–922.

Imanuel Geiss, *»German Foreign Policy, 1871–1914«* (London,

Routledge and Kegan Paul, 1976) gibt einen ausgezeichneten Überblick über die Diplomatie dieser Zeit, selbst wenn die letzten Kapitel des Buches zu sehr von den antideutschen Übertreibungen der Fischer-Schule beeinflußt sind, auf die ich noch zu sprechen kommen werde. Luigi Albertinis eindrucksvolle Untersuchung, *»The Origins of the War of 1914«* (London, Oxford University Press, 1952) behandelt in ihrem ersten Kapitel die europäische Diplomatie und beschäftigt sich darin hauptsächlich mit der Lage Österreich-Ungarns in der Zeit von 1878 bis hin zum Sturz Bismarcks.

Hinsichtlich der Wirtschaftsfragen der Bismarckschen Innen- und Außenpolitik wurde ich sehr von Hans Rosenbergs *»Political and Social Consequences of the Great Depression of 1873–1896 in Central Europe«,* in James J. Sheehan, Hrsg., *»Imperial Germany«* (New York, Watts, 1976) und von seiner späteren Untersuchung *»Große Depression und Bismarckzeit: Wirtschaftsablauf, Gesellschaft und Politik in Mitteleuropa«* (Berlin, de Gruyter, 1967) angeregt. S.B. Saul *»The Myth of the Great Depression, 1873–1896«* (London und Basingstoke, Macmillan, 1972) wirft einen gründlichen und wie immer sehr skeptischen Blick auf die wirtschaftliche Grundlage, um die Zeit von 1873 bis 1896 als eine »Große Krise« zu beschreiben, aber, für meine Begriffe, ohne ernsthaft die Auffassung zu untergraben, daß die wirtschaftlichen Bedingungen dieser Zeit die Konsequenzen industrieller Organisation und politischer Strategie beschleunigten, was Autoren wie Rosenberg erkannt hatten. Zwei weitere sehr nützliche Werke sind Helmut Böhmes *»Deutschlands Weg zur Großmacht: Studien zum Verhältnis von Wirtschaft und Staat während der Reichsgründungszeit, 1848–1881«* (Köln, Kiepenheuer und Witsch, 1972) und Hans-Ulrich Wehlers *»Das deutsche Kaiserreich«* (Göttingen, Vandenhoeck & Ruprecht, 1975), eine zusammenfassende Version von *»Bismarck und der Imperialismus«* (Köln, Kiepenheuer und Witsch, 1969).

In der Frage der deutschen Diplomatie zwischen Bismarcks Sturz und Bethmann-Hollwegs Kanzlerschaft habe ich mich stark auf Albertini (Bd. 1), Wehler und Geiss gestützt, die alle im vorangegangenen genannt worden sind. Eine allgemeine Untersuchung Caprivis und seiner Politik bietet J. Alden Nichols, *»Germany after Bismarck: The Caprivi Era 1890–1894«* (New York, Norton, 1968). Vergleiche auch Eckart Kehr *»Schlachtflottenbau und Parteipolitik 1894–1901«* (Berlin, Ebering, 1930). Eine großangelegte Studie der Zölle und ihrer Bedeutung bietet Kenneth D. Barkin,

»The Controversy over German Industrialization, 1890–1902« (Chicago, University of Chicago Press, 1970).

In der Frage der Beziehungen zu Großbritannien vgl. Raymond Sontag *»Germany and England: Background of Conflict, 1848–1894«* (1938) (New York, Norton, 1969) und Eckart Kehr *»Englandhaß und Weltpolitik«* in *»Zeitschrift für Politik«,* Bd. 17, S. 500–526. Hinsichtlich der Beziehungen zu den Vereinigten Staaten vgl. Alfred Vagts *»Deutschland und die Vereinigten Staaten«* (New York, Macmillan, 1935).

Max Webers Ansichten kann man in H.H. Gerth und C.W. Mills, Hrsg., *»From Max Weber: Essays in Sociology«* (New York, Oxford University Press, 1946) nachlesen.

Taylors Ansichten über die aus der deutschen wirtschaftlichen Entwicklung resultierende Angriffslust habe ich aus seinem Buch *»Course of German History«,* op. cit. entnommen; es ist das die antideutsche Haltung am typischsten ausdrückende Buch unter seinen bedeutenderen Werken. In der allgemeinen Diskussion über die deutsche Wirtschaft in Kapitel 3 habe ich mich teilweise gestützt auf J.H. Clapham *»The Economic Development of France and Germany, 1815–1914«* (4. Auflage, Cambridge, Cambridge University Press, 1936); auf Gustav Stolper *»Deutsche Wirtschaft seit 1870«* (fortgef. Ausg. – Tübingen, Mohr, 1964) und auf Knut Borchardt *»The Industrial Revolution in Germany, 1700–1914«* in Carlo M. Cipolla, Hrsg., *»The Fontana Economic History of Europe«,* Bd. IV, Teil 1 (London, Fontana Books, 1973). Vergleiche auch David Landes *»Der entfesselte Prometheus«* (Übersetzung aus dem Englischen, Köln, Kiepenheuer und Witsch, 1973) zur Frage des jeweiligen Charakters, des Zeitpunkts und der Heftigkeit der wirtschaftlichen Entwicklung in den westlichen Staaten, besonders Deutschlands im Vergleich mit Großbritannien. Hinsichtlich der Beziehung zwischen antizyklischer Politik und dem Stand der technischen Entwicklung fühle ich mich nicht nur Rosenbergs oben erwähntem Ansatz verpflichtet, sondern auch den ausführlichen Hinweisen meines ehemaligen Kollegen Edward Keaton. Sehr nützlich für meine allgemeine wirtschaftliche Information und Analyse war auch Gerd Hardach *»Der erste Weltkrieg 1914–1918«* (München, Dt. Taschenbuch Verlag, 1973).

Als klassische Quellen zu dem, was ich die »leninistische« Theorie nenne, vgl. Lenins *»Imperialism, the Highest Stage of Capitalism«* (1916), in *»V. I. Lenin: Selected Works«* (Moskau, Progress Publishers, 1971), S. 162–263 und Rosa Luxemburg *»Die Akkumulation des Kapitals«* (Berlin, Singer, 1913). Als klassische

Quellen zu dem, was ich die »Schumpeter«-Theorie nenne, siehe Thorstein Veblen, *»Imperial Germany and the Industrial Revolution«* (1915) (Ann Arbor, University of Michigan Press, 1966), Joseph Schumpeter, *»Social Classes and Imperialism«* (Cleveland World Publishing Company, 1968) und Alexander Gerschenkron, *»Bread and Democracy in Germany«* (1943) (New York, Fertig, 1966). Die zwei in Kapitel 6 verglichenen und analysierten Interpretationen sind von Kenneth D. Barkins *»Controversy over German Industrialization«* op. cit. und Eckart Kehrs *»Schlachtflottenbau und Parteipolitik 1894–1903«* op. cit. beeinflußt worden. Beide Werke bringen die verschiedenen wirtschaftlichen Interessenlagen mit der Parteipolitik und der Regierungspolitik in Verbindung und beschäftigen sich mit dem politischen und kulturellen Klima des kaiserlichen Deutschland. Beide sind reich an Information und provokativ. Aus den im Text angeführten Gründen bevorzuge ich Kehrs umfassendere Deutung.

Die Analyse der deutschen Politik, die zum Ersten Weltkrieg führte, begann als ein Vergleich zwischen Luigi Albertinis *»The Origins of the War of 1914«* und Fritz Fischers *»Griff nach der Weltmacht. Die Kriegszielpolitik des Kaiserlichen Deutschland 1914–1918«* (Düsseldorf, Droste Verlag, 1961) und *»Krieg der Illusionen. Die deutsche Politik von 1911 bis 1914«* (Düsseldorf, Droste Verlag, 1969). Albertinis Werk – reich an scharfsinniger Einsicht, Ausgeglichenheit und Leidenschaft – ist Diplomatiegeschichte in höchster Vollendung. Von Fischer unten mehr. Sidney D. Fay *»Der Ursprung des Weltkrieges«* (Übersetzung aus dem Englischen) (Berlin, Scherl, 1930) steht den Deutschen weniger feindlich gesinnt gegenüber; es bleibt ein fruchtbares Buch.

Meine Analyse der Politik Bethmann-Hollwegs stützt sich auch sehr stark auf Konrad H. Jarausch *»The Enigmatic Chancellor: Bethmann-Hollweg and the Hubris of Imperial Germany«* (New Haven, Yale University Press, 1973) und Egmont Zechlin, *»Cabinet versus Economic Welfare in Germany: Policy and Strategy during the Early Months of the First World War«* in H.W. Koch, Hrsg. *»The Origins of the First World War: Great Power Rivalry and German War Aims«* (New York, Taplinger, 1972).

Keiner, der sich mit der Zeit vor dem Ersten Weltkrieg in Deutschland beschäftigt, kann die wissenschaftliche Energie und den fruchtbaren Einfluß von Fritz Fischer verneinen. Fischers große Werke machen sehr deutlich, daß das kaiserliche Deutschland imperialistische Ziele hatte, aber er weigert sich, der Frage ernsthaft näherzutreten, ob die Ambitionen durch objektive Bedingungen gerechtfertigt waren oder ob sie demselben allgemeinen Standard der internationalen Moral entsprangen, an dem sich auch die anderen Mächte orientierten. Mit Sicherheit bestätigt ein Blick auf die Kriegsziele der verschiedenen Alliierten kaum die Einzigartigkeit der deutschen Ziele. Auf jeden Fall muß man sich fragen, was denn so »falsch« daran war, daß Deutschland so wie Großbritannien eine Weltmacht sein wollte? Brauchte Deutschland in einem Zeitalter des Imperialismus nicht auch Kolonien? Was war »falsch« an der Suche Deutschlands nach einem »Mitteleuropa«? Mit welchem Maßstab wird hier gemessen? Waren die Deutschen des Kaiserlichen Deutschlands töricht, wenn sie sich »umzingelt« fühlten? Wäre es denn für eine geschicktere deutsche Diplomatie so einfach gewesen, Frankreich, Rußland und Großbritannien zu »beschwichtigen«? Die Antworten auf diese Fragen verstehen sich keineswegs von selbst. Sie werden bei Fischer und seinen Anhängern kaum gestellt. Ähnlich ist es mit den Fragen zur deutschen Innenpolitik jener Jahre. Obwohl niemand bestreiten kann, daß das politische System des Kaiserlichen Deutschlands anachronistische Züge aufwies, muß man doch fragen, ob es denn so klar ist, daß dies in den politischen Systemen der westlichen Alliierten weniger der Fall war? Eine ernsthafte vergleichende Untersuchung der politischen Systeme der bedeutenderen europäischen Staaten im Jahr 1914 würde, wie ich glaube, die grobe Zweiteilung zwischen repräsentativer westlicher Demokratie und mitteleuropäischer Autokratie nicht bestätigen. »Atavistische« und militärische Eliten waren in Großbritannien und Frankreich nicht ohne Einfluß. Auf jeden Fall waren die expansionistischen Impulse kaum auf solche »atavistischen« Gruppen beschränkt. Auch ist ganz und gar nicht klar, daß sich ein »liberal-demokratisches« Deutschland sehr viel anders verhalten hätte. Wie ich immer wieder betont habe, waren die »fortgeschritteneren« und »moderneren« Teile der deutschen Gesellschaft – wie Großunternehmer und Universitätsprofessoren – in der Tat im allgemeinen weit imperialistischer als die vielgescholtenen Junker. Man kann wohl kaum davon ausgehen, daß ein Deutschland, in dem diese Elemente noch mehr Einfluß gehabt hätten, weniger aggressiv gewesen wäre. Aber selbst wenn Schumpeters Theorie über die vorrangige Verantwortung der Junker zugunsten der klassischen marxistischen Anklage des Bürgertums zurückgewiesen wird, ist es denn so sicher, daß selbst ein sozialistisches Deutschland etwa weniger aggressiv gewesen wäre oder sich weniger bedroht gefühlt hätte? Kehr zum Beispiel war nicht dieser

Meinung. In seinen Augen waren fast alle politischen Kräfte, einschließlich der sozialistischen Führer, »Materialisten«, die vom Machtgedanken besessen waren. Aber, wie ich ausführe, der machthungrige Materialismus war kaum eine Schöpfung oder ein Monopol der Deutschen, sondern eine allgemeine Erscheinung der Kultur des 19. Jahrhunderts. Zusammenfassend läßt sich sagen, daß das wiederholte Versagen, ihr eigenes Land in den größeren internationalen Rahmen einzufügen, zusammen mit einer deutlichen Vorliebe, eine einzigartige teutonische Verderbtheit zur Schau zu stellen, der grundlegende Zug der Fischer-Schule zu sein scheint, und sogar noch darüber hinaus. Es ist ein ehrenwerter Fehler, aber er nützt dem deutschen Charakter mehr als der Geschichtsforschung oder der moralistischen Besserung der Nachbarn Deutschlands.

Eine interessante Studie der Diskussion unter den deutschen Historikern über die Untersuchungen Fischers zeigt John A. Moses *»The Politics of Illusion: The Fischer Controversy in German Historiography«* (New York, Barnes and Noble, 1975). Moses stellt eine interessante Verbindung her zwischen den Thesen Fischers und der Ostpolitik Brandts. Einen sehr guten Überblick über die unterschiedlichen Thesen bei den deutschen Historikern zu den Ursachen des Ersten Weltkrieges bietet Wolfgang J. Mommsen: *»Domestic Factors in German Foreign Policy before 1914«,* in James J. Sheehan, Hrsg. *»Imperial Germany«* op. cit. Mommsen kommt zu dem Schluß, daß die Ursachen des Krieges nicht nur in Mißgriffen und Fehleinschätzungen der Regierungen zu finden sind, sondern auch in der Unzulänglichkeit der deutschen, österreich-ungarischen und russischen Regierungsform. Obwohl seine Schlußfolgerung zweifellos nicht zu beanstanden ist, dürfte sich die Behauptung, die deutsche oder österreichische Politik hätte eher in innenpolitischen Unzulänglichkeiten als in legitimen Interessen der nationalen Sicherheit und der Wirtschaftspolitik ihre Wurzeln gehabt oder die osteuropäischen Mächte hätten sich in dieser Hinsicht deutlich von Großbritannien und Frankreich unterschieden, nicht einfach von selbst verstehen. Taylors Kritik *»Fritz Fischer and His School«* im *»Journal of Modern History«,* Band 47, Nr. 1 (1975) ist eine erholsame Berichtigung der, bei den deutschen Historikern nach wie vor bestehenden Tendenz, die Einzigartigkeit ihrer nationalen Unvollkommenheit zu sehr zu betonen. Dies ist auch in V. Rothwells *»British War Aims and Peace Diplomacy, 1914–1918«* (Oxford, Claredon, 1971) zu spüren.

Obwohl ich mich auf die bedeutenderen oben genannten Autoren gestützt habe, würde ich gerne eine Reihe kürzlich erschienener Untersuchungen zu speziellen Themen erwähnen; viele stammen von ehemaligen Studenten der älteren Autoren. Ein gutes Beispiel ist die *»Festschrift«* für Fritz Fischer, *»Deutschland in der Weltpolitik des 19. und 20. Jahrhunderts«* (Düsseldorf, Bertelsmann Universitätsverlag, 1973), herausgegeben von zweien seiner ehemaligen Studenten, Emmanuel Geiss und Bernd Jürgen Wendt. Unter anderen sind noch zu nennen: Horst Müller-Link *»Industrialisierung und Außenpolitik«* (Göttingen, Vandenhoeck & Ruprecht, 1977); Barbara Vogel *»Deutsche Rußlandpolitik: Das Scheitern der deutschen Weltpolitik unter Bülow, 1900–1906«* (Gütersloh, Bertelsmann Universitätsverlag, 1973); Volker R. Berghahn *»Der Tirpitz-Plan: Genesis und Verfall einer innenpolitischen Krisenstrategie unter Wilhelm II.«* (Düsseldorf, Droste, 1971) und *»Zu den Zielen des deutschen Flottenbaus unter Wilhelm II.«* in *»Historische Zeitschrift«,* Band 210, Nr. 1 (1970) S. 34–100; Ekkehard Böhm *»Überseehandel und Flottenbau: Hanseatische Kaufmannschaft und deutsche Seerüstung«* (Gütersloh, Bertelsmann Universitätsverlag, 1972); und Manfred Messerschmidt, *»Militär und Politik in der Bismarckzeit und im Wilhelminischen Deutschland«* (Darmstadt, Wissenschaftliche Buchgesellschaft, 1975).

Hitler

Hitlers Ansichten zu Deutschlands geopolitischer Situation wurden hauptsächlich aus den folgen Primärquellen und Gesprächs- und Redensammlungen zusammengestellt: Hitler, *»Mein Kampf«* (München, Eher, 1935); *»Hitler's Secret Book«* (New York, Grove Press, 1961), das eine hervorragende Einleitung von H. R. Trevor-Roper enthält; *»Hitlers Tischgespräche im Führerhauptquartier«* (Bonn, Athenäum Verlag, 1951) und Hermann Rauschning *»The Voice of Destruction«* (New York, Putnam, 1940). Es war schon recht ungewöhnlich, mit welcher Klarheit Hitler seine geopolitischen Optionen darlegte und mit welcher Konsequenz er jede zu ihrer logischen Schlußfolgerung brachte. Seine Hauptgedanken, die er mit bemerkenswerter innerer Schlüssigkeit vorbrachte, finden sich in den Büchern, die er vor der Machtergreifung geschrieben hat, in verschiedenen, aus Mitschriften bekannten Unterhaltungen mit seiner Umgebung und in seinem *»Testament«.* Hitler hat jedoch offenbar seine Meinung von Zeit zu Zeit auch leicht verändert und pflegte sicherlich auch den verschiedenen Zuhörerkreisen genau das zu erzählen, was sie hören wollten. Das wird besonders deutlich in seinen diplomatischen Gesprächen, wie man aus Andreas Hillgrubers meisterlichen Kompendium *»Staatsmänner und Diplomaten bei Hitler: Vertrauliche Aufzeichnungen über Unterredungen mit Vertretern des Auslandes, 1939–1941«* (Frankfurt a. M., Bernhard & Graefe Verlag für Wehrwesen, 1967) ersehen kann.

Ein frühes und hervorragendes Buch über Hitlers Laufbahn ist Alan Bullocks *»Hitler. Eine Studie über Tyrannei«* (Übersetzung aus dem Englischen; Düsseldorf, Droste Verlag, 1953). Hunderte von neueren Büchern und Artikeln beschäftigen sich mit Hitlers Karriere und seiner Persönlichkeit. Ich habe mich zu einem Großteil auf Joachim C. Fests *»Hitler – Eine Biographie«* (Berlin, Propyläen, 1973) gestützt. Dieses Buch gibt ein umfassendes und ausgeglichenes Bild, das viel von der umfangreichen wissenschaftlichen Arbeit über Hitler enthält. Fest neigt übrigens auch zu der allgemeinen These, daß Hitler mehr Österreicher als Deutscher war. Als Untersuchung über Hitlers Rassenideologie und -politik vgl. Norman Rich, *»Hitler's War Aims«,* 2 Bände (New York, Norton, 1973 und 1975).

Eine eingehende Untersuchung der Vorkriegswirtschaft im nationalsozialistischen Deutschland stellt Stolpers allgemeine Geschichte dar: *»Deutsche Wirtschaft seit 1870«,* op. cit. Sehr verpflichtet bin ich auch Francis Rome für seine Analyse der Hitlerschen Wirtschaftspolitik in der Vorkriegszeit; vergleiche seine Dissertation für die Johns Hopkins University School of Advanced International Studies, *»The German National Socialist Regime: Its Response to the World Economic Crisis, Its Ideas and Pre-War Economic Policies.«*

Hjalmar Schachts *»Confessions of 'The Old Wizard'«* (Boston, Houghton Mifflin, 1956) ist interessant, aber offensichtlich apologetisch. Die folgenden Autoren betonen das Übel der Autarkie: Paul Einzig *»Bloodles Invasion: German Economic Penetration into the Danubian States and the Balkans«* (London, Duckworth, 1938 und 1939) und F.C. Child *»The Theory and Practice of Exchange Control in Germany: A Study of Monopolistic Exploitation in International Markets«* (Den Haag, M. Nijhoff, 1958).

Die Beziehung zwischen der Wirtschaftspolitik der Nazis vor dem Krieg und der Wiederbewaffnung wird in Burton H. Kleins *»Germany's Economic Preparations for War«* (Cambridge, Mass., Harvard University Press, 1959) behandelt, ebenso in Louis Lochners *»Die Mächtigen und der Tyrann: Die deutsche Industrie von Hitler bis Adenauer«* (Übersetzung aus dem Englischen. Darmstadt, Schneekluth, 1955) und Telford Taylor, *»Sword and Swastika«* (New York, Simon and Schuster, 1959). Vgl. auch Albert Speer *»Erinnerungen«* (Berlin, Propyläen Verlag, 1969).

Zur Bedeutung des Blitzkrieges als Weg zur Lösung konkurrierender wirtschaftlicher und strategischer Erfordernisse vgl. Burton H. Klein op. cit. Konservative Reaktion gegen Hitler von seiten ehemaliger Befürworter wird deutlich in Schachts op. cit. und Rauschnings *»Voice of Destruction«* und *»The Revolution of Nihilism: Warning to the West«* (New York, Longmans, Green, 1939) deutlich.

Zur Frage der Organisation der europäischen Kriegswirtschaft und zu den Vorstellungen der deutschen Bürokratie, wie eine von Deutschen beherrschte Wirtschaft nach dem Krieg organisiert werden könnte, sowie über Hitlers fortwährende Beschäftigung mit dem Ostraum vgl. Jean Freymond *»Le troisième Reich et la réorganisation économique de l'Europe 1940–1942: Origines et projets«* (Leiden, Sijthoff, 1974). Eine hervorragende allgemeine Untersuchung ist Alan S. Milwards *»Der Zweite Weltkrieg. Krieg, Wirtschaft und Gesellschaft 1939–1942«* (Übersetzung aus dem Englischen; München, Deutscher Taschenbuch Verlag, 1977).

Zu den vielen mit der Appeasement-Politik zusammenhängenden Fragen siehe Taylors klassisches Werk *»Origins of the Second World War«.* Eine Analyse der Hitlerschen Politik ist auch Klaus Hildebrandts *»The Foreign Policy of the Third Reich«* (Berkeley, University of California Press, 1973). Mein Dank gilt meinen ehemaligen Kollegen an der School of Advanced International Studies: Robert Skidelsky, dessen Ansichten in *»Going to War with Germany«, »Encounter«,* Bd. 39, Nr. 1 (Juli 1972) S. 56–65 nachzulesen sind. Das gleiche gilt für Kendall Myers, *»A Rationale for Appeasement: A Study Of British Efforts to Conciliate Germany in the 1930's«* (Nicht veröffentlichte Dissertation, Johns Hopkins University School of Advanced International Studies, 1972). Verschiedene Aspekte der Appeasement-Frage aus britischer Sicht werden in den Doktorarbeiten zweier meiner ehemaligen Studenten behandelt, Simon Newman und Benjamin M. Rowland. Wie im Text erwähnt, ist Newmans Doktorarbeit, die sich mit den diplomatischen, militärischen und wirtschaftlichen Aspekten der Politik Chamberlains in Bezug auf den Balkan und Polen befaßt, als Buch erschienen *»March 1939: The British Guarantee to Poland«* (Oxford, Clarendon, 1976). Die entgegengesetzte Meinung vertritt Sidney Aster in *»1939: The Making of the Second World War«* (New York, Simon and Schuster, 1973). Rowlands Untersuchung, die auf Chamberlains Angst vor der amerikanischen wirtschaftlichen und politischen Macht eingeht, wird teilweise zusammengefaßt in *»Preparing the Ascendancy: The Transfer of Economic Power from Britain to the United States 1935–1944«*, in Benjamin M. Rowland, Hrsg. *»Balance of Power or Hegemony: The Interwar Monetary System«* (New York, New York University Press for the Lehrman Institute, 1976).

Nachkriegsdeutschland

Allgemein gehaltene Darstellungen der Lage Nachkriegsdeutschlands geben Wolfram Hanrieder *»Die stabile Krise – Ziele und Entscheidungen der bundesrepublikanischen Außenpolitik 1949–1969«* (Übersetzung aus dem Englischen, Düsseldorf, Bertelsmann Universitätsverlag, 1971); Alfred Grosser *»Deutschlandbilanz«* (Übersetzung aus dem Französischen, München, Hanser, 1970) und Paul Noack *»Deutsche Außenpolitik seit 1945«* (Stuttgart, Verlag W. Kohlhammer, 1972). Noack liefert eine ausgezeichnete deutsche Bibliographie für diese Periode. Zu denjenigen, die Wiedervereinigungskonzepte diskutieren, gehören Philip Windsor *»Deutschland gegen Deutschland – Die Überwindung der Gegensätze«* (Übersetzung aus dem Englischen; Zürich/Köln, Benriger, 1971); Gerald Freund *»Germany Between Two Worlds«* (New York, Harcourt Brace Jovanovich, 1961); Wolfgang W. Schütz *»Rethinking German Policy«* (New York, Praeger, 1967); und Ferenc Vali *»The Quest for a United Germany«* (Baltimore, John Hopkins University Press, 1967). George Kennans Vorschläge für ein wiedervereinigtes neutrales Deutschland werden in Roger Morgans *»The United States and West Germany, 1945–1973«* (Oxford, Oxford University Press, 1974) analysiert. Erwähnenswerte deutsche Untersuchungen sind Hans Apel *»Spaltung«* (Berlin, Voltaire Verlag, 1966); Peter Bender *»Offensive Entspannung: Möglichkeit für Deutschland«* (Köln, Kiepenheuer und Witsch, 1964); und Eberhard Schulz *»An Ulbricht führt kein Weg mehr vorbei«* (Hamburg, Hoffmann und Campe, 1967).

Zusätzlich zu den oben genannten seien zu dem Thema Deutschland in der Zeit des Kalten Krieges folgende Werke und Quellensammlungen genannt: Harold Zink *»The United States in*

Germany, 1944–1955« (Princeton, Van Nostrand, 1957); Hans-Georg Schweppenhäuser *»Die Teilung Deutschlands als soziale Herausforderung«* (Freiburg, Verlag die Kommenden, 1967); Heinrich Siegler *»Wiedervereinigung und Sicherheit in Deutschland«* (Hamburg, Rowohlt, 1959); und A. Weiss-Hartmann *»Geschichte der deutschen Spaltung, 1945–1955«* (Köln, Pahl-Rugenstein, 1975).

Amerikanische und sowjetische Stellungnahmen zur Frage der deutschen Wiedervereinigung werden in John Gimbel *»Amerikanische Besatzungspolitik in Deutschland, 1945–1949«* (Übersetzung aus dem Englischen, Frankfurt/Main, S. Fischer, 1971) und in Gerhard Wettig *»Entmilitarisierung und Wiederbewaffnung in Deutschland 1943–1955«* (München, Oldenbourg, 1967) analysiert. Vgl. auch Hans-Peter Schwarz's Untersuchung *»Vom Reich zur Bundesrepublik: Deutschland im Widerstreit der außenpolitischen Konzeptionen in den Jahren der Besatzung, 1945–1949«* (Berlin und Neuwied, Luchterhand, 1966).

Ich danke Hans-Peter Schwarz dafür, daß er mir die Unterschiede der Haltung Adenauers und Erhards zur Europäischen Wirtschaftsgemeinschaft und ihre Bedeutung für meine Analyse erläutert hat. Quellen und Analysen geben Konrad Adenauers *»Erinnerungen 1955–1959«* (Stuttgart, Deutsche Verlagsanstalt, 1967); Leon Lindberg *»The Political Dynamics of European Economic Integration«* (Stanford, Calif., Stanford University Press, 1963), S. 125ff.; und Hans-Peter Schwarz *»Das außenpolitische Konzept Konrad Adenauers«* in *»Konrad Adenauer: Seine Deutschland- und Außenpolitik«,* 1945–1963 (München, Deutscher Taschenbuch Verlag, 1975).

Zur weiteren Diskussion über meine Meinung zu de Gaulles Politik und verschiedenen deutschen Reaktionen siehe mein Buch *»Atlantic Fantasy«* (Baltimore, John Hopkins University Press, 1970). Siehe ebenso Karl Kaiser *»German Foreign Policy in Transition: Bonn between East and West«* (London, Oxford University Press, 1963) und Alfred Grosser *»France and Germany: Divergent Outlooks«, »Foreign Affairs«* (Oktober, 1965), S. 26–36. Eine entschiedene französische Stellungnahme ist der Artikel *»Faut-il réformer l'Alliance Atlantique?« »Politique Etrangère«,* Nr. 3 (1965), S. 230–44, dessen Verfasser unbekannt ist. Eine recht kritische Beurteilung der Deutschlandpolitik de Gaulles nimmt Wladyslaw W. Kulski vor *»De Gaulle and the World: The Foreign Policy of the Fifth French Republic«* (Syracuse, N. Y., Syracuse University Press, 1966). Siehe auch Heinz Kuby *»Provokation Europa: die Be-*

dingungen seines politischen Überlebens« (Köln, Kiepenheuer und Witsch, 1965) und G. Martino *»Die Europäische Union und die Atlantische Verteidigung«,* in K. Neunzeither, Hrsg., *»Die politische Union«* (Köln, Westdeutscher Verlag, 1965).

Zur Ostpolitik Brandts siehe Boris Meissner *»Die deutsche Ostpolitik, 1961–1970«* (Köln, Verlag Wissenschaft und Politik, 1970). Siehe auch Willy Brandt *»Friedenspolitik in Europa«* (Frankfurt/Main, S. Fischer, 1968) und Walter F. Hahn *»West Germany's Ostpolitik: the Grand Design of Egon Bahr«, »Orbis«,* Bd. 16, Nr. 4 (Winter, 1973), S. 859–81. Weitere interessante Untersuchungen sind u. a. Arnulf Baring, »Die Wurzeln der Bonner Ostpolitik«, *»Europäische Rundschau«,* Nr. 4 (1974) S. 59–75; Louis J. Mensonides, »Bonn's Ostpolitik«, in Louis J. Mensonides und James. A. Kuhlman Hrsg., *»The Future of Interbloc Relations in Europe«* (New York, Praeger, 1974) und Lawrence L. Whetten *»Germany's Ostpolitik: Relations Between the Federal Republic and the Warsaw Pact«* (London, Royal Institute of International Affairs and Oxford University Press, 1974).

Zur weiteren Diskussion über die westdeutschen diplomatischen Möglichkeiten siehe Hans-Dietrich Genscher, *»Dimensionen deutscher Außenpolitik heute«, »Außenpolitik«,* Nr. 4 (1974), S. 363–75; Willy Brandt, *»Germany's Westpolitik«, »Foreign Affairs«* (April, 1972) S. 416–27; W. W. Kulski, op. cit.; F. Roy Willis *»Germany and the New Europe«* (Stanford Calif., Stanford University Press, 1968); Ralf Dahrendorf, *»Themen, die Keiner nennt«, »Die Zeit«,* 24. September 1976; Hans-Peter Schwarz, »The Roles of the Federal Republic in the Community of States«, in Karl Kaiser und Roger Morgan, Hrsg., *»Britain and West Germany«* (London, Royal Institute of International Affairs and Oxford University Press, 1971), S. 219–59. Siehe auch Schwarz's *»Das atlantische Sicherheitssystem in einer Ära ohne große Alternativen«,* in Karl Kaiser und Hans-Peter Schwarz, Hrsg., *»Amerika und Westeuropa«* (Stuttgart und Zürich: Belser Verlag, 1977).

Natürlich variieren die Formulierungen dessen, was Westdeutschlands Hauptziele, -möglichkeiten und -interessen in der Außenpolitik gewesen sind von Autor zu Autor. Schwarz beispielsweise sieht die Aufgabe der deutschen Politik im Ausgleich: sowohl zwischen den Zielen der Deutschlandpolitik, Sicherheitspolitik, Westeuropapolitik und Wirtschaftspolitik als auch im Ausgleich zwischen dem Druck, der von der UdSSR, den Vereinigten Staaten, Frankreich und Großbritannien ausgeht. Dahrendorf kommt meiner eigenen Deutung (»atlantisch«, »europäisch«, »national«) vielleicht am nächsten, obschon die meisten der vorliegenden Analysen diese grobe Kategorisierung wenigstens durchblicken lassen. Einigkeit besteht weithin über Deutschlands mangelndes Selbstvertrauen, definitve Entscheidungen zu treffen. Eine gute zusammenfassende Analyse bietet Willy Brandts Artikel in *»Foreign Affairs«.*

Zu Einzelheiten des Abkommens von Helsinki siehe *»Europa Archiv«,* Folge 17 (1975), S. 437–84. Die deutsche Sicht verdeutlichen H. Abosch, »Helsinki – eine Etappe«, in *»Frankfurter Hefte«,* Nr. 9 (1975), S. 2–4; K. Blech »Die KSZE als Schritt im Entspannungsprozeß: Bemerkungen zu allgemeinen Aspekten der Konferenz«, *»Europa Archiv«,* Nr. 22 (1975), S. 681–82 und die Prinzipienerklärung der KSZE Schlußakte, *»Europa Archiv«,* Nr. 8 (1976) Sö 271–5. Hinsichtlich der anschließenden Enttäuschung über Helsinki siehe S. Korbonski *»The Helsinki Agreement and Self-Determination«, »Strategic Review«* (Sommer 1976), S. 48–58; und Marion Gräfin Dönhoff, »Die Absurdeste aller Grenzen«, *»Die Zeit«,* 18. Dezember 1976, S. 1.

Verschiedene ausführliche Analysen des wirtschaftlichen und politischen Weltsystems in der Nachkriegszeit geben David P. Calleo und Benjamin M. Rowland *»America and the World Political Economy«* (Bloomington, Indiana University Press, 1973) und David P. Calleo, Hrsg. *»Money and the Coming World Order«* (New York, New York University Press for the Lehrman Institute, 1976). Diese Sicht in Anwendung auf die Energiekrise zeigt mein Artikel, *»The European Coalition in a Fragmenting World«, »Foreign Affairs«* (Oktober 1975), S. 98–112. Eine deutsche Meinung vertreten R. Hertl in seinem Artikel »Steht die westliche Welt vor einer neuen Rezession?« *»Die Zeit«,* 22. November 1976, S. 7 und Karl Kaiser *»Die Auswirkungen der Energiekrise auf die westliche Allianz« »Europa Archiv«,* Nr. 24 (1974), S. 813–24.

Verschiedene europäische Meinungen, die die Unzufriedenheit mit der gegenwärtigen weltwirtschaftlichen Situation ausdrücken und tiefgreifende protektionistische Maßnahmen zur Abhilfe empfehlen, kommen zum Ausdruck in J. Huntzinger, *»Die außenpolitischen Konzeptionen der sozialistischen Partei Frankreichs« »Europa Archiv«,* Nr. 12 (1975), S. 393–04; Robert Skidelsky, *»Where Import Controls Come In« »New Statesman«,* 22. Oktober 1976, S. 542–3; H. Timmermann, *»Die italienischen Kommunisten und ihre außenpolitische Konzeption: Ein Jugoslawien des Westens?« »Europa Archiv«,* Nr. 21 (1971) S. 751–60. Ein Beispiel der europäischen Entschlossenheit, die Kontrolle über die nationale Wirtschaft wiederzuerlangen, ist Michel Rocard *»French Socialism and Europe« »Foreign Affairs«* (April 1977), S. 554–60.

Zu den Aussichten einer »Bigemonie« siehe C. Fred Bergsten, *»The United States and the Federal Republic: The Imperative of Economic Bigemony«* in *»United States – German Economic Survey 1975«* (Veröffentlicht vom German-American Chamber of Commerce) S. 22–7 und *»Die amerikanische Europapolitik angesichts der Stagnation des Gemeinsamen Marktes: Ein Plädoyer für Konzentration auf die Bundesrepublik«* »Europa Archiv«, Nr. 4 (1974), S. 115–22. Eine kritische Untersuchung bietet Peter Katzenstein *»Die Stellung der Bundesrepublik in der amerikanischen Außenpolitik: Drehscheibe, Anker oder Makler?« »Europa Archiv«,* Nr. 11 (1976), S. 347–57. Bezüglich der Zurückweisung von Ambitionen oder Perspektiven einer Achse Bonn-Washington durch Bundeskanzler Schmidt siehe beispielsweise *»Der Spiegel«,* 6. Januar 1975, S. 33.

Düstere Meinungen über Europa verdeutlichen Henry Kissingers Rede in Pittsburgh, *»Department of State Bulletin«,* 11. November 1975 und sein Fernsehinterview mit Barbara Walters, abgedruckt in *»Department of State Bulletin«, 5.–8. Mai 1975.* Siehe dazu auch Fritz Stern *»End of the Post-war Era« »Commentary«* (April 1974), S. 27–35; Walter Laqueur *»After the Appeasement of the Sheiks: The Idea of Europe Runs out of Gas« »New York Times Magazine«,* 20. Januar 1974; und A. P. Whitaker *»The American Idea and the Western Hemisphere: Yesterday, Today and Tommorrow« »Orbis«,* Band 20, Nr. 1 (1976).

Zu Spekulationen über Deutschlands Gewicht innerhalb eines sowjetischen Hegemonialsystems siehe Helmut Schmidt *»Strategie des Gleichgewichts«* (Stuttgart, Seewald Verlag, 1969) und Thomas W. Wolfe *»Soviet Power and Europe«* (Baltimore, John Hopkins University Press, 1970).

Ausführliche Analysen des Wiederaufbaus Deutschlands nach dem Krieg sind Henry Wallichs *»Triebkräfte des deutschen Wiederaufstiegs«* (Übersetzung aus dem Englischen; Frankfurt/Main, Knapp, 1955); Herbert Mayer *»German Recovery and the Marshall Plan 1948–1952«* (New York, Atlantic Forum Edition, 1969) und Percy Bidwell, Hrsg., *»Germany's Contribution to European Economic Life«* (Paris, Rivière, 1949).

Bezüglich der Wirtschaft in den späteren Nachkriegsjahren siehe Frank Vogl *»German Business after the Economic Miracle«* (New York, Wiley, 1973).

Zur Diskussion über die abnehmende deutsche Produktivität siehe den *»OECD Economic Outlook«,* Nr. 20 (1976, S. 54; den *»OECD Economic Survey«,* Mai 1976, S. 45 und den *»U. S. – German Economic Survey«,* 1976 (New York, German-American Chamber of Commerce, 1976). Die Analyse über die deutschen Wirtschaftsängste in den späten sechziger Jahren basiert sowohl auf einer Vielzahl von Gesprächen und privaten Studien als auch auf den üblichen offiziellen deutschen, amerikanischen und OECD-Quellen. Besonders anregende Analysen der gegenwärtigen wirtschaftlichen Bedingungen enthalten Kurt Richebächers Nachrichtenblätter »Currencies and Credit Markets«, die von der Dresdner Bank verschickt werden.

Gesellschaftliche Erklärungen

Die Bibliographie zu diesem Thema ist endlos. Ich werde hier nur die Bücher erwähnen, die meine persönlichen Ansichten unmittelbar herausgefordert haben. Thorstein Veblen mit seinem Werk *»Imperial Germany and the Industrial Revolution«* (New York, Macmillan, 1915) ist der Ursprung der gesamten Schule. Schumpeters Theorien sind in *»Social Classes and Imperialism«,* op. cit. nachzulesen. Alexander Gerschenkron übernimmt und verfeinert sie in seinem Werk *»Bread and Democracy«,* op. cit.

Eine hervorragende Version der gesamten Deutung stellt Kenneth D. Barkins Buch *»The Controversy over German Industrialization«,* op. cit. dar. Barrington Moore, Jr. entwickelt die Theorie auf breiterer Basis in seinem Werk *»Soziale Ursprünge von Diktatur und Demokratie – Die Rolle der Grundbesitzer und Bauern bei der Entstehung der modernen Welt«* (Übersetzung aus dem Englischen. Frankfurt am Main, Suhrkamp, 1969). Arno Mayer ist, wie ich glaube, derzeitig dabei, bestimmte Aspekte des Buches von Barkin auf die moderne europäische Geschichte anzuwenden in einer demnächst erscheinenden Untersuchung der Kriegsursachen. Er war so freundlich, Auszüge dieser Untersuchung mit anderen im Lehrman Institut zu besprechen. Eckart Kehrs Analyse hierzu findet man in *»Schlachtflottenbau und Parteipolitik 1894–1901«,* op. cit..

Zur Diskussion über die Junker in der Armee siehe Gordon A. Craig *»Die preußisch-deutsche Armee 1640–1945«* (Übersetzung aus dem Englischen; Düsseldorf, Droste Verlag, 1960). Zur Frage des Antisemitismus in der Armee siehe Werner T. Angress *»Prussia's Army and the Jewish Reserve Officer Controversy before World War I«* in James J. Shehan, Hrsg. *»Imperial Germany«* op.cit. Max Webers imperialistische Ansichten kann man in Gerth und Mills, Hrsg. *»From Max Weber: Essays in Sociology«*, op. cit. nachlesen. Nietzsches ästhetischer Voluntarismus kommt meiner Meinung nach am besten in *»Jenseits von Gut und Böse«* (Friedrich Nietzsche, Werke 1967) zum Ausdruck. Eine interessante Meinung über den Einfluß Nietzsches auf die deutsche Politik während des Ersten Weltkrieges und zur generellen Maßlosigkeit des Kaiserlichen Deutschlands vertritt Charles de Gaulle in seinem Buch *»La discord chez l'ennemi«* (Paris, Berger-Levrault, 1944).

Von den unzähligen allgemeinen Betrachtungen über den Antisemitismus der Nazis ist Hannah Arendt *»The Origins of Totalitarianism«* (neue Ausgabe; New York, Harcourt Brace Jovanovich, 1966) in meinen Augen nach wie vor die umfassendste und erkenntnisreichste. Siehe auch ihr sehr umstrittenes Buch *»Eichmann in Jerusalem: A Report on the Banality of Evil«* (London, Faber and Faber, 1963).

Aus dem Text geht meine Dankesschuld hervor gegenüber Fritz Stern *»Gold und Eisen – Bismarck und sein Bankier Bleichröder«* (Übersetzung aus dem Englischen; Frankfurt/Main, Ullstein, 1978), es ist ein mitreißendes Buch, voll von Information und Erkenntnissen über das deutsche Kaiserreich. Es ist nicht der geringste seiner Vorzüge, daß seine Ausführlichkeit und das große Einfühlungsvermögen der Interpretation den Leser mit reichlich Material versorgt, um Schlußfolgerungen zu ziehen, die von denen des Autors abweichen. Siehe auch Stern *»Das Scheitern illiberaler Politik. Studien zur politischen Kultur Deutschlands im 19. und 20. Jahrhundert«* (Berlin, Propyläen, 1974).

Eine ausführliche Analyse der Gedanken der konservativen Agrarökonomen Adolf Wagner, Karl Oldenberg und Max Sering bietet Barkin, op. cit. Zur Analyse der Rolle der Agrarier bei dem Vorgehen, das zum Zusammenbruch von Weimar und zum Aufstieg Hitlers führte, und zur Diskussion über den vorherigen Einfluß der Agrarier siehe Dieter Gessner *»Agrarian Protectionism in the Weimar Republic« »Journal of Contemporary History«*, Bd. 12, Nr. 4 (Oktober 1977).

Die Bücher, die ich als Beispiele »liberaler Kritik« am Anfang des Abschnittes über »Idealismus« in Kapitel 6 zitiere, sind Karl Dietrich Bracher *»Das deutsche Dilemma«* (München, Piper, 1971) und Ralf Dahrendorf *»Gesellschaft und Demokratie in*

Deutschland« (München, Piper, 1965). Sowohl Bracher als auch Dahrendorf sind produktive Autoren, und ich möchte nicht behaupten, ich hätte ihre Gedanken voll ausgeschöpft. Besonders Dahrendorf scheint sich in die Richtung meiner eigenen Vorstellungen zu bewegen. Siehe z. B. seinen Artikel *»Baader-Meinhoff-How Come? What's Next?«* in der *»New York Times«* vom 20. Oktober 1977, S. 23.

Die beste Darstellung und Verteidigung der idealistischen Position in englischer Sprache ist, soweit ich weiß, Bernard Bosanquet *»The Philosophical Theory of the State (1899)«* (New York, Macmillan, 1958). Ich habe versucht, mich in meinem Buch *»Coleridge and the Idea of the Modern State«* (New Haven, Conn., Yale University Press, 1966) mit dieser Tradition anzufreunden. Hinsichtlich meines früheren Versuches, die philosophischen Untermauerungen der Politik de Gaulles zu analysieren, siehe auch mein Buch *»Europe's Future: The Grand Alternatives«* (New York, Horizon Press, 1965).

Namen und Sachregister